« RÉPONSES »

Collection créée par Joëlle de Gravelaine,
dirigée par Nathalie Le Breton

SUZANNE PETERS – DR PATRICK MESTERS

VAINCRE L'ÉPUISEMENT PROFESSIONNEL

Toutes les clefs pour comprendre le *burn out*

ROBERT LAFFONT

Crédits illustrations :
tous les tableaux, schémas et graphiques sont des créations originales du Dr Patrick Mesters sauf pour les dessins des p. 144 et 153 du manuscrit, © Yves et François Villers.

ISBN 978-2-221-10831-4

Introduction

Vivre c'est survivre,
Survivre c'est donner un sens à sa souffrance.

VIKTOR E. FRANKL

L'épuisement professionnel, ou *burn out*, est une souffrance qui mène à des situations extrêmes au cours desquelles la santé psychologique, physique et intellectuelle est en péril.

Étrangement, la souffrance qui en découle est aussi le prix d'une maturation qui permet une libération et de nouveaux envols professionnels, à condition que les intéressés se donnent le temps et les moyens pour comprendre le sens des événements qui brisent leur brillante course professionnelle.

Pour trouver un sens à la déflagration qui les explose en plein vol, chaque femme, chaque homme est obligé d'aller examiner le dessous des cartes.

Or chaque jeu est différent : il est régi par des réalités et des règles qui viennent du tréfonds de l'histoire biologique, physique et spirituelle personnelle.

Ce livre a pour vocation d'allumer des balises et d'accompagner les personnes confrontées au burn out dans le tunnel qui mène vers la réconciliation.

Nous espérons que cet ouvrage facilitera leur démarche, qu'il leur permettra de découvrir le sens à donner à leur désarroi et de dégager les priorités nécessaires à la reconstruction de leur avenir.

Méconnu ou ignoré par le corps médical, par les directions et les responsables de ressources humaines, par les psychologues et les familles, le burn out se trouve à la frontière de plusieurs désordres physico psychologiques ou psychosomatiques.

Soupçonnées parfois par les instances de contrôle d'exagérer leurs plaintes et de profiter des largesses du système, les personnes en burn out passent de main en main, de traitement en traitement et de contrôle en contrôle.

Jusqu'au jour où, soit la catastrophe surgit sous forme de crash mental ou physique, soit, par chance, elles rencontrent un professionnel de la santé qui leur intime avec force de taire les scrupules qui les habitent et de s'accorder une pause.

Car, de l'infirmière en salle d'opération au cadre supérieur, de la secrétaire de direction au policier consciencieux, le burn out n'affecte que les élites, c'est-à-dire les professionnels qui embrassent leur métier avec idéal et générosité.

Il s'agit de personnes qui croient en la plus-value qu'ils apportent à l'entreprise, l'organisation ou le système qui les emploient.

Aveuglés par la conviction et l'enthousiasme, ils peuvent déplacer montagnes, projets et fortunes.

Avant la débâcle, le candidat au burn out est une aubaine pour les entreprises.

Excellent professionnel, il brûle d'un feu céleste et se nourrit de l'air qui fait les champions.

Il se mesure aux défis, tire des plans sur des comètes qu'il habite.

Manager, il est reconnu pour son savoir-faire et son enthousiasme.

Médecin, infirmière, infirmier ou psychothérapeute, c'est un excellent soignant, prenant le malade et la maladie à bras-le-corps, reculant ainsi les limites de la souffrance.

Travailleur social, il se dévoue et fait front, allant au-devant des adversités.

Enseignant, il croit au sens de sa mission dans des conditions contraignantes.

Ministre du culte, il est soulevé par la foi et ses œuvres.

Policier, il est mû par le désir sincère de prêter assistance et de défendre des valeurs de justice.

La liste est longue de ces hommes et de ces femmes qui y ont cru un jour, et qui, au fil du temps, ont vu la flamme s'éteindre à force d'avoir été négligée, conséquence d'un aveuglement et non d'une déficience de compétence professionnelle.

Leur capacité de rebondir les rendait confiants au point de surfer sur les ornières et de laisser sur place les fatigués, les épuisés, ceux qui s'asseyent au bord de la route simplement pour souffler pendant qu'eux-mêmes sacrifient vacances et repos au nom d'une impossible mission.

À force de flirter avec les limites et de les défier, la vie leur renvoie soudain un coup de patte salvateur.

Encore leur faudra-t-il en détecter le souffle, en accepter la réalité, et en tirer les conséquences, à savoir : accepter de s'échouer et de se poser.

Le burn out, un mal qui gagne du terrain

À l'exception de certains pays comme les États-Unis et les pays scandinaves, le burn out est un problème mal connu.

Initialement répertorié parmi le corps soignant en général, il gagne aujourd'hui du terrain dans d'autres secteurs d'activité.

Il constitue aujourd'hui une réalité que les entreprises ont des difficultés à aborder.

On le sait, le contexte économico-social est de plus en plus tendu. Le chômage, la hausse des prix de l'énergie, la mondialisation, le « péril » asiatique, les modes d'organisation matricielle, la concurrence, les fusions et autres restructurations plongent les entreprises et les hommes qui les composent dans un tourbillon et des changements permanents, générateurs le plus souvent d'angoisse et de stress. Face à cet « univers impitoyable », l'entreprise se doit d'être composée de collaborateurs jeunes, beaux, créatifs, toujours plus performants et innovants !

La faiblesse, la maladie sont plus que jamais « politiquement incorrectes ».

Et pourtant, beaucoup se trouvent aspirés par ce tourbillon vertigineux.

Sous l'effet de la pression, certains perdent pied, n'atteignent plus ni but ni objectif, oublient le sens de leur vie et leurs aspirations.

Les symptômes (fatigue récurrente, stress, déprime, démotivation, sentiment d'incompétence, culpabilité, agressivité, cynisme, repli sur soi, puis dépression, maladies psychosomatiques type lombalgies aiguës, troubles musculo-squelettiques (TMS), migraines, addictions, etc.) ne sont considérés que pour ce qu'ils sont et non comme l'expression d'une maladie liée à l'activité professionnelle et d'une souffrance réelle.

Quels que soient les modes d'expression du burn out, les batteries sont à plat et les moyens physiques ou psychiques nécessaires pour les recharger font cruellement défaut.

Ce feu qui couve durant de longs mois finit par se propager et consumer la personne jusqu'au moment où elle s'écroule, vaincue.

Et pourtant, le burn out est une réalité qui coûte cher :

— aux entreprises : réduction de l'efficacité au travail, absentéisme, présentéisme, arrêts de travail, *turn-over*, conflits interpersonnels, problèmes de recrutement ;

— à la société : dépenses de santé, indemnités chômage, etc. ;

— aux hommes : souffrance physique et morale, déstabilisation familiale, perte d'emploi.

Mener une politique de prévention du burn out dans l'entreprise, c'est un contrat gagnant/gagnant. C'est non seulement une volonté de diminuer la souffrance humaine, mais aussi le nombre d'arrêts de travail, la baisse de production et de performance.

Car le burn out n'est ni irréversible ni inéluctable. On peut en dépister les signes annonciateurs, prendre en charge, guérir et retrouver du sens à sa vie professionnelle, repartir du bon pied.

Les trois parties de l'ouvrage

Dans la première partie, Suzanne Peters partage son expérience personnelle du burn out. C'est l'illustration concrète et dédramatisante du fait que « ça n'arrive pas qu'aux autres » et qu'il y a une vie après le burn out.

La deuxième partie donne corps à cette entité méconnue qu'est le burn out et livre au lecteur les clés de compréhension. Le Dr Patrick Mesters y expose les signes du burn out, ce qui le caractérise, les mécanismes biologiques et psychologiques en jeu, les pistes de solutions pour en sortir, les conséquences sur la santé et la rentabilité de l'entreprise. Ce travail de recherche et de synthèse est illustré par des interviews réalisées par Suzanne Peters.

La dernière partie de l'ouvrage propose des stratégies pour renouer avec l'enthousiasme et relancer les engagements professionnels. Les auteurs détaillent les différents acteurs de la prise en charge de l'épuisement professionnel afin de comprendre comment on guérit d'un burn out et comment on le prévient.

Les auteurs :

Suzanne Peters, ex-chef d'entreprise, s'est aujourd'hui reconvertie, en partie grâce à son propre burn out, au métier de consultant et coach en entreprises. Elle est notamment spécialisée dans l'accompagnement individuel et collectif des situations de transition et de crise qu'elle considère comme autant d'« accélérateurs d'apprentissage ».

suzanne.peters@brainbooster.fr

Le Dr Patrick Mesters est neuropsychiatre. Il possède une expérience dans le domaine de la recherche et du traitement de la dépression, du stress et de l'anxiété. Au sein d'un groupe pharmaceutique international, il a été responsable de la recherche et du développement des nouveaux médicaments agissant dans le domaine du système nerveux. Interpellé par les problèmes de stress, de burn out et de dépression liés au travail, il a ajouté une formation de coach à ses compétences, ce qui lui permet d'accompagner les personnes et groupes confrontés au changement dans les entreprises. Il est directeur de l'Institut européen d'intervention et de recherche sur le burn out.

patrick.mesters@burnout-institute.org

Première partie

Ne dites pas à ma mère que je suis burnoutée, elle me croit P-DG d'une agence de pub

Ça n'arrive pas qu'aux autres

Pour réussir un bon burn out.
Prenez :
Une grande fille qui vient de passer la quarantaine ;
Un historique familial copieux ;
Un sens des responsabilités démesuré ;
Un métier de hasard et non de choix ;
Une perte de sens ;
Un présent complexe ;
Une maman élevant seule son enfant ;
Un quotidien à 2 000 km à l'heure.
Ajoutez :
Un zeste de fatigue antédiluvienne ;
Un soupçon de manque de vacances chronique ;
Une pincée d'angoisse du lendemain.
Et, pour finir : saupoudrez d'un nuage de solitude.
Temps de préparation et de maturation : se compte en années.
Temps de réparation et de renaissance : trois ans à feu doux.
Recette : coûteuse.

Note de l'auteur : mais l'investissement peut se révéler rentable...

La chute

Le 8 décembre, il est tard, je suis en retard, toujours la même rengaine du soir. Je me gare dans mon parking. J'ai 40 ans depuis trois semaines et je me sens vieille. Je n'arrive pas à m'extraire de ma voiture tellement j'ai mal au dos. Douleurs lombaires aiguës, a dit la rhumato. Je finis par sortir de là et bêtement – c'est toujours bête ces situations-là – je m'écroule comme un vieux tas de chiffon sur le béton. J'ai l'air malin à essayer de me relever. Pas fastoche. Je rampe jusqu'à la maison.

Je grimace un bonjour à la nounou et à ma fille. Elle a 3 ans, ma fille ; c'est une bombe à roulettes, un soleil portatif, la joie de vivre incarnée.

Je me tiens au mur et j'arrive à agripper le téléphone. J'appelle mon associée, complice et amie depuis plus de dix ans, pour m'excuser de lui demander pardon, lui annoncer que je ne pourrai pas assister à la réunion de travail de ce soir. Et je me fais engueuler. Bon, c'est vrai, en plus elle est médecin. Elle ne me laisse pas le choix. Elle téléphone à son copain Jean-Marc pour que j'intègre dare-dare son service de rhumato, là, maintenant, tout de suite. J'essaye d'argumenter : ce n'est pas possible, ma fille, je ne peux pas la laisser seule, je ne peux pas conduire pour aller à l'hôpital, etc. En deux coups de cuillère à pot, elle fait disparaître toutes mes objections, pourtant valables. Elle appelle une ambulance, la nounou restera pour la nuit.

Bon, si c'est comme ça, autant s'organiser... Toujours debout, (je ne peux pas m'asseoir, ni rien faire d'autre d'ailleurs), j'explique à ma fille que j'ai des réunions très très importantes, que la nounou va dormir là et l'emmener à l'école le lendemain. Je me souviens que, dans la salle de bains, j'ai encore un flacon d'un hypnotique pédiatrique que j'avais utilisé cet été dans l'avion pour notre voyage aux États-Unis. Je lui en fais donner une large cuillère à soupe et hop ! bonne nuit, mon amour, je t'aime.

Les ambulanciers arrivent, elle dort déjà...

Je n'arrive pas à persuader les ambulanciers que je peux très bien marcher toute seule, merci. Je me retrouve allongée et saucissonnée sur le brancard.

Arrivée à l'hôpital, c'est moins grave que ce à quoi je m'attendais. Le service a été prévenu de mon arrivée et l'infirmière vient m'installer un drôle de bazar. Une pompe à délivrer un cocktail antalgique du tonnerre, m'explique-t-elle. Bon, j'ai tellement mal qu'au point où j'en suis un petit shoot de morphine ça ne peut pas me faire de mal. Mauvais trip. Je passe une nuit exécrable entre douleurs, cauchemars et angoisses. Il faut que je pense à leur suggérer la pipe à opium ou autre chose, quitte à faire des expériences...

Le lendemain, je retrouve enfin au bloc un visage ami, le copain de fac de mon associée. Un brin de conversation, et il me fait une injection de corticoïdes sous péridurale. Sortie de mon brouillard, dans la salle de réveil, je demande quand je vais pouvoir sortir de là. Je dois patienter, le docteur va venir me voir... On me remonte. Il arrive, enfin. Je négocie ma sortie. Il veut me garder en observation, faire des examens. C'est sûrement une bonne idée, mais j'ai quand même des tas de choses beaucoup plus urgentes à faire. Bon, résultat de la négo : le « protocole », c'est au minimum douze heures après l'intervention, mais la nuit, on ne peut pas sortir, donc, au plus tôt demain matin.

Les heures s'égrènent doucement. Je hais l'hôpital, je hais la maladie et les malades. Je suis en bonne santé. J'ai juste un problème passager au dos. De toute façon, mon point faible, ça a toujours été le dos. Depuis mon voyage baba, sac à dos en Amérique latine à 17 ans, avec les jours et les nuits passés dans les bus sur les routes cahotantes de la cordillère des Andes. Donc, je vais bien, tout va bien. Ma fille a été récupérée par sa marraine, puis « *Thanks God, it's friday* » et en plus un « week-end papa ». Donc, de ce côté-là, je suis tranquille. Bon, mais je ne vais pas moisir ici. Je somnole un peu – rêve, cauchemar, réalité, je ne sais plus. Les heures passent, l'angoisse monte. C'est une prison, il faut que je sorte d'ici au plus vite. J'explique à tout le personnel que j'ai du boulot, qu'il faut que je parte, que le docteur est d'accord et tout ça. Le calcul est vite fait. Salle d'op' midi, sortie minuit. C.Q.F.D.

23 h 50. Je me lève tout doucement. Je me tiens aux murs, tout va bien. Le gardien de nuit dans le hall glauque et verdâtre me regarde bizarre, mais mon ton péremptoire lorsque je lui demande de me commander un taxi lui cloue le bec.

Enfin chez moi. J'ai l'impression d'être partie depuis une éternité, que tout a basculé. En fait, cela fait juste un peu plus de vingt-quatre heures, vingt-huit précisément.

Et plus rien ne sera jamais comme avant.

Inutile de dire que ce bref intermède hospitalier ne représentait à ce moment-là à mes yeux qu'un regrettable contretemps dans le cours de ma vie, qu'il était du reste urgent de reprendre au plus vite.

Changer cette vie qui ressemblait plus à un tourbillon permanent qu'à un long fleuve tranquille était en dehors du champ de mon imagination. J'ai vécu quarante ans comme un char d'assaut qui avance inexorablement vers une destination improbable.

J'ai derrière moi une enfance normalement chaotique, des études qui ne m'intéressaient pas et qui me préparaient à un métier que je n'ai jamais exercé, une « carrière » qui s'est faite par hasard. On dit de moi que j'ai « réussi ». Je ne sais pas ce que cela signifie.

Après quelques éclectiques détours, à 30 ans, je crée une entreprise avec une associée. Agence de communication spécialisée dans le secteur de la santé, nous connaissons une jolie croissance. Ce qui m'amuse, c'est le défi. Créer une entreprise, deux filles dans un univers très macho, c'est rigolo. Le fond ne m'a jamais intéressé, mais venir tous les jours au bureau, y retrouver mon associée et nous amuser ensemble comme des gamines complices, ça me motive. Au bout de dix ans, nous tournons en rond dans un métier que nous savons moribond à terme. Après beaucoup d'interrogations et d'hésitations, nous fusionnons notre entreprise au sein d'un des leaders du marché, qui fait partie d'un groupe coté en Bourse. Les « chipies stars », on nous appelait à cette époque. Mais, en un clin d'œil, changement de décor et de costume. Me voilà devenue Mme la présidente, au milieu de gens qui se prennent très au sérieux. On ne plaisante pas avec les actionnaires, le résultat d'exploitation, la valeur de l'action et le reste.

La lune de miel a été courte. La mariée était belle, mais ce ne sont plus que des morceaux de satin brillant sur un corps démantelé.

Les débuts ont été sportifs. L'équipe était fragilisée et hostile, les clients et les budgets en partance. Quelques grammes de paillettes dans un monde de brutes. Nous avons pris nos pelles et notre courage à quatre mains, comme nous savions si bien le faire toutes les deux, pour nettoyer les écuries d'Augias.

J'ai quelques souvenirs mémorables de réunions clients houleuses – entre autres celui d'avoir été prise en otage un soir dans les bureaux par un triumvirat sécessionniste en rupture de ban –, de séances d'explication de texte mouvementées avec ces présidents qui nous gouvernaient.

Très vite, ma complice et associée songe à sa reconversion.

Entre-temps, nous fêtons toutes deux ensemble nos 40 balais. Car, en plus, nous sommes presque jumelles, nées à quelques heures d'intervalle, elle à Tunis, moi à Berlin. Grande fête, beaucoup de copains, une belle nuit. Mais j'ai sans doute porté beaucoup trop de bouteilles et autres ingrédients indispensables à l'organisation d'une soirée réussie. Total, j'ai mal au dos, très mal. Mais, évidemment, « je ne m'écoute pas », héritage familial et culturel. Je ne m'arrête pas, ça ne m'effleure pas même l'esprit. Malgré les anti-inflammatoires, myorelaxants et autres antalgiques, je m'écroule dans le parking.

Le déni

Depuis ma brève incursion à l'hôpital, la rhumato de quartier, mignonne comme tout, vient me voir à la maison. C'est vrai, je ne peux plus bouger...

Corticoïdes, morphine.

Pendant des mois, je vais être ballottée entre des mains différentes, essayant chaque fois de trouver la solution miracle qui me débarrassera de mon p... de handicap si douloureux. Un généraliste me dit que l'origine de mon mal est une dépression et me traite en conséquence. Résultat, non contente de ressembler à une vieille courbée quasi bossue, je me couvre de pustules. Changement de traitement et visite chez la dermato !

La rhumato, que je soupçonne de perdre son latin, après m'avoir fait passer IRM, scanner et le reste, me colle dans un corset plâtré qui m'emprisonne tout le buste, de sous les seins jusqu'au bas des reins. Sexy, ça je n'en parle même pas, mais aussi très pratique pour conduire et rester assise des heures en réunion. Un bonheur. Car, avec tout ça, ma vie continue son bonhomme de chemin. Je travaille comme avant. Bulldozer.

M'occuper de ma fille encore très petite s'apparente aux coulisses de l'exploit. Les bains du week-end sont une épreuve. Je ne peux pas m'agenouiller près de la baignoire. Nous prenons l'habitude de faire des câlins dans mon lit, allongées. Je suis devenue la championne toute catégorie des achats par internet. Je ne peux plus porter la moindre plaquette de beurre. Les vacances avec Mathilde deviennent des chefs-d'œuvre d'inventivité. Difficile de partir avec un enfant petit quand on n'a qu'une mobilité restreinte. Un vrai défi. Qu'est-ce qui est à deux heures de voiture maximum de Paris, qui propose une infrastructure où on porte les bagages, fait les lits et le ménage, où il y a des activités pour les petits ? Je me vois encore assise, échouée telle une baleine sur la plage de Cabourg dans le vent froid des vacances de Pâques, ajoutant consciencieusement des pelletées de sable au château de la Belle au bois dormant... et n'arrivant plus à me relever. Une grue, s'il vous plaît.

Je vais voir un anesthésiste que je connais, spécialisé dans le traitement de la douleur dans un hôpital parisien. Plein de compassion, il me prescrit des patchs de morphine. Pendant un moment ça m'aide, j'ai moins mal. Et puis, ça se dégrade, je suis obligée d'arrêter la voiture pour vomir avant de repartir. J'ai encore le souvenir difficile d'une réunion au sommet à 8 heures, avec le grand président fumant son barreau de chaise matinal.

Je vais tout essayer, changer de rhumato, voir des ostéopathes, des gens qui travaillent sur les énergies, des neurologues, des centres antidouleur ; enfin, bref, rationnel ou pas, tout ce que les gens bien intentionnés et pleins de bons conseils peuvent me proposer.

Sans résultat.

De toute façon, le diagnostic de la Faculté est décourageant : « Lésions de discarthrose L4/L5 avec une saillie globale du disque intervertébral. Le canal rachidien central, qui n'était déjà pas très large, transversalement, et ceci de façon congénitale, est encore rétréci par la protusion discale. » En gros et en décodé, il n'y a pas grand-chose à faire. Intervention chirurgicale inutile, il faut attendre que ça passe, rompre le cercle vicieux de la douleur qui me fait adopter ces postures antalgiques qui déplacent le mal. Pratique. À part déposer une plainte pour défaut de fabrication auprès de mes géniteurs, je ne vois pas... En plus, il paraît que je ne suis plus sous garantie.

La colère

Ça fait six mois que ça dure. Je n'en peux plus. Je suis au bout du rouleau. Je n'y arrive plus. Je vais déclarer forfait. Je suis très en colère contre ce corps qui n'obéit plus du tout, qui ne fait que ce qu'il a décidé de faire. J'ai l'impression que c'est devenu un ennemi qui se venge d'avoir été totalement ignoré pendant quarante ans. Et, pour une fois, ma volonté de fer n'y peut rien. Grosse claque pour mon ego et ce que j'imaginais de la toute-puissance et de la maîtrise de l'esprit sur le corps. Je trouve que la vie est atrocement injuste avec moi. Je n'ai rien fait pour « mériter » ça. Déjà que je me débats dans un métier qui ne m'apporte aucune satisfaction...

Curieusement, je ne me pose aucune question au-delà de ce dos qui ne me porte plus. Je suis statufiée dans mon corset, rigidifiée dans ce mal insupportable, et je ne pense pas plus loin que le bout de ma douleur. Je suis si fatiguée de me battre contre cet ennemi insidieux et brutal !

Et pourtant, je devrais avoir tous les outils pour me poser les bonnes questions. J'ai quand même à mon actif sept ans de psychanalyse freudienne, classique de chez classique, genre divan deux fois par semaine. « Tranche », comme on dit dans le jargon, arrêtée il y a trois ans, suivie d'un morceau de psychanalyse didactique dans l'idée de devenir moi-même un jour celui qui « tient parole* ».

Après la naissance de ma fille, je m'étais d'ailleurs inscrite pour passer le diplôme de psychologie clinique par correspondance. Ces velléités ont malheureusement vite cédé devant ma réalité quotidienne : un travail à 200 %, une maison à faire tourner avec un mari chômeur et ses deux fils, Mathilde bébé. Je piquais du nez dans mes polys rébarbatifs – genre statistiques et biologie – à partir de 1 heure du matin, luttant contre le sommeil. Bataille perdue d'avance.

Je savais depuis des années que je ne voulais finir ni « pro de la com », ni en tailleur-escarpins de Mme la présidente. Notre aventure à deux était rigolote mais sur le point de se terminer, la pub ne m'avait jamais vraiment intéressée, je m'étais prouvé que je pouvais « réussir », il était temps de passer à autre chose.

* Pontalis, J.-B., *L'Amour des commencements*, Paris, Gallimard, 1986.

Mais quoi ? Mes réflexions de ces dernières années tournaient en rond. Et puis, ayant une famille à charge, je ne m'autorisais pas à me poser des questions existentielles. Plus tard, séparée et vivant seule avec ma fille de 2 ans, je ne m'en posais pas davantage. J'avançais, jour après jour, point. Les clients n'attendent pas, les prospects n'attendent pas, les actionnaires non plus !

Course contre la montre permanente des mères élevant seules un enfant, casting de nounous pour trouver la perle rare, dépose du matin à la crèche à la merci des embouteillages pour arriver à l'heure aux rendez-vous, fêtes à la crèche, otites et autres angines incompatibles avec une présentation client, gastro de la nuit avec vomi et draps à changer, fêtes d'anniversaire et gâteaux pétris à minuit à la lumière de la mauvaise conscience de la mère exténuée qui travaille et autres jongleries toujours plus périlleuses.

Avec le recul, peut-être n'avais-je pas le courage de me poser les bonnes questions, du genre : « Et pourquoi j'en ai plein le dos ? Tout ceci en vaut-il le coup (coût) ? Et qu'est-ce que je vais faire pour que ça change ? »

Ça paraît toujours si simple après.

J'aurais dû... j'aurais dû m'arrêter au bord de la route parce que mon pare-brise était embué et plein de pluie. Je n'avais plus de visibilité pour conduire et je ne savais même plus où j'allais : j'étais perdue.

La négociation

Sept mois après ma chute dans le parking, après avoir exploré tout ce que Paris peut recéler de ressources médicales et paramédicales, j'échoue chez un nouveau rhumato dont on me dit le plus grand bien...

Je suis aussi ratatinée que me le permet mon corset dans un fauteuil de la salle d'attente. Arrive mon tour, je m'extirpe et me dirige aussi gaillardement que possible à l'autre bout de la pièce vers le médecin qui m'attend en silence. Je me sens scrutée façon rayon laser, de la tête aux pieds. Il n'a pas encore fait d'examen clinique, je n'ai pas encore ouvert la bouche, ni raconté mon histoire qu'il m'annonce à brûle-pourpoint : « Je vois, je vous hospitalise tout de suite dans mon service. »

Choc absolu et soulagement en même temps. En voilà un qui comprend que je n'en peux plus. Et puis il a une autorité qui m'engage à ne pas broncher ; peut-être n'en ai-je plus la force. En fait je me sens heureuse d'être prise en main par quelqu'un qui a enfin l'air de savoir de quoi il retourne et ce qu'il convient de faire. Je n'y croyais plus.

Mais nous sommes devant un autre problème : Mathilde. Ces derniers temps j'étais inquiète et, de visite de pédiatre en vérification chez l'ORL qui n'en croyait pas ses yeux, nous nous rendons à l'évidence. Les amygdales de Mathilde peuvent provoquer une apnée respiratoire importante, donc un danger. Autrement dit, il y a urgence chirurgicale, du jamais vu pour des amygdales. Elle doit entrer à la clinique le lendemain pour une intervention le jour suivant. Nous convenons de retarder ma propre admission d'une semaine. La chambre est réservée, l'infirmière chef prévenue. Le médecin m'attend. Voilà qui est emballé.

Dans la famille « Jai-de-la-chance », je voudrais la mère et la fille. Hosto pour deux. Champagne.

Le soir, un verre de vin en main pour fêter ça, je m'organise tel un général des armées avant une nouvelle bataille. Seule comme d'hab'. De toutes façons, c'est dans ces moments-là que je donne le meilleur de moi : quand tout fout le camp, quand tout est compliqué et insoluble, se réveillent en moi les instincts de survie et de gestion de crise qui vont bien. Merci, papa. Quelque chose en moi est soulagé, j'ai la sensation que nous ne pouvons pas aller plus loin, nous avons touché le fond de la piscine, alors forcément nous allons remonter, toutes les deux. On va se battre. Contre quoi, je ne sais pas, mais on va se battre.

Clinique pour enfants de Boulogne. Chic, chère, et efficace. Examens préop, consultations diverses, chambre pour nous deux, room service pour le dîner, un peu de vin madame, oui merci.

Aux aurores, salle d'op', « À tout à l'heure mon amour, tout va bien se passer, je suis là, tu vas t'endormir, quand tu ouvriras les yeux, je serai là, je t'aime. »

Elle a juste 4 ans, ma petite bonne femme. Devant la clinique, fumant comme un pompier en attendant que l'intervention se passe, regardant l'heure toutes les minutes, je prends conscience de ce que je lui ai fait subir ces deux dernières années : séparation de ses parents, une maman toujours débordée, puis corsetée depuis des mois. Pas très fun, ni très équilibrant. Et si elle avait un truc coincé dans le fond de la gorge, une Valda qu'elle ne serait pas arrivée à me cracher autrement que par les amygdales ? Que cherche-t-elle à me dire ? J'ai bien peur d'avoir une petite idée sur la question.

Réveil, visage chiffonné, perf' et petit lit à barreaux. « Tout s'est bien passé, chère madame. » Un morceau de chance !

Dès le lendemain, antalgiques et glace aident à faire passer la pilule. Les enfants ont une faculté de récupération magnifique et si rassurante. Heureusement, ma fille n'échappe pas à la règle.

À notre retour à la maison, j'exprime à Mathilde ce que j'ai compris de sa difficulté à vivre sa vie en ce moment. J'explique aussi mon séjour à l'hôpital, qu'il est nécessaire pour guérir mon dos. J'expose l'organisation matérielle : sa grand-mère va arriver de province la veille de mon hospitalisation, la garder quelques jours. Puis son papa va venir la chercher pour un moment de vacances, et puis nous nous retrouverons. Nous passons un accord : elle cicatrise à toute vitesse, et moi je sors de mon corset. Marché conclu. Nous fabriquons un calendrier et marquons d'un grand cœur la date de nos retrouvailles. Nous nous téléphonerons tous les jours.

Le cadre est posé, le contrat passé, je peux partir aussi tranquille que faire se peut.

J'arrive à l'hôpital en taxi. L'angoisse au ventre. Je hais les hôpitaux. Je n'y ai que de mauvais souvenirs. Mais, au fond, qui peut en avoir de bons ? Et, en plus, je suis volontaire pour aller en prison. À l'entrée, je fume la cigarette du condamné avant d'aller remplir mon lot de paperasses au bureau des admissions.

Je suis la patiente du Dr Z. Traitement de faveur puisqu'il est chef du service. Service de médecine interne. En fait, mon sauveur est interniste et rhumatologue. C'est peut être pour ça qu'il est plus malin que les autres. A-t-il vu autre chose que le canal machin rétréci, le pincement L4-L5 touché coulé et la discopathie bidule ?

Toujours est-il que je ne suis pas traitée comme un morceau de viande avariée, la 34, ou la discopathie truc. Pour l'ensemble du service, je suis restée moi-même et on m'appelle madame. Ouf. C'est déjà ça. Le voilà qui arrive avec sa suite. Le complet élégant a cédé la place à la blouse blanche. J'aime moins.

Explication de la « stratégie thérapeutique ». Nous voilà donc partis à la guerre, enfin. *Exit* le plâtre, faire céder la douleur et la dépression à coup d'antidépresseur maousse costaud en perfusion, un trait d'antalgique, un zeste d'autre chose. Bref, un cocktail d'enfer. Objectif : faire oublier au corps toutes les positions antalgiques et mauvaises habitudes en restant au lit, merci, et puis, petit à petit, programme de kiné pour remuscler la ceinture abdominale et le dos et pouvoir me « sevrer » du corset plâtré. Mijoter à feu très doux minimum quinze jours. Hurlements. Je n'avais prévu qu'une semaine. Je promets d'être sage et de faire tout ce que ces messieurs me disent, mais pour l'instant, rien à faire. Le mieux que j'arrive à lui arracher, c'est « on verra ».

Éternelle « madame Plus », j'annonce au corps médical ma demande d'aide pour un sevrage tabagique. « Comprenez-vous, docteur, tant qu'à être là... » Réaction inattendue. Il paraît que dans mon état ce n'est pas du tout raisonnable d'attaquer trop de chantiers de front. L'arrêt du tabac, ce sera pour plus tard. Je suis déçue de ne pas pouvoir optimiser mon séjour dans ce lieu de villégiature épatant, mais un peu soulagée quand même.

Les jours s'égrènent au rythme de l'hôpital. Infernale routine à laquelle pourtant je m'habitue. Heureusement que j'avais fait des pieds et des mains pour avoir une chambre seule. Je ne suis pas certaine d'être capable d'affronter l'intimité communautaire. J'ai toujours été un brin misanthrope et, c'est bien connu, sous stress, à plus forte raison dans la douleur, on devient sa propre caricature !

Je suis planquée dans cet hôpital au fin fond du XXe. Presque personne ne sait où je me terre. J'ai honte de moi, de ma faiblesse, d'en être arrivée là, de ne pas être invincible, juste banalement comme les autres.

En regardant par la fenêtre je voyage, je me raconte des histoires. Dans cette rue commerçante et passante je vois de tout, mosaïque de visages que je devine de mon quatrième étage, commerces de tous horizons, boucherie halal, épicerie colorée avec bassines en émail sur le trottoir, restau chinois d'où je vois sortir toute la famille, boulangerie bien française, un bon vieux tabac PMU, et puis des trafics douteux, des femmes et des enfants à la sortie de l'école. La vie d'un quartier populaire.

Je ne sors presque pas de ma chambre. Les pensionnaires de cet établissement me filent le bourdon, tous, jeunes et vieux, éclopés, en chaise roulante, robe de chambre à carreaux, survêtement et charentaises. Tant que je ne sors pas, je peux encore imaginer que je ne suis pas malade. D'ailleurs, je m'habille tous les matins. Non, mais !

Tous les jours ou presque, j'ai des coups de fil du bureau. L'explication de mon état et de mon absence est bien évidemment d'ordre rhumatologique exclusivement. J'essaie de répondre de façon concertée et intelligente, mais j'ai du mal. C'est la première fois que je ne me sens plus du tout impliquée ni responsable. La terre tourne sans moi. Je suis dans une bulle, déconnectée du monde et de la réalité. Sensation bizarre. J'avais emporté des tas de livres passionnants, avec en arrière-fond le projet de répondre à la question : « Et si je changeais de métier, qu'est-ce que ça pourrait bien être ? » Mais j'ai le cerveau désespérément vide, les neurones en jachère, les synapses en compote. C'est fou ce qu'on se fatigue vite à ne rien faire. Mes nuits sont agitées. Une pauvre vieille femme hurle du fond de sa démence sénile sa peur, sa colère et son malheur. À l'hosto, pas de « grasse mat' » non plus. On ne plaisante pas avec le protocole. Et les journées passent lentement au rythme du train-train du service. C'est l'été. Il fait chaud. Après quelques jours très végétatifs en position quasi exclusivement allongée, c'est la valse des kinés. Je découvre avec stupéfaction que la « rétroversion du bassin » est un concept parfaitement inconnu de mon corps rebelle, et que je ferais bien de m'y mettre dare-dare. J'en apprends des trucs épatants ici.

Après cinq jours, je commence la manœuvre du petit chinois et les négociations vont bon train avec mon sauveur. Je me sens presque en pleine forme. J'obtiens une libération anticipée après dix jours.

L'honneur est sauf, j'ai gratté cinq jours. Libération conditionnelle : rester en convalescence au moins un mois allongée. Alors là, c'est le coup de massue, la traîtrise inattendue, le mauvais coup par-derrière, Trafalgar chez les blouses blanches. « M'enfin, on m'avait pas dit ! » Touche finale : je dois me faire suivre « en ville » par un psychiatre. À ce stade, je suis prête à tous les compromis pour sortir de là, même sous haute surveillance.

Je repars avec mon corset en plâtre sous le bras, mon petit bagage et mon petit taxi, ma grande ordonnance, la feuille de route du kiné et l'adresse du psychiatre. Et en route pour de nouvelles aventures.

Mon appartement me semble d'un luxe extravagant, d'un calme et d'une sérénité inhabituels. La chambre de ma fille est décidément trop vide.

Je reprends mes marques comme après une très longue absence. Mon thé au lit le lendemain est un bonheur voluptueux, indicible, à nul autre pareil.

Pleine d'une énergie de bien faire et de bonne volonté, je prends rendez-vous avec kiné et psy.

Chez le kiné, encore, c'est rasoir mais simple. Trois fois par semaine minimum et, les autres jours, exercices à la maison. Se muscler le ventre, ah ! la célèbre et indispensable ceinture abdominale... Vous qui avez abhorré et négligé le sport quarante ans durant, eh bien, payez maintenant ! Je suis devenue championne du monde de la rétroversion du bassin, une vraie concurrence pour les danseuses du ventre.

Le seul truc positif en six mois, c'est que j'ai bien dû perdre dix kilos. « Faut manger, ma p'tite dame, vous faites peine à voir. » C'est bien la seule fois qu'on me dit un truc pareil. Faut bien qu'il y ait des compensations, non ? On ne peut d'ailleurs pas dire que je fasse grand-chose de ma chiquissime maigritude. Je ne me sens pas franchement l'humeur d'user de mon pouvoir de séduction, d'aller courir le guilledou, encore faudrait-il du reste que j'arrive à courir. De toute façon cela fait maintenant bien longtemps que, moi, l'impénitente gourmande, je me force à pignocher, histoire de dire. La contrainte du corset et une envie de vomir quasi permanente n'incitent pas forcément aux plaisirs de la table. Un yogourt me rassasie et, de toute façon, je n'ai ni l'énergie ni l'envie de faire des courses ou encore pire la cuisine. D'ailleurs, c'est bien simple, je n'ai envie de rien.

Aller chez le psychiatre se révèle une tout autre affaire. Tout d'abord, tant qu'il s'agissait du dos, c'était contrariant, douloureux, pénible et tout ce qu'on voudra. Mais, soigner sa dépression, c'est une autre histoire.

Je décide d'aller à mon premier rendez-vous en voiture. Les coulisses de l'exploit. A priori, ça n'a l'air de rien, mais ce n'est pas si fastoche de s'installer au volant, de faire son créneau et de ressortir du siège. Une rue chic du VIIIe arrondissement. C'est déjà ça. Heureusement qu'il me reçoit à l'heure, sinon, j'aurais pu céder à la tentation de repartir en catimini.

Mon Dieu que son fauteuil est bas... Il perçoit mon désarroi et m'avance une chaise. Ouf ! sauvée. Je suis évidemment obligée d'expliquer quel bon vent m'amène chez lui.

Rendez-vous après rendez-vous, je tente de retracer le fil de ces derniers mois. Avant la rébellion du dos. Tout se mélange. Je n'ai plus la mémoire, ni la chronologie des événements de ma vie.

Cette année a vu entre autres mon divorce (le second) et le départ de mon associée pour des aventures meilleures. La fin de l'année précédente avait été marquée par mes 40 ans et suivie de ma chute dans le parking, et, celle d'encore avant, par la fusion de notre société en début d'année dans ce gros groupe avaleur et broyeur de « chipies stars », le 14 juillet par mon emménagement en solo avec ma fille sous le bras.

Élever seule ma fille, me débattre douze heures par jour pour un job qui ne me plaît pas. Tu parles d'un feu d'artifice !

Le monsieur n'a pas l'air particulièrement étonné que j'en aie « plein le dos ».

Bien obligée de reconnaître que j'ai un peu forcé la dose, et qu'à vouloir singer Atlas qui dans la mythologie était condamné à porter sur ses épaules la voûte du ciel et le poids écrasant du monde, ça m'a joué un vilain tour.

Le mois de convalescence prescrit a été quelque peu zappé. Je me suis accordé un peu de repos, quelques vacances avec ma fille. Cela dit, je me rachetais en allant régulièrement chez le kiné et en prenant mon traitement. J'ai très vite retravaillé au même rythme, et j'allais voir mon nouveau copain psychiatre tous les quinze jours, puis tous les mois et je prenais sagement mon traitement.

Cet été-là, une de mes grandes victoires a été de trouver un directeur général ; celui-ci devait me rejoindre à la rentrée. Il fallait travailler d'arrache-pied pour redresser la situation, garder les budgets, engranger de nouvelles compétitions, les gagner. Un dernier trimestre dur.

J'avais toujours mal au dos, j'étais toujours atrocement fatiguée, avalant les journées les unes derrière les autres avec une obstination sans joie.

Il faut, je dois... avancer, continuer. Je me sens nulle mais mon obsession c'est de le cacher, il ne faut pas que ça se voie.

Le doute, l'incertitude, la dépression
L'acceptation

Tout juste un an après ma chute dans le parking, en novembre, je craque. Plus de pile, batterie à plat. Rien à faire, la machine est à nouveau en panne. Et cette fois je m'arrête vraiment. Pas le choix. Je ravale mon orgueil. La terre peut tourner sans moi, je dois me rendre à l'évidence.

Le nouveau directeur général était en piste, j'avais le sentiment de laisser l'agence dans de bonnes mains, puisque moi je n'étais plus bonne à rien.

Je n'arrive même plus à conduire et cumule les petits accrochages, heureusement sans gravité. La moindre tache quotidienne et banale me paraît insurmontable. Je veux dormir. Juste dormir, longtemps. J'ai honte de moi, mais mon côté marmotte l'emporte. J'hiberne.

Est-ce l'addition inéluctable de toutes ces années bulldozer couronnées par celle qui vient de s'écouler, telle une grosse cerise bien juteuse sur un monstrueux et indigeste gâteau d'anniversaire recouvert de chantilly ?

Je n'ai plus qu'un souvenir vague de cette période. J'ai quand même assuré des rendez-vous clients de temps en temps, et si je regarde mon agenda de l'époque, au fond, même pas mal !

Mon médecin reconduit les arrêts maladie durant sept longs mois, puis les transforme en « mi-temps thérapeutiques ».

Je lâche prise. Je suis épuisée d'avoir lutté contre la douleur, l'angoisse d'avant le diagnostic, l'abattement devant le peu de solutions thérapeutiques à ma discopathie bidule, l'angoisse de la mère seule qui doit gagner sa vie, à n'importe quel prix. Je me sens seule et découragée. J'ai beau essayer de me raisonner, rien n'y fait.

Ce qu'en dit mon psychiatre...

« Le tableau initial, c'était un tableau physique, de douleur, de blocage. On avait l'impression que le corps n'en pouvait plus, qu'il disait stop, qu'il ne pouvait plus continuer comme ça. Au-delà de la formulation "j'en ai plein le dos", vous ne pouviez plus bouger, vous étiez dans un état de souffrance absolue. On voyait bien là que la médecine "traditionnelle" était en échec, qu'il fallait passer

à autre chose. J'ai eu vraiment l'impression de quelqu'un qui était à bout. Il y avait quelque chose de mortifère dans votre mode de fonctionnement, au sens large du terme. La vie n'était plus possible d'une certaine manière.
Je percevais un orgueil important. De quelqu'un qui avait toujours bien réussi, qui avait eu une progression intéressante et qui avait du mal à accepter que ça puisse l'atteindre, lui. Cela a été une forte résistance pendant longtemps. À un moment donné, vous vous êtes peut-être plus autorisée à aller mal et sans doute aviez-vous besoin de cette phase-là.
Cela vous a probablement permis de vous ouvrir à autre chose et de rebondir à un moment donné. Ce qui m'a vraiment frappé, c'est votre souffrance physique et psychologique. Il y avait également présent chez vous un autre symptôme, difficile à traiter, la psychasthénie. Cette lassitude, cette fatigue psychique a duré très longtemps. C'est comme si vous vous étiez épuisée dans votre combat. Les symptômes physiques ont diminué, n'ont plus été aussi aigus. Vous arriviez à mieux gérer votre quotidien physiquement mais la psychasthénie a perduré. »

L'intégration

Dans cette gluante apathie, au printemps, je trouve l'énergie de reprendre rendez-vous avec le psychanalyste avec lequel j'avais déjà fait un « petit chemin » de sept ans sous les auspices du bon Sigmund. Pourquoi lui, alors qu'il n'avait pas su me prémunir de ce cataclysme ? Bonne fille, j'avais suffisamment de lucidité pour ne pas lui en tenir rigueur. Je savais bien que notre promenade avait un autre objet et que nous avions démêlé la pelote avec laquelle j'étais arrivée à l'époque. En plus, j'étais par avance soulagée de n'avoir pas à raconter en partant de zéro, papa, maman et le reste. Il me suffisait juste de reprendre l'histoire là où je l'avais laissée pile-poil cinq ans avant et c'était déjà largement assez.

Le temps n'était plus une unité de mesure contre laquelle je me battais désespérément, il était devenu sable et filait entre mes doigts. La course contre la montre avait enfin cessé, faute d'objet. Ce temps s'appartenait à lui seul. Je n'en ai rien fait durant cette étrange hibernation. J'avais bien sûr des relents de très mauvaise conscience. Comme beaucoup d'entre nous je faisais partie de ceux qui disent : « C'est décidé, les prochaines vacances, je repeins la cuisine, je fais des confitures, je me remets au golf... Ah ! si je me cassais une jambe, je lirais l'œuvre complète de Dostoïevski, je terminerais les albums photos laissés en plan depuis... »

Or là, rien. Le service minimum du quotidien emplissait ma vie. Ce temps si précieux, je le gâchais sans pouvoir en faire rien d'autre. Mais petit à petit, « à l'insu de mon plein gré », j'ai dû amorcer mon retricotage.

En octobre, j'ai débuté une formation en programmation neurolinguistique (PNL). C'était le début de la sortie de la spirale, l'amorce d'une reconstruction, enfin une envie de quelque chose. Des amis avaient suivi ce cursus, l'inscription était facile, les séminaires se déroulaient principalement pendant les « week-ends papa » de ma fille, pas trop loin de chez moi. Beaucoup de facteurs facilitant dans la balance.

J'ai failli partir en courant à plusieurs reprises. Mon esprit cartésien et critique s'est trouvé mis à rude épreuve. Difficile de faire taire la rebelle et la misanthrope en moi. Le travail en groupe avec des personnes non choisies s'est révélé être un apprentissage difficile. Mais j'ai aussi eu de bonnes surprises, notamment d'y rencontrer celle qui allait devenir ma première associée dans mon nouveau métier. Élève appliquée, j'en sortirais certifiée un an plus tard.

Du mi-temps au plein temps, je me suis insensiblement rendu compte que je ne redeviendrais jamais « celle d'avant ». Le moteur de cette vie professionnelle-là était en fin de course. De turbo pendant des années, surtout grâce à mon associée avec qui j'avais partagé tant de bons moments, il était devenu diesel avant de tomber en panne. J'avais du mal à faire redémarrer la machine et aucun garagiste, si qualifié fût-il, ne pouvait le faire à ma place.

C'est dans cet état d'esprit que j'ai abordé la nouvelle année. L'année de tous les changements. En mai, exactement un an après, j'ai dit au revoir pour la deuxième fois à mon rendez-vous hebdomadaire d'analyse. Pour, quelques mois plus tard, en retrouver un autre que j'honore toujours avec régularité. Cette démarche m'est importante car elle m'a aidée à me construire à diverses étapes de ma vie, aujourd'hui, c'est devenu une hygiène de vie mentale, tant pour moi que pour les clients que j'accompagne.

À la faveur d'un « désaccord » survenu au cours d'un conseil d'administration, j'arrive à tirer mon épingle de ce jeu dont je n'ai plus envie de suivre les règles.

Je crois que je ne mesurais pas les conséquences de ces événements, ni ce qu'ils allaient me permettre de changer dans ma vie. J'ai négocié mon départ presque comme s'il ne s'agissait pas du mien. Conseillée par des avocats, j'ai essayé de tirer un parti honorable de ma sortie, sans y mettre une énergie ni un investissement démesurés. J'ai vendu mes parts, et au revoir.

Je m'étais fait là un des plus beaux cadeaux d'anniversaire de ma vie. J'avais reconquis ma liberté. Exactement trois ans après ma chute dans le parking.

C'était un grand saut à la fois effrayant et grisant, semblable à celui du parachutiste qui se jette dans le ciel. Cette liberté toute nouvelle, il a fallu que je l'apprivoise. Pas si facile de changer de statut, de ne plus aller au bureau tous les matins, de ne plus avoir de rémunération confortable, de choisir un autre métier. J'ai affronté le scepticisme de mon entourage, j'ai connu des hauts et des bas, l'angoisse de ne pas réussir mon pari, mais jamais le regret de ma vie passée.

L'enthousiasme, les stratégies, les engagements

Petit à petit, l'idée avait fait son chemin. J'aimais le monde de l'entreprise, je souhaitais y apporter ma contribution à ma façon, m'intéresser au système et aux êtres humains qui y participent. Coach je serais donc. Analyste, ce sera peut-être pour plus tard, quand je serai à la retraite, quand je serai devenue un vieux hibou plein de sagesse.

La PNL m'avait redonné le goût d'apprendre. Je voulais aussi une belle boîte à outils pour exercer mon nouveau métier. Méthodique et consciencieuse, j'ai donc choisi une école de coaching, puis une certification en analyse transactionnelle, puis... je n'ai jamais arrêté. C'est mon luxe. Exercer un métier qui implique un apprentissage permanent, savoir que l'on ne saura jamais, que la route est belle, qu'on ne sait pas où elle nous mène, savoir en profiter à chaque instant, ici et maintenant.

Conclusion

Si j'avais su... si j'avais su que pendant ces trois longues années j'étais en plein burn out, si j'avais su que ça arrive à d'autres, que ce n'est pas une maladie honteuse, j'aurais peut-être pu franchir plus rapidement les étapes qui m'ont conduite vers ma reconstruction.

Prendre conscience, c'est déjà agir. Identifier, connaître son ennemi, c'est pouvoir le combattre.

Malgré tout, seule, c'est une gageure. Des professionnels peuvent accompagner ce parcours et accélérer le chemin vers la guérison et la réparation. Qu'ils soient médecins du travail, généralistes, psychiatres, spécialistes de tous poils, psychothérapeutes et coachs, ils constituent autant de points d'ancrage sur le chemin. Le courage d'affronter le burn out, c'est aussi accélérer la sortie de la spirale. Sur cette terre brûlée, la végétation repousse, mais le nouveau paysage ne sera jamais identique au précédent.

Aujourd'hui je sais que les crises et les ruptures sont autant d'accélérateurs d'apprentissage.

Un burn out bien accompagné peut donc se transformer en opportunité... Retrouver la partie de soi qu'on avait perdue de vue, redessiner ses priorités, dégraisser et ne garder que l'essentiel, c'est s'autoriser à retrouver du sens à sa vie, même si modifier sa trajectoire n'est pas toujours facile.

Aborder le thème du burn out en témoignant de ma propre histoire, de ma souffrance, c'est aussi dire ce qu'il m'a permis de réaliser : un changement de vie, à la fois professionnel et personnel, pour le meilleur en oubliant le pire.

De Mme la présidente-directrice générale d'une agence de publicité, je suis devenue un artisan comblé. Consultante et coach, je dédie ma vie professionnelle à accompagner les organisations et les hommes qui les composent, à les aider à révéler ce qu'ils ont de meilleur, à oser le changement.

J'ai retrouvé le fil et le sens de ma vie, mon expérience m'a servi de tremplin et me donne les ressources pour enrichir chaque jour mon nouveau paysage et y cheminer à côté de mes clients.

Deuxième partie

1
Introduction

Qu'est-ce que l'épuisement professionnel ou burn out ?

L'épuisement professionnel (ou burn out) est une souffrance insidieuse, dangereuse et onéreuse. C'est une crise, mais celle-ci peut devenir une maladie.

Les manifestations en sont spécifiques et se confondent parfois avec celles du stress et de la dépression.

Les traiter requiert une intervention ciblée et multidisciplinaire.

Qui cela concerne-t-il ?

Les « victimes » sont des personnes talentueuses et enthousiastes. La qualité et l'intensité de leur dévouement et investissement professionnel ne font aucun doute. Cette décompensation est le résultat d'une exposition intense et prolongée à des situations émotionnellement exigeantes et d'une confrontation à des conflits intérieurs portant sur les valeurs personnelles de l'individu.

Le burn out est l'expression d'une tension excessive entre l'idéal qui habite des êtres et les contraintes de la réalité qui en restreignent la concrétisation.

D'autres facteurs sont connus pour accélérer la crise : les inquiétudes de l'environnement économique, la pression des assemblées de direction et des hiérarchies incohérentes, voire abusives, dévalorisantes et tatillonnes, l'insécurité de l'emploi, les réductions d'effectifs, les menaces de délocalisation, les contraintes budgétaires et la réduction des avantages liés à la fonction des cadres ...

Le burn out est le symptôme d'un échec, conséquence d'une irresponsabilité partagée entre l'employé et l'employeur du fait d'un manque de recul et de lucidité.

Des employés brillants n'ont pas vu arriver le mur du burn out parce que le nez plongé dans le guidon des tâches quotidiennes, et la société ou l'entreprise a ignoré l'opportunité et l'urgence d'un développement de projet de prévention.

Les conséquences humaines et financières

Tous les acteurs, leurs familles et l'entreprise en paient le prix fort.

Dans un premier temps, « les victimes » continuent coûte que coûte sur le chemin du devoir qui les conduit à l'impasse.

Cependant, à force de flirter avec leurs limites, la vie leur envoie soudain un message fort : un accident, un malaise ou une maladie qui forcent « les victimes » à s'arrêter, à se poser et à réfléchir.

En plus du prix fort que paient les personnes en termes de santé physique et mentale, l'entreprise et la société en épongent également les coûts. Productivité et rentabilité sont lourdement entamées et le « capital humain » s'use lorsqu'une entreprise est touchée dans son ensemble par le burn out.

Actuellement, les spécialistes constatent que, malgré tous les moyens de détection et de prévention qui commencent à être mis en place pour freiner l'étendue du problème, la situation continue à se détériorer.

Les Nations unies prédisent en effet que le stress (donc le burn out) grimpera allégrement de la quatrième à la deuxième place dans l'échelle des problèmes menaçant la santé mondiale, juste après le sida. Ce qui poussait récemment le *Sunday Times* à titrer : « *Act now on stress or pay the price* ». (Agissez maintenant à l'encontre du stress ou payez le prix[1*].)

* Toutes les sources et références figurent en fin d'ouvrage, ainsi que des suggestions de lectures complémentaires et des adresses et sites utiles.

2

Premières observations et définitions

Herbert J. Freudenberger, psychologue à New York, observe en 1974 que des professionnels en santé mentale développent, au contact de leurs patients, un état d'épuisement particulier accompagné de plaintes telles que douleurs, difficultés à gérer les situations génératrices de frustration, sentiments de colère et de suspicion dirigés à l'encontre de l'entourage.

Ils en deviennent rigides, butés et inflexibles, bloquant tout progrès et toute velléité de changement constructif, car toute demande de changement exige des efforts d'adaptation qu'ils ne sont plus à même de fournir. Il conclut : « [....] certaines personnes sont parfois victimes d'incendie tout comme les immeubles. Sous l'effet de la tension, leurs ressources en viennent à se consumer comme sous l'action des flammes, ne laissant qu'un vide immense à l'intérieur, même si l'enveloppe externe semble plus ou moins intacte ».

Plus tard, en 1976, le Dr Maslach précisera que le burn out renvoie à la notion d'« un syndrome d'épuisement émotionnel et de cynisme » qui surgit souvent chez les personnes impliquées dans un travail d'accompagnement et d'aide (corps médical, psychologues et intervenants sociaux) et qui ne reçoivent pas, en retour, les marques de reconnaissance équivalant à leur investissement.

Les définitions se sont ensuite succédé et affinées au rythme des recherches[2].

Le burn out est successivement et en même temps :

- une perte progressive de l'idéal, de l'énergie et des buts au sein de certaines professions consacrées à l'aide aux personnes ;
- une maladie du surinvestissement dans des tâches qui exigent un dévouement humain important ;
- un déséquilibre entre les ressources disponibles de la personne, ses valeurs, ses attentes et les exigences de l'environnement.

Le problème apparaît progressivement. Il est l'aboutissement de l'exposition prolongée à des conditions de travail ou de vie stressantes. Le burn out peut aussi survenir dans la vie privée. Même si, à l'origine, le mal fut décrit dans des professions investies dans les relations d'aide et d'assistance (corps soignant, enseignants, travailleurs sociaux), force est de constater aujourd'hui que le mal s'étend à d'autres professions.

Le monde des employés, cadres et dirigeants d'entreprise est en effet également touché, conséquence des bouleversements économiques actuels et des impératifs en vigueur. Les contraintes du marché économique sont devenues telles que le sentiment d'autonomie et la tranquillité d'esprit se réduisent comme « peau de chagrin ». Téléconférences, téléphones et ordinateurs portables rappellent à tout moment à l'employé l'existence de la relation contractuelle qui le lie à son employeur. Les frontières du temps et de l'espace sont désormais virtuelles. La part intime des individus éprouve des difficultés croissantes à se préserver des pressions et sollicitations professionnelles.

L'origine du terme « burn out »

Le terme est notamment emprunté aux mondes de l'électronique et de l'industrie aérospatiale. Dans le monde de l'électronique, il signifie « surcharge de tension », voire « grillage » des circuits.

Dans le cas qui nous intéresse, les signaux envoyés par les « fusibles » censés repérer le risque de surcharge émotionnelle ont été ignorés. Le danger a été minimisé, le disjoncteur central n'a pas fonctionné, entraînant un court-circuit et la propagation d'incendies qui couvent, tapis dans les profondeurs des bâtiments.

En silence, ils rongent les fondations et les âmes des bâtisses. Dans le monde de l'aérospatiale, le terme évoque la situation au cours de laquelle l'épuisement de carburant dans une fusée a pour résultante la surchauffe et le risque de bris de la machine[3].

3

Les signes et les symptômes

Entrer dans la spirale du burn out, c'est comme marcher sur une plage de sable mouillé : les pas s'impriment et s'effacent aussitôt. On se retourne ? Aucune trace : on avance insensiblement dans le mal-être : on s'adapte. On descend de plus en plus profondément dans les sables mouvants.

Le tableau varie d'une personne à l'autre : il n'y a pas de burn out « type ». La situation évolue insidieusement jusqu'au point culminant d'une savante combinaison d'épuisement physique, émotionnel et mental accompagné d'une insatisfaction professionnelle et d'une déshumanisation des relations.

Si le franchissement de la muraille de Chine paraissait jusqu'ici une promenade de santé, un dernier talus sera la cause d'un vol plané et d'une culbute mémorables.

Les symptômes

Les symptômes émotionnels et mentaux sont souvent les premiers à se manifester

Ils surprennent et laissent sans réactions, interloqués.

Vous étiez une référence de modération professionnelle, un modèle de contrôle tranquille des situations émotionnelles intenses et, soudain, vous êtes ravagé par des crises de larmes incontrôlables.

L'humour devient un continent inconnu sur lequel vous ne mettez plus jamais le pied.

Votre souplesse d'adaptation se rouille.

Vous étiez tolérant et bienveillant vis-à-vis de l'organisation qui vous occupe et vous devenez le sceptique de service.

Vous nourrissez désappointements et désillusions : le doute vous ronge et votre motivation s'est évaporée comme neige au soleil.

Irritable, vous ne supportez plus aucune frustration.

Un détail, une remarque anodine vous font bondir et vous poussent au bord de la colère, de la revendication, de l'esclandre.

Vous étiez d'une patience d'archange et vous vous retrouvez tel un volcan au bord de l'éruption et de l'éructation.

Vous ne vous reconnaissez plus. Ces changements désarçonnent votre entourage.

Vos collaborateurs s'interrogent du regard : « Qu'est-ce qui lui arrive ? »

Vous êtes de plus en plus isolé et vous vous retrouvez dans une solitude qui gangrène vie professionnelle et privée.

Vides et silences s'organisent autour de vous. Vous vous retrouvez seul sur une scène professionnelle désertée.

De plus, certains symptômes apparaissent : anxiété, problèmes de concentration et de mémoire vous rendent la vie dure.

La perte d'efficacité et la paralysie décisionnelle font partie de votre quotidien et vous jettent dans des abîmes de perplexité.

Vous voyez le travail et vous le différez : soit vous le faites faire par vos collaborateurs, soit vous le classez dans la rubrique « À faire ».

Bref, vous n'êtes plus vous-même. Vous doutez de vos compétences.

Vous êtes hanté par un « Alien » qui a pris possession de votre vie.

Vous êtes l'acteur principal, mais dépossédé, dans un mauvais film de science-fiction.

L'épuisement physique

Vous devenez la proie d'une intense fatigue qui s'installe et vous lamine. Ni le repos ni les distractions ne peuvent vous en extraire. Vous vous sentez « coupé » de vous-même et de votre entourage tant l'épuisement est important.

Vous développez, avec surprise, une étrange propension aux maladies.

Vous étiez inoxydable : vous vous découvrez d'argile.

Vos sensibilités biologiques détermineront le type de plaintes et de malaises.

Vous présentiez un terrain allergique ? Vous êtes en proie à des manifestations diverses telles que crises d'asthme, éruptions cutanées.

Refroidissements, grippes, douleurs, raideurs, hypertension artérielle s'acharnent sur vous comme misère sur le monde.

La cadence de vos extrasystoles est telle que votre cardiologue vous soumet à des examens complémentaires.

Vous dormiez comme un loir : vous entrez dans le club des insomniaques qui, plantés à trois heures du matin devant le petit écran, attendent le sommeil, surfant des « News » de CNN aux reportages sur la chasse au chien d'arrêt dans les forêts de Rambouillet.

Vous étiez doté d'un ressort intérieur qui vous expulsait du lit dès potron-minet, enthousiaste à l'idée d'une nouvelle journée de travail. Vous en extirper vous coûte maintenant la moitié des réserves énergétiques laborieusement collectées durant vos nuits agitées.

Vos préférences alimentaires évoluent et vous dirigent vers les « *junk foods* » telles que : chips, barres chocolatées, boissons gazeuses.

Vous ouvrez régulièrement la porte du frigo en « scannant » l'intérieur à la recherche de grignotage. Rien n'échappe à votre voracité et votre poids n'est plus un argument auquel vous soyez désormais sensible.

Ou, à l'inverse, le mot « nourriture » ou des expressions telles que « À table ! » lancées à la cantonade vous font frémir et vous révulsent.

Vous développez des comportements de type compulsif : vous passez de longues heures à surfer sur internet, à jouer sur votre ordinateur ; vous faites des descentes répétées en ville, gagné par une frénésie d'achats incontrôlable...

Le cynisme et la déshumanisation des relations. La déshumanisation est une ultime stratégie, une dernière autoprotection mise en place par l'individu pour se sauver du désespoir

Vous vous êtes progressivement isolé du monde. Vous vous sentez devenir insensible et étranger dans votre milieu professionnel. Vos collaborateurs et vos clients vous exaspèrent. Leurs exigences, leurs lenteurs, leurs inadéquations et autres manquements vous sautent aux yeux et deviennent intolérables. Toute demande de leur part, aussi anodine soit-elle, éveille en vous des envies de meurtre. La clientèle s'en aperçoit et les collègues vous évitent.

Vous êtes étonné par votre violence intérieure : vous imaginez prendre vos supérieurs à la gorge et les coller au mur. Les moments consacrés aux évaluations des performances annuelles ou bisannuelles sont particulièrement féconds pour ce genre de mise en scène intérieure.

Vous vous sentez mal compris et vous soupçonnez vos proches de vous lâcher.

Votre détachement émotionnel est tel que la communauté à laquelle vous appartenez vous apparaît comme un troupeau de gnous avec lequel vous ne sentez plus aucune affinité. L'exaspération vous monte au nez...

L'insatisfaction professionnelle, la perte de motivation

Vous vous sentez piégé. Vous vous demandez ce que vous faites là. Vous doutez de plus en plus de vos compétences pour aboutir à un sentiment d'échec professionnel qui vous pousse progressivement à abandonner le terrain.

Si le milieu est abusif, il confirmera chez vous l'impression que votre contribution a, de fait, bien peu de valeur.

Et le doute sur vos compétences et votre légitimité professionnelle risque de se muer en certitude !

Y a-t-il un pilote dans l'avion ?

Le burn out est l'aboutissement de l'histoire d'une perte de contrôle dans une vie et le résultat d'une exposition à un stress particulier.

Ce n'est ni une aliénation ni une production d'esprits particulièrement sensibles, fantaisistes ou revanchards.

Il ne s'agit ni de paresse, ni d'incompétence, ni d'instabilité. Le burn out n'est pas une maladie mentale : c'est une crise à prendre au sérieux le plus rapidement et le plus efficacement possible.

Les signes prémonitoires : la liste n'est pas exhaustive, tant l'imagination humaine est riche

- Vous développez l'habitude de rester vissé à votre bureau jusqu'à des heures indues après avoir entendu distraitement résonner à vos oreilles un « À demain, bonne soirée ! » lancé par vos collègues passant devant votre bureau et gagnant la porte de sortie.
- Vers les 20 heures, le personnel d'entretien du plateau vous tire d'un état proche de l'hypnose induit par la fixation de l'écran d'ordinateur.
- Les plus doués qui prolongent au-delà de cette limite se feront interpeller par le service de sécurité.
- Dès le retour à la maison, vous vous isolez dans votre bureau pour prolonger l'intimité avec votre ordinateur portable, pendant que votre partenaire et les enfants tournent en rond en vous attendant.
- Vous avez une fois de plus déçu votre fils à qui vous aviez « promis-juré » d'assister à son match de foot ou à sa pièce de théâtre scolaire.
- Votre épouse sort de plus en plus souvent avec « les copines » en confiant les enfants à la charmante baby-sitter, voisine de palier.
- Vous ne vous rappelez plus à quand remonte la dernière soirée au coin du feu avec votre partenaire.
- Votre dos et votre estomac vous font souffrir depuis des lustres et vous avalez antiulcéreux sur anti-inflammatoires au lieu d'aller voir votre médecin traitant.

• Vos bonnes résolutions de vous remettre au sport pour réduire votre embonpoint ne se concrétisent pas.

La puce à l'oreille : la profusion des plaintes et l'adoption d'un style « victime »

Vous vous plaignez du manque de reconnaissance de la part de votre hiérarchie, de vos partenaires et de vos clients. Le niveau de votre salaire ne vous satisfait plus. Le travail vous arrache des soupirs à rendre l'âme.

Vous démarrez le matin avec des pieds de plomb et vous portez toute la souffrance du monde sur les épaules.

Vous tenez votre entourage pour responsable. Tout y passe. C'est la faute à « pas de chance », à l'ouverture des marchés en Chine. Vous êtes mal secondé et votre secrétaire est inefficace. Vous êtes la victime de l'incompréhension des collègues américains qui ne font pas confiance en l'expérience européenne (dont la vôtre).

Le responsable du département est un manipulateur (ce qui est par ailleurs plausible) et il ne comprend pas la complexité de votre travail.

Épouse, compagne ou amie ne vous aident pas car elles n'y comprennent rien : elles n'imaginent pas la pression à laquelle vous êtes soumis. Et vous ne vous privez pas de le leur reprocher !

De toute façon, pourquoi changer ? Vous avez toujours été « comme cela » et changer serait trahir « votre personnalité ».

Or, ces plaintes et la tendance à rendre le monde entier responsable de vos maux sont en fait des clignotants sur le tableau de bord de votre vie. Ils révèlent la présence d'urgences et appellent à l'action.

Les réactions émotionnelles disproportionnées jettent un éclairage sur notre état de tension intérieure

Les crises de colère et de larmes, les détails qui font bondir, les coups de vent émotionnels qui virent systématiquement à l'orage sont les indicateurs majeurs d'un dérèglement du thermostat émotionnel intérieur. Celui-ci réagit inadéquatement à la moindre variation de « la température extérieure liée à l'ambiance professionnelle ».

La stabilité intérieure est compromise : le bateau tangue.

4

Comment réagissent les victimes ?

Tout processus de changement humain durable passe par un cycle défini et plusieurs étapes caractéristiques. Le passage d'une étape à l'autre n'est jamais franc car elles se chevauchent et s'influencent mutuellement. L'individu en marche a l'impression d'osciller, avant de franchir définitivement le pas vers l'étape suivante.

Il est important que la personne affectée par le burn out se permette de boucler le cycle complet du processus pour renouer à nouveau avec l'enthousiasme et de nouveaux engagements[4].

Première étape : le déni

Le déni permet d'atténuer le choc avec la réalité et de reculer la prise de conscience de la difficulté du surmenage professionnel.

Une onde de choc feutré, et la base de l'équilibre de la personne vacille lors de la confrontation avec les premiers signes annonciateurs du changement. Au lieu de m'inciter à la prudence et de susciter la réflexion, le choc embrase et enfle le sentiment de confiance en soi. Je suis aveuglé par mes succès antérieurs et je continue sur ma lancée, toutes voiles dehors. Je n'entends rien, je ne vois rien et je continue mon chemin. Je me sens invulnérable : ça ne peut pas m'arriver à Moi !

Je banalise : « Ce n'est pas grave, j'en ai vu d'autres, je donne un coup de collier comme d'habitude et je passe l'obstacle. »

Soit je continue à travailler malgré un malaise grandissant et une rentabilité en perte de vitesse (présentéisme ou *burn in*), soit j'accumule les jours d'absence (absentéisme).

La contre-réaction consistera à utiliser des recettes aujourd'hui éculées mais qui contribuèrent autrefois à la gloire professionnelle... ainsi qu'à l'épuisement en cours ! Soit : faire « plus de la même chose », s'acharner, réinvestir dans les techniques basées sur l'effort... et se négliger !

« Se tourner vers ses pensées pour trouver des solutions à des problèmes créés par sa propre pensée, c'est comme sauter sur un rouleau compresseur dans l'intention de traverser l'océan. » Guy Finley.

Deuxième étape : la colère

La colère et la révolte devant la situation sont d'autant plus vives que les moyens habituellement opérants se révèlent désespérément vains.

Tout m'échappe. Les outils sont inefficaces, les collègues semblent absents.

Le système ne répond plus à mes sollicitations.

Un sentiment d'injustice et de solitude me monte à la gorge. La confiance en soi en prend un coup et m'engage dans une descente qui va s'accélérant.

Je me débats comme un noyé, alors que le salut serait dans le calme, l'économie du geste et la retenue de la pensée.

Troisième étape : la négociation

Ce n'est peut-être pas si grave que cela. De toute façon, en quoi suis-je responsable ? J'ai toujours fait le maximum et me suis consacré « corps et âme » à ce travail : mes performances passées en sont la preuve.

Le jouet est cassé et je ne l'admets pas.

Je biaise. Je nourris l'espoir qu'un week-end prolongé, une discussion de fond avec mon chef direct, des réponses aux petites annonces et aux sollicitations des chasseurs de têtes, une renégociation de salaire (qu'il vaut mieux éviter pour l'instant vu mon état d'esprit) relanceront la mécanique de la motivation.

La recherche d'un coupable à l'extérieur fait place à une période de prostration durant laquelle je me morfonds.

Tout compte fait, c'est peut-être ma faute. Je porte sans (aucun) doute une part de responsabilité dans le problème. Je me sens de moins en moins à la hauteur, jusqu'à éprouver une honte qui me ronge d'autant plus que les verrous sautent. C'est la période de crises de larmes, d'explosions, de fatigue tenace, de sautes d'humeur, de colères, d'apparition de douleurs variées, etc.

Je nourris un doute quant à ma légitimité dans la fonction que j'occupe : suis-je vraiment à ma place ?

La cote de l'estime de soi dégringole...

Quatrième étape : le doute, l'incertitude et la dépression

Le deuil est entamé. Je pleure la disparition de la représentation que je me faisais de mon rôle professionnel. Je pleure l'acceptation de mon impuissance. J'entre dans une ère de confusion. Qui suis-je au sein de l'entreprise ? Ai-je encore un avenir ? N'ai-je jamais été un expert reconnu dans mon domaine ? Qui suis-je encore pour mes collègues et ma famille ?

Le niveau de l'estime que je me porte est au plus bas et racle des niveaux « planchers ». La honte. J'évite le contact. Je m'empêtre dans les réponses dès que la question la plus anodine m'est adressée. Je préférerais ramper six pieds sous terre plutôt que de devoir affronter le regard des collègues que je croise dans les couloirs.

Cinquième étape : l'acceptation

Je comprends que l'agitation est contre-productive. Persister dans mon répertoire de tentatives de solutions surannées, c'est là le problème.

Je vis l'humilité. Je lâche prise. Qu'y puis-je ? (*So what ?*)

Je prends le contrôle de qui est à ma portée : ma destinée (ce qui en reste).

J'opte pour une prise de recul.

J'envoie ce matin à la direction des ressources humaines le certificat médical qui justifie une absence de huit semaines.

Je renoue avec l'estime et le respect de moi-même.

Sixième étape : l'intégration

Je découvre progressivement le sens de ce qui m'arrive. Je commence à relier les événements entre eux. Je sors de l'abrutissement et de la torpeur. Je me projette le film de mes derniers événements et discerne rétrospectivement quels furent les premiers signes de l'épuisement et les erreurs de stratégie qui ont précipité ma chute. « Je me hâte lentement » et « laisse le temps au temps ». J'ose le courage de changer. Le respect que je m'octroie me remet en phase avec la confiance dans la vie et mon potentiel. Je m'éveille.

Septième étape : l'enthousiasme, les stratégies et les engagements

Je reprends contact avec moi-même et me réconcilie avec mes proches. Je me connecte aux sources de ma créativité et de mon enthousiasme. Ma convalescence est fragile. Au moindre vent de travers, je me sens réaspiré. Je me cramponne et me hisse, pas à pas.

D'éclairs de lucidité en prise de conscience, je repositionne mes valeurs à l'aune du respect de mes besoins et de mes priorités. Je vais vers de nouveaux engagements.

Témoignage d'une « ex-burnoutée »

Dominique est DRH opérationnelle d'une unité d'un groupe industriel international. À la suite de la réorganisation de sa division (changement de patron), son supérieur hiérarchique, son « N + 1 », devient DRH d'un autre secteur et lui demande de le suivre. Elle accepte.

Les Plus : son N + 1, avec qui elle a une relation de confiance quasi fusionnelle, la protège et l'emmène avec lui, sans exactement savoir s'il y a un poste pour elle. « T'inquiète pas, on te trouvera quelque chose. Suis moi. »

Les Moins : elle n'était pas « actrice » du choix de ce nouveau poste. Elle a suivi une personne, sans cadre professionnel défini.
Elle a le sentiment d'une histoire mal terminée dans cette division qu'elle quitte, notamment à cause du directeur qui est amené à partir dans de mauvaises conditions. Le nouveau arrive avec son équipe et elle n'a plus sa place.
Cette période professionnelle a duré environ deux ans.
Elle se voit confier des fonctions qui ne sont pas de son domaine de compétences.
Elle a le titre de directeur de la communication interne et du développement d'un secteur de 5 000 personnes dans le monde.
Dans ce secteur, il n'y a pas de relations entre les gens, pas de « culture » de communication, ni de volonté stratégique d'en instaurer.
Le patron qu'elle a suivi ne comprenait rien non plus à la communication, ne s'y intéressait pas, avait lui-même des difficultés à prendre son poste, à trouver ses marques avec son N + 1.
Elle déploie beaucoup d'énergie pour affronter ce qui est attendu d'elle. De façon générale, elle aime bien les défis nouveaux et l'a déjà prouvé par le passé. Tous ses postes ont représenté des défis dans lesquels elle plonge « en apnée » pour ressortir avec des projets pertinents, de nouvelles compétences. Le fait de « souffrir » autant à ce nouveau poste ne l'inquiète donc pas outre mesure.
Après un déménagement au siège, son poste évolue. Elle travaille sur les modes de nomination, ce qu'elle aime bien. Elle bénéficie d'un coaching opérationnel.
« La communication était très politique. Je n'avais pas de vision globale. Je travaillais en liaison avec la "grande prêtresse" communication du groupe. En gros, il n'y avait pas de demande en communication. »
Elle a pourtant des succès à son actif, mais elle décrit de la souffrance, de l'angoisse, de la peur.
De plus, elle vit mal les relations entre son N + 1, le président du groupe et elle. Elle qualifie l'attitude du président de malsaine, ambiguë et perverse. Une relation qu'elle vit comme angoissante.
Elle a du mal à travailler seule. Elle perçoit que ça ne va pas mais n'a pas de démarche proactive.
Après un voyage en famille au Kenya où elle passe des nuits d'angoisse à écrire, elle se réveille un matin et décide purement et simplement de ne plus jamais retourner travailler dans cette entreprise.
« J'étais très angoissée mais pas malade. J'ai eu un arrêt de travail de quatre mois. Je n'avais rien calculé. Cela faisait des mois que je n'étais pas bien. Ce matin-là, c'était trop. Il n'y avait que le soulagement de ne plus y retourner. J'avais de la difficulté à respirer, j'étais angoissée de me lever, de faire quoi que ce soit. Je sentais

un mélange d'angoisse profonde et de jubilation, celle de la petite fille qui dit “j'y vais plus”. C'était un réflexe de survie. Ça a été mon petit acte de folie. J'ai mal géré la limite. Même si je joue souvent avec la limite, j'avais peut-être besoin d'aller voir où elle était. Elle est arrivée sans que je m'y attende. C'est très vexant.

« J'ai fait venir un psychiatre. Je n'étais pas en dépression. J'étais “off”. Je lisais, j'écoutais la radio, je ne faisais rien. C'était neutre, pas très agréable. Le temps devenait différent. Mes rendez-vous avec ma psy étaient capables de me prendre la journée : me préparer, y aller, revenir. Je n'étais pas angoissée de ne pas faire grand-chose. Avec mes enfants, je ne me souviens plus. J'étais là mais pas très présente. De février à mai, je n'ai rien fait. J'ai obtenu un licenciement à l'amiable. J'ai fait un outplacement financé par l'entreprise de juin à décembre. Je n'en ai pas retiré beaucoup de bénéfices. La personne voulait me recaser à un poste de DRH parce que c'était plus facile à trouver. Moi, je souhaitais un échange sur mon avenir professionnel et avoir des ouvertures. Elle ne m'a pas aidée dans ma réflexion. En m'opposant à elle, j'ai choisi la voie du conseil. Je n'étais pas sûre que je voulais un poste de ressources humaines. J'ai signé dans un cabinet de conseil en décembre et j'ai commencé en mars. Dix mois se sont écoulés entre le moment où je ne me suis pas levée et ma reprise de travail. Je n'ai pas pris le temps de me poser assez de questions. Je suis allée vers le premier poste où on m'a dit oui. Le cycle n'était pas fini, il ne l'est toujours pas.

Je ne voulais même pas parler à mon patron. Il m'a envoyé un mot. Je ne l'ai revu qu'en mai. On a déjeuné ensemble. J'ai toujours honte d'être partie du jour au lendemain sans y retourner. Ce qui a été coûteux, c'était de ne pas avoir réfléchi, de ne pas avoir cherché un poste ailleurs, d'avoir craqué comme ça. Il fallait que je m'en aille. Mais j'aurais dû anticiper. Or je n'étais pas assez consciente de ce qui se passait, ni assez bien. Je n'aurais pas dû craquer. J'avais tous les moyens d'anticiper. Il aurait fallu que je sois moins dans le « On me demande de faire ça, il faut que je le fasse » et que je prenne davantage mes distances avec ce qu'il y avait à faire. Je travaillais par projet. Je surmontais l'obstacle. La question était : “Vais-je y arriver ou non ?”, et pas : “Est-ce que j'aime ce que je fais ?” Et, comme j'y arrivais, je m'occupais du projet suivant. Mécanique que j'étais la seule à pouvoir arrêter.

« En décembre, en faisant du roller, je m'étais cassé le coccyx. J'ai eu très mal. J'ai juste pris des antalgiques et j'ai souffert le martyre. Je suis retournée travailler alors qu'il n'y avait pas d'enjeux majeurs, ni rien d'urgent en particulier.

« Donc je n'ai pas entendu “ras le cul”. Mais les gens autour de moi me l'ont dit. Petit soldat.

« Avec le recul, je vois que c'est une accumulation de choses, une usure, qui m'ont fait craquer.
« J'ai mal vécu que mon patron opérationnel se fasse virer.
Je n'ai même pas pensé à ce moment-là que je pouvais changer d'entreprise et continuer dans la voie RH. La relation fusionnelle a primé. Ça m'a touchée qu'on me dise : "Je pense pour toi, ne te fais pas de soucis, je m'occupe de toi."
« Ma relation très symbiotique avec mon N + 1 a joué également. Il n'était pas bien, sa mère était malade. J'absorbais son mal-être. La semaine où j'ai craqué, il avait signé un contrat avec une autre société sans que je le sache. Je l'ai su en mai quand je l'ai revu. Il allait me laisser.
« Je suis très éponge. La boîte allait mal. Je prenais la situation en pleine figure. Humainement, j'en souffrais.
« J'étais à une fonction et à un poste qui ne m'intéressaient pas, que je ne connaissais pas ni n'avais envie d'accepter. J'ai mal géré la nouveauté et la solitude de ma fonction.
« Le triangle entre mon N + 1, le président et moi était compliqué. Il fallait en sortir, car je ne savais pas gérer la relation. »

Ce qui l'a aidée à s'en sortir

Son analyse. D'allongée une fois par semaine, elle est passée en face à face trois fois par semaine.
L'acceptation et la compréhension de sa famille, de son mari et de ses deux enfants de 18 ans et 6 ans, qui ont été heureux et soulagés de la voir devenir moins dure. « Enfin maman est normale. »

Ce qu'elle regrette

Ce qui a été dommageable, c'est en termes d'ego et de carrière. En passant de l'entreprise, où elle était, au conseil, elle décrit une perte narcissique, en termes de position, de pouvoir et de statut. Son salaire actuel est de 40 % inférieur à ce qu'il était.
« Je ne suis pas sûre d'être reconstruite. Je saute toujours les obstacles au fur et à mesure. Ça me coûte souvent, même s'il y a toujours le plaisir de passer l'obstacle. Face à un groupe, je dois "assurer", y arriver. Mais c'est aussi mon truc de me mettre dans des situations nouvelles. Je suis ambivalente. Ne pas avoir de patron qui m'apporte quelque chose est un apprentissage douloureux.
« J'ai honte de ne pas avoir anticipé, pris les devants, changé de job. »

Ce qu'elle a gagné

« Je ne sais pas. Je n'ai pas retrouvé ce qui compense les 40 % de perte de salaire. J'éprouve moins de souffrance. Je suis moins dure, moins fixée sur les objectifs. Je prends un tout petit peu plus de temps pour moi, je m'écoute un tout petit peu plus, pas beaucoup. Je suis plus dans le partage, je sais un peu mieux demander quand j'en ai besoin. Un peu plus de... mais il n'y a pas de gros changements.

« Depuis maintenant plus de quatre ans je suis dans cette société de conseil où j'ai beaucoup appris. J'ai eu plus de cinquante entreprises différentes comme clients... Je suis sans doute encore en train de faire mon deuil d'un poste de DRH opérationnel.

« Ce qui me manque : le management d'équipes.

« Ce que j'ai gagné : c'est de la légèreté, je n'ai plus besoin de suivre les gens sur le long terme.

« On passe rapidement à autre chose. C'est bien. Je sais capter l'intimité des gens. Donc, ça me va bien. Et ça n'existe pas en entreprise. »

5

Quand le burn out gangrène l'entreprise

À un moment ou à un autre de leur évolution, les institutions et les entreprises sont susceptibles de développer les conditions qui favorisent le burn out en leur sein.

L'entreprise paie en effet le prix fort pour entretenir des employés « athlètes et champions » lancés à la conquête des marchés.

Cette politique ne souffre aucun répit, aucune relâche : la tension doit être permanente.

Cependant, tout comme ses membres, le système peut aussi montrer des signes d'épuisement.

Témoignage d'un responsable des ressources humaines d'une société importante sur le marché des télécommunications

« Le stress est une valeur positive de l'entreprise. Il est lié à notre marché et à son environnement, il fait intrinsèquement partie de notre code génétique. La réactivité, la remise en question, la flexibilité sont indispensables à l'exercice de notre métier, domaine où la concurrence est particulièrement rude, où il faut toujours avoir un coup d'avance. Le stress est donc considéré comme vital et synonyme de force, d'enthousiasme, d'implication. Il n'est pas de bon ton de montrer qu'on est zen et cool. Il faut être dans la suractivité, l'effervescence et l'agitation.

« L'investissement personnel des collaborateurs est très important, mais il n'y a pas de garde-fou.

« Le profil requis, le cocktail gagnant :
20 % de compétence (expertise, savoir-faire)
80 % de comportement (savoir être)
« Quand on n'a plus les "capteurs" comportementaux suffisants, on dégringole vite.
« Ceux qui ne sont pas dans le schéma se retrouvent rapidement et visiblement "placardisés".
« Où met-on le curseur ? Les grandes gueules énervent ; un peu, c'est bien, mais, pas trop. À l'inverse les "béni-oui-oui" sont mal vus. Il faut trouver le juste milieu.
« Les gens à fortes convictions ne restent pas longtemps. Il faut savoir ployer quand on a exprimé son opinion. »

Quelques signes prémonitoires de l'existence de burn out à l'échelle de l'entreprise

Les signes d'épuisement émotionnel

Des drames émotionnels surgissent çà et là dans les départements, tels des feux de brousse, aussitôt calmés, banalisés et oubliés. L'intensité et la fréquence des plaintes exprimées par le personnel s'accroissent. Elles portent sur les conditions de travail et l'absence de signes de reconnaissance de la part des hiérarchies.

Les signes d'épuisement physique et mental

Des employés quittent brutalement l'entreprise sans donner d'explication claire ou demandent leur mutation.

Les certificats de maladie s'empilent sur le bureau du directeur des ressources humaines.

Des hommes et des femmes brillants se ternissent, s'étiolent et leur performance ne reflète plus la valeur de leur potentiel.

Au sein du même département, les incidents se multiplient : l'un est hospitalisé d'urgence pour suspicion d'accident cardiaque, l'autre est victime d'un accident de voiture, tandis que l'assistante de direction s'absente trois mois pour maladie grave.

Les signes de déshumanisation

La direction découvre des petits larcins, de légères entorses aux règlements, des arrangements avec les horaires, des notes de frais injustifiés, des prises de liberté de certains cadres, « des faits du prince », etc.

Bref, des conduites pseudodélictueuses s'installent, en rupture avec les valeurs fondatrices de l'entreprise. Des excès sont commis par l'un ou l'autre alors que l'entreprise et ses hommes souffrent, que les temps sont durs pour tous et que le bon sens et une saine gestion exigent de se serrer les coudes dans un souci de solidarité.

Au propre comme au figuré, les uns continuent à voyager en classe affaires alors que d'autres collègues, travaillant dans d'autres départements ou filiales, voyagent en économique. Cela crée un sentiment d'injustice.

Quelques employés se plaignent en sourdine de comportements abusifs et de stratégies d'intimidation.

On découvre une consommation excessive de substances telles que l'alcool, les drogues (herbe, cocaïne) sur les lieux de travail, que l'on s'empresse de camoufler.

La direction décide de ne plus honorer le souvenir des anciens dont le charisme a marqué les esprits au cours de leurs trente années de passage dans l'entreprise. « Personne ne s'en souvient », dit-on, alors que la mémoire collective se rappelle leur passage avec émotion.

Certains clients (ou patients dans le milieu médico-hospitalier) « osent » se plaindre de la façon dont ils sont traités, qui ne correspond ni à la réputation ni aux standards de qualité de l'entreprise ou de l'institution.

> Les enquêtes menées par les médecins du travail indiquent que 8 à 10 % des salariés sont concernés par une consommation problématique d'alcool, rappelle Alain Rigaud, président de l'Anpaa (Association nationale en prévention de l'alcoologie et de l'addictologie. L'Institut national de la santé et de la recherche médicale (Inserm), estime par ailleurs que l'alcool serait à l'origine de 15 à 20 % des accidents de travail, de l'absentéisme et des conflits au travail [...]. Même si 85 % des directeurs de ressources humaines (DRH) affirment prendre au sérieux les risques d'addiction [...], 70 % ne mènent aucune action de sensibilisation[5].

Interview des Drs Marie-Christine Soula et Françoise Coudurier, médecin inspecteur régional du travail et de la main-d'œuvre, médecin au service des pathologies professionnelles, unité souffrance au travail, hôpital Raymond-Poincaré (Garches), 13 février 2006

« Les entreprises ont beaucoup de mal à intégrer les problématiques de souffrance au travail et de burn out. Les dirigeants trouvent des raisons extérieures à l'entreprise de type : “Il était fragile”, etc. J'ai le cas d'une entreprise où il y a eu trois tentatives de suicide très rapprochées parmi des cadres de haut niveau. Le dirigeant refusait de se poser des questions. Nous sommes allés dans l'entreprise avec l'inspecteur du travail. Le chef d'entreprise a trouvé des raisons personnelles liées aux cadres : « Chez nous, dans l'entreprise, tout va bien. »

« C'est une attitude de déni.

« On constate l'explosion des problèmes de santé mentale depuis quelques années (2000). Parmi les mises en invalidité pour dépression ou les problèmes de santé mentale, une grosse partie peut être mise en relation avec le travail.

« Les études sur le stress en entreprise permettent d'objectiver le malaise, de l'évaluer mais ça ne déclenche souvent rien de concret. Que fait-on de l'évaluation ?

« Si une entreprise accepte de parler de stress, c'est une première étape. Il faut analyser ce qui se passe et trouver des solutions adaptées. On ne veut pas changer les conditions de travail, on veut apprendre aux gens à tenir le coup, à s'adapter.

« Collectivement, on ne peut rien faire si les conditions de travail ne changent pas ; en revanche, individuellement l'aide est possible.

« Nous leur disons : “Attention de ne pas organiser le dopage collectif !” »

L'effet « système »

Pour comprendre les raisons pour lesquelles un burn out se déclare chez tel ou tel individu, il est intéressant de se pencher sur les caractéristiques de l'environnement dans lequel il travaille.

Un burn out est un signal qui peut renvoyer à un dérèglement ou à une situation à améliorer dans l'entreprise.

La « victime » est parfois une des preuves agissantes qui

renvoie à des situations où les lois, règles, habitudes de faire, style de management se sont depuis quelque temps insensiblement engagés dans l'impasse.

C'est comme si la personne en souffrance jouait le rôle du fusible qui « grille » pour prévenir que le système est en surcharge et que toute l'installation électrique est en danger.

En effet, si l'entreprise décide de profiter de l'opportunité et s'accorde le temps et le courage d'examiner le dessous des cartes, un burn out devient alors une mine de renseignements.

C'est l'occasion, entre autres, d'identifier les dysfonctionnements managériaux abusifs ou incohérents, de mettre à jour des procédures administratives dépassées qui pèsent sur les épaules des collaborateurs, ou de détecter les contradictions entre le discours officiel basé sur l'éthique et son application dans les faits au quotidien.

C'est aussi la possibilité de mettre le doigt sur des situations incohérentes où les employés sont confrontés à des objectifs fixés par une direction qui ne fournit pas nécessairement le support adéquat pour réussir.

C'est le fait de situations où des comités de direction, peu courageux ou aveugles coupés du terrain et poussés par des politiques actionnariales axées sur le court terme, croient en des lendemains qui chantent alors que le reste du groupe peine et ploie sous le poids du quotidien, faute de moyens et de perspectives.

Le burn out est ainsi le résultat de situations où des hommes et des femmes sont sur les genoux, non par inexpérience ni incompétence, mais par suite de rupture d'enthousiasme en face des incohérences des systèmes.

Le burn out des dirigeants à hautes responsabilités : une forme particulièrement explosive[6] ?

Les dirigeants n'auraient pas un taux plus important de burn out que les autres sujets à risques.
Ce n'est pas pour autant qu'ils seraient à l'abri des déflagrations. Bien au contraire.
D'après une enquête menée par Tage S. Kristensen, leur décompensation, dont la fréquence serait sous-estimée, se caractériserait par des formes particulièrement spectaculaires tels des coups de tonnerre dans un ciel serein : évanouissements, crises (très) violentes, dépressions soudaines, crises de larmes prolongées et comportements agressifs.

6

Les situations extrêmes : comportements violents et suicides

Épidémiologie

• 10 à 15 % des suicides en Suède auraient pour cause le harcèlement psychologique[7].

• 53 % des employés du Royaume-Uni ont été persécutés sur leur lieu de travail, 78 % en ont été témoins.

• En 1995, 4 % des travailleurs de l'Union européenne ont été victimes de violences physiques, 8 % d'actes d'intimidation et de brimades, 2 % de harcèlement sexuel[8].

• Le phénomène se confirme en 1999 : 9 % des salariés ont fait l'objet d'intimidation, 2 % de harcèlement sexuel et 2 % de violences physiques[9].

• 20 % des femmes françaises déclarent avoir été victimes de harcèlement sexuel[10].

Échos de la presse

• « Qu'est-ce qui a poussé Helmut B., 56 ans, un cadre estimé de la Banque cantonale zurichoise (ZKB), à tuer hier matin deux de ses supérieurs avant de retourner son pistolet contre lui[11] ? »

• « 330 à 400 salariés se suicideraient chaque année en France[12]. Autrefois, le phénomène touchait exclusivement les agriculteurs et salariés agricoles acculés par les dettes et dont les lieux de vie et de travail se confondaient. En dehors d'eux, [...]

les suicides se commettaient généralement dans l'espace privé. Il était donc difficile de démontrer que le rapport au travail était en cause[13]. »

• En mai 2003, au terme d'une enquête menée à son initiative, l'Association médicale britannique (BMA), insiste auprès de ses membres pour qu'ils ne travaillent pas plus de quarante-huit heures par semaine. Les résultats mettaient en effet en évidence que 77 % de la communauté médicale consultée travaillait plus de cinquante heures par semaine et que 46 % des interrogés rendaient compte de plus de soixante heures de prestation par semaine, triste performance qui les situait dans la zone à risques du « karoshi ».

• Au Japon, les autorités médicales et politiques s'inquiètent de la proportion croissante de suicides, conséquence d'un excès de travail *(karo jisatsu).*

Les heures supplémentaires peuvent tuer d'autant plus que l'employé se retrouve dans un milieu où la pression est forte, le contrôle sur la prestation faible et le support social absent.

Alarmé, le ministère du Travail a émis des recommandations fermes pour encourager les entreprises à prendre des mesures de prévention et à changer les mentalités. Il reconnaît officiellement que le *karo jisatsu* est un accident de travail : le suicide est la conséquence d'une surcharge professionnelle qui empêche à un certain moment l'employé en souffrance d'évaluer correctement les conséquences de son geste.

Suivant les statistiques officielles, le travail serait à l'origine de 5 % des suicides au Japon en 2002-2003[14].

Le « karoshi » ou le syndrome de la mort subite du salarié

Au Japon, le karoshi désigne une mort par surmenage. Elle est décrite comme le résultat d'« une condition au cours de laquelle des modalités de travail psychologiquement malsaines sont permises de sorte qu'elles dérégulent les rythmes de vie normale du travailleur. Il s'ensuit une fatigue de l'organisme qui s'accompagne d'une augmentation de la tension artérielle élevée préexistante, d'un durcissement des artères qui se solde par une décompensation fatale[15] ».

Les victimes succombent au cours des premières années de leur entrée en fonction.

Ils meurent d'hémorragie cérébrale, de crise ou d'arrêt cardiaque. Le décès est la conséquence d'un excès du temps de prestation au travail, pouvant atteindre jusqu'à soixante-dix heures et plus par semaine. Par ailleurs, certains chercheurs considèrent que l'origine de ces accidents est également liée au fait que les victimes reportent le moment de consulter les médecins malgré l'apparition de signes annonciateurs de problèmes de santé.

Se surajoute une dimension culturelle qui entretient le phénomène de façon substantielle et que les Japonais nomment le « *aisha-seisin* », c'est-à-dire l'attachement spirituel profond qui lie l'employé à son entreprise.

Dans la culture japonaise, la loyauté à l'égard de la corporation se mesure en effet parfois à l'aune du temps passé face à sa table de bureau. C'est ainsi que certains employés hésitent à quitter leur lieu de travail « trop tôt » par peur d'être vus par leurs collègues ou leur hiérarchie. On imagine les conséquences désastreuses que cela peut avoir sur la qualité de la vie de famille.

Quoique le Bureau international du travail signale que la relation de cause à effet entre les conditions de travail et le karoshi ne soit pas clairement établie, quelques dizaines de cas sont cependant reconnus chaque année comme maladies professionnelles.

En 1994, les instances gouvernementales japonaises estimaient que le karoshi était la cause de 5 % des décès consécutifs à des troubles cardiaques dans la tranche d'âge des 25-59 ans, soit 1 000 personnes par an. Cependant, certains auteurs n'hésitent pas rendre le karoshi responsable de 10 000 décès par an[16].

La littérature décrit également des situations où l'employé se donne la mort par hara-kiri. La pratique rappelle ainsi la coutume ancestrale au cours de laquelle le samouraï se donnait la mort pour maintenir l'« *oie* », c'est-à-dire la relation forte qui le liait aux membres de la famille qui gouvernait le territoire hérité des ancêtres.

Aujourd'hui ce geste de désespoir est commis par des hommes d'âge moyen, qui furent autrefois des guerriers dans le monde des affaires, « *business warriors* » (les guerriers du monde des affaires), et qui contribuèrent au succès de l'entreprise, sacrifiant leur vie personnelle au nom de la performance.

Persuadés que leur allégeance les protégera du licenciement, ils se suppriment le jour où l'employeur leur signifie la rupture unilatérale du contrat[17].

Le harcèlement ou « mobbing »

Le « mobbing » est une violence exercée par un groupe sur un individu qui débouche sur une « psychoterreur » visant à sa liquidation physique ou psychique[18].

Définition. *Mob* : foule (agitée), bande, clique, la populace, (*the mob* : la Maffia).

To mob : houspiller, attaquer, malmener[19].

D'après Marie-France Hirigoyen, le harcèlement sur le lieu de travail est le fait de « toute conduite abusive se manifestant notamment par des comportements, des paroles, des actes, des gestes, des écrits pouvant porter atteinte à la personnalité, à la dignité, ou à l'intégrité physique ou psychique d'une personne, mettre en péril l'emploi de celle-ci ou dégrader le climat au travail[20] ».

La victime sélectionnée est prise pour cible, insidieusement puis ouvertement, jusqu'à ce qu'elle exécute une manœuvre de repli et s'efface en démissionnant, ou en tombant malade.

Chronique d'une mort sociale et psychophysique annoncée

Le repérage de la victime

La future victime dérange le groupe. Elle porte en elle ou sur elle l'infime différence qui focalise l'attention.

Le groupe va la « phagocyter », s'en repaître pour renforcer sa cohésion interne défaillante en liaison avec des dysfonctionnements tels que : un management absent qui ne fixe ni règles ni objectifs, une organisation sans vision ni valeurs, une médiocrité professionnelle généralisée.

C'est le principe du bouc émissaire qui sauve, à son insu, des hommes et des nations en perdition et en quête de sens[21].

Le harcèlement peut être aussi le fait d'une seule personne, collègue de même niveau ou supérieur hiérarchique.

Dans tous les cas, le système organise le silence.

L'hallali est feutré, sonné en sourdine et la hiérarchie ferme les yeux.

À moins d'exception, personne ne manifestera de solidarité.

Il s'agit d'une dévastation, d'une stratégie de la « terre brûlée », lentement mise en place et qui déboussole, brise, vide la victime de sa substance.

Lorsque quelques rares collègues osent se dresser et dénoncer le complot, leurs voix seront couvertes par le silence « assourdissant » de l'entourage, car le groupe est, progressivement et en toute bonne foi, convaincu que la victime est pleinement responsable de ce qui lui arrive !

Un profil type de victime ?

La victime porte en elle (ou sur elle) un signe qui fait la différence et qui déclenche l'acharnement.

La victime présente une « étrangeté » qui va activer des réactions de meute. Elle représente une menace inconsciente et suscite une envie, une jalousie, une peur.

Il peut s'agir d'une femme dont la profession était jusqu'alors exclusivement occupée par des hommes ou d'un spécialiste dans un domaine particulier vécu comme un rival possible.

Un statut particulier, une origine sociale, un « style », peuvent mettre le feu aux poudres.

Il s'agit souvent de personnes impliquées, compétentes, scrupuleuses et qui ont le souci de délivrer un travail de qualité.

Elles osent réagir devant l'autorité, ne baissent pas la tête et offrent l'occasion à l'agresseur d'écraser leurs résistances.

Le processus de laminage débute par une dépréciation

Un détail, une qualité tournée en défaut, une faille, réelle ou inventée, seront amplifiés et relayés par la rumeur, des on-dit orchestrés par le ou les agresseurs.

Le bruit prend forme et consistance.

La moindre réaction de la part de la personne concernée pour se défendre est interprétée comme une faiblesse. Les agresseurs y voient la confirmation de leur stratégie de sape : le harcèlement redouble.

Un détail, un prétexte, un regard, la moindre erreur, tout est bon pour nourrir le projet de déstabilisation.

Les évaluations des performances sont menées avec un a priori défavorable. Même si elles sont brillantes, une épée de Damoclès est suspendue au-dessus du résultat final, sous forme de disqualification, de doute.

Témoignage anonyme

« Dans mes bilans d'évaluation, je pouvais démontrer que mes objectifs étaient toujours atteints. Au terme des séances d'évaluation, le responsable du département l'admettait régulièrement.

« Le lendemain, je recevais systématiquement un message, me signifiant que, tout compte fait, il ne pouvait pas me considérer comme ayant réussi car, tel ou tel objectif, d'ailleurs d'ordre mineur, n'avait pas été atteint.

« Je pouvais aligner chiffres, diagrammes et témoignages enthousiastes de mes collègues et collaborateurs, rien n'y faisait.

« J'étais embarqué dans une dialectique du « oui mais » qui me rendait cinglé.

« Je suis progressivement entré dans l'ère de l'imprévisible et de l'arbitraire. Il m'était impossible de prévoir ce que mon supérieur hiérarchique allait sortir de son chapeau en dernière minute et qui allait tout remettre en question. Je ne savais plus sur quel pied danser et j'y ai laissé une partie de ma peau. »

Le but final est de déstabiliser la cible, de la précipiter dans les affres du doute jusqu'à l'effondrement.

Progressivement, la victime plie l'échine et donne raison à l'agresseur.

Une fois la victime épuisée, c'est la curée.

Les agresseurs et les types de harcèlement

Pour Marie-France Hirigoyen, il existe plusieurs scénarios possibles de harcèlement, dont notamment :

- **Le harcèlement « horizontal »**, organisé entre collègues de même niveau, sous forme d'exclusion et à l'insu des supérieurs hiérarchiques.
- **Les harcèlements « verticaux »**, comme par exemple dans la situation où des subordonnés harcèlent le supérieur dont la récente prise de fonction suscite un désaccord tacite au sein du

groupe. Parmi les raisons possibles, on peut évoquer : une fidélité du groupe à l'égard du supérieur précédent particulièrement apprécié, une nomination vécue comme un diktat imposé par la direction, la réaction d'opposition d'une base qui n'a pas été concertée, l'incompétence du nouveau venu dans l'exercice de la fonction, etc. Dans l'autre sens, la pression est exercée de haut en bas, du supérieur vers l'employé : c'est le « syndrome du petit chef » ou abus de pouvoir. Le supérieur peut utiliser ce procédé lorsqu'il a besoin de se rassurer dans l'exercice d'une fonction dans laquelle il se sent inconfortable.

Ce type de situation se rencontre par exemple lorsque d'excellents techniciens dans leur domaine se voient confier des responsabilités qui exigent de mener des équipes, alors qu'ils ignorent les bases élémentaires du leadership. Ou encore dans le cas où le supérieur et le système ont un « agenda caché » en tête, comme par exemple celui de vouloir décourager un employé et s'en défaire sans avoir à lui payer les émoluments ou compensations auxquels il a droit.

Leadership n'est pas harcèlement[22]

Le leadership est la capacité de gérer et de développer une équipe. Il repose sur un savoir-faire qui pourrait se décliner de la sorte :

- Conviction que l'apprentissage permanent est préférable à une attitude fondée sur l'idée que tout est sous contrôle.
- Capacité de développer l'estime de soi chez les autres.
- Volonté de poser des questions, d'accepter ses faiblesses, et d'écouter les réponses.
- Capacité d'apprécier les autres et de cultiver une sensibilité orientée vers autrui.
- Capacité et désir de développer le leadership chez ses collaborateurs.
- Capacité de gérer la critique et d'écouter les problèmes des autres.
- Capacité de développer une vision pour le futur.
- Privilégier une approche ancrée sur des valeurs qui nourrissent l'innovation et les initiatives.
- Capacité de communiquer à tout niveau.
- Être à même d'assurer l'accompagnement, le conseil et le coaching de ses collaborateurs.

La guérilla de l'agresseur

Le processus de déstabilisation comprend les sous-entendus, les brimades, la critique publique à l'encontre de la « victime », l'ignorance de sa présence physique, le colportage de rumeurs, l'agression verbale et physique. L'agresseur s'engage dans une guérilla de coups tordus et installe un monde de fonctionnement pervers. L'agressé plie sous les coups de butoir qui pleuvent, il résiste et fait front. Il mène une guerre de tranchées.

Les assauts se caractérisent par :

• **Une dépossession progressive du sens critique et du sentiment d'exister de la victime.** L'information est distillée au compte-gouttes ou disparaît. La pression est croissante et le contrôle devient permanent.

La technique vise l'assujettissement et la dépendance de l'individu vis-à-vis du harceleur. La victime est comme un lapin hypnotisé par les phares de la voiture qui fonce sur lui à toute allure. Tout contrôle sur sa vie, sa conscience et son jugement lui est dérobé.

« Je ne savais plus comment je m'appelais, j'étais dans l'expectative permanente. À attendre quoi ? Je ne le savais pas moi-même. »

La personne est dépossédée.

• **Un refus de la communication directe.** La victime n'a pas l'occasion de confronter ses sentiments et ses impressions à la réalité. Aucune explication ou justification qui donnerait du sens à la situation et aux attitudes de l'agresseur ne lui est renvoyée. L'agresseur se dérobe et la victime patauge. Seule.

• **L'agression indirecte.** Elle se dissimule dans les sous-entendus, les attitudes blessantes et la communication non verbale.

C'est le regard qui tue, le dos qui se tourne, les questions qui restent sans réponse en public, la reformulation doucereuse de l'information, la généralisation.

« Mais non. Tu ne m'as pas compris. Tu exagères *toujours*. Ce n'est pas ce que j'ai dit. Hein, les gars, que je n'ai jamais voulu dire ça ? »

Et la victime replonge dans le doute.

• **Le discrédit**, la disqualification colportée et évasive, les interprétations, les procès d'intention, les faux bruits reviennent aux oreilles de l'agressé et le vampirisent. « Tiens, à propos, *on* m'a dit que tu... »

La gangrène gagne du terrain. L'étau se resserre et les collaborateurs les plus proches se dérobent.

• **L'isolement** : la personne n'est plus conviée aux réunions, et elle court derrière l'information. « Quoi, tu n'étais pas au courant ? » Mise « au placard », la victime est progressivement dépossédée de missions et de projets tout en gardant un bureau où trônent un ordinateur et un téléphone désormais inutiles.

• **La brimade et le vampirisme** qui consistent à proposer des travaux inutiles. Exiger à 18 heures « pour demain 9 heures, sur mon bureau, sans faute ! » un rapport dont tous savent qu'il ne sera pas lu. Quitte ensuite à « discutailler », ce qui permettra à l'agresseur de dénoncer la faute professionnelle grave sur la base d'un détail.

• **Le harcèlement sexuel** fait partie de la suite logique des événements dans un contexte de harcèlement général.

Les femmes (il s'agit le plus souvent d'elles) sont des objets à disposition du harceleur. Dans son système de pensée, le harceleur ne peut imaginer qu'elles puissent refuser.

Comment reconnaître un manipulateur ?
(avec l'aimable autorisation de Mme Nazaré-Aga[23]*)*

La liste des observations suivantes donne quelques indices qui permettent de détecter les comportements manipulatoires de certaines personnes. Nous vous invitons cependant à la prudence, à éviter toute conclusion hâtive. Vous trouverez plus de renseignements sur la question en consultant les ouvrages d'Isabelle Nazaré-Aga.

— Il culpabilise les autres, au nom de l'entreprise, du travail, du lien qui existe entre l'employé et lui-même.

— Il fait croire aux autres qu'ils doivent être parfaits, qu'ils ne doivent jamais changer d'avis, qu'ils doivent tout savoir et pouvoir répondre immédiatement aux demandes et questions.

— Il utilise les principes moraux des autres pour assouvir ses besoins (courtoisie, humanisme, solidarité, antiracisme, gentillesse, etc.)

— Il met en doute les qualités, la compétence, la personnalité des autres : il critique, dévalorise et juge.

— Il peut être jaloux (ou envieux).

— Il utilise des flatteries pour plaire, donne des avantages et peut soudain se mettre aux petits soins pour ses collaborateurs.
— Il joue le rôle de victime pour qu'on le plaigne (surcharge de travail, entourage difficile, maladie exagérée).
— Il se démet de ses responsabilités en les reportant sur les autres.
— Il ne communique pas clairement ses demandes et besoins, ses opinions et sentiments.
— Il répond de façon floue.
— Il change carrément de sujet au cours d'une conversation.
— Il évite ou s'échappe de l'entretien, de la réunion.
— Il fait passer ses messages par autrui ou par des intermédiaires (téléphone au lieu du face-à-face, notes écrites).
— Il invoque des raisons logiques pour déguiser ses demandes.
— Il prêche le faux pour savoir le vrai, déforme et interprète.
— Il ne supporte pas la critique et nie les évidences.
— Il menace de façon déguisée ou fait un chantage ouvert.
— Il sème la zizanie et crée la suspicion, divise pour mieux régner et peut provoquer la rupture dans les équipes.
— Il ment.
— Il mise sur l'ignorance des autres et fait croire à sa supériorité.
— Il est égocentrique.
— Son discours paraît logique ou cohérent alors que ses attitudes, ses actes ou son mode de vie répondent au schéma opposé.
— Il utilise très souvent le dernier moment pour demander, ordonner ou bien faire agir autrui.
— Il ne tient pas compte des droits, des besoins et des désirs des autres.
— Il ignore les demandes (même s'il dit s'en préoccuper).
— Il produit un état de malaise ou un sentiment de non-liberté (piège).
— Il fait faire des choses que nul n'aurait probablement faites de son plein gré.
— Il est efficace pour atteindre ses propres buts mais aux dépens d'autrui.
— Il est constamment l'objet de discussions entre personnes qui le connaissent, même s'il n'est pas là.

7

Y a-t-il un profil à risque de développer un burn out ?

Tentative de classification[24]

Chaque burn out est particulier, car il germe sur des terrains psychologiques uniques et des histoires personnelles. Certains ont néanmoins tenté de classifier les comportements en s'appuyant sur des mécanismes de fonctionnement communs à la plupart des victimes.

Freudenberger a, le premier, identifié le phénomène du burn out. Il distingue trois types de comportements à risque.

Le premier correspondrait à celui du travailleur dévoué et zélé qui accepte trop de tâches, le second serait un drogué du travail (ou *workaholic*) qui surinvestit son métier et dont la vie en dehors de l'exercice de la profession est insatisfaisante. Viendrait enfin l'employé « autoritaire » qui estime que personne ne peut l'égaler avec la même efficacité dans la réalisation des travaux qui lui sont confiés.

Friedman et Rosenman ont décrit trois typologies de personnalité (A, B, C). Chacune d'entre elles se démarque par une approche particulière de la gestion du stress.

Le type A vit dans l'urgence et est productif. Il ne s'octroie aucun répit. Il mène plusieurs tâches de front et éprouve des difficultés à s'arrêter et à savourer le temps qui passe. Ce sont des « durs à cuire », rompus à l'effort et rongés par la culpabilité lorsqu'ils se permettent de souffler. Ils vivent dans un climat permanent fait de compétition : ils se méfient des collègues qui sont des rivaux potentiels. Ils vivent dans la hantise d'être talonnés et dépassés par les jeunes loups qui leur mordillent le bas du pantalon. Le risque de développer des problèmes cardiovasculaires est plus important dans ce sous-groupe que dans la moyenne de la population.

Le type B est plus détendu, moins agressif. Les élans de combativité pour atteindre les objectifs sont moins importants. Cette souplesse lui permettrait de rencontrer plus de succès professionnels qu'un type A dont la stratégie est tout en force.

Le type C, enfin, est l'image inversée du A. Il intériorise la tension nerveuse. Il rumine et ronge son frein. C'est un « faux calme ». Il paie cher une gestion de stress réprimé qui le consume de l'intérieur. Lorsque les soupapes de sécurité sautent sous l'effet de la pression, la décompensation se manifeste sous forme de dépression.

Les comportements : l'identification à la fonction et la vie par procuration

L'investissement exclusif de la personne dans son rôle professionnel est un autre piège auquel succombent ceux qui exercent des activités passionnantes. Le métier leur colle à la peau : ils sont avant tout responsable des achats, directeur des ressources humaines, professeur ou médecin avant d'être femme, homme, mère, père, amant(e), ou ami(e). L'investissement dans le métier peut dépasser toute commune mesure. Il y a amalgame entre vie professionnelle et privée au point que la moindre déception professionnelle est vécue comme une expérience traumatique, un drame qui remet en question une vie dans son entièreté.

Les rêves et les ambitions (qui sont parfois les concrétisations des rêves des parents), les croyances autour de l'image sociale à laquelle renvoie le métier, le statut social que représente la profession fragiliseront l'individu.

Témoignage anonyme, Nice, mars 2006

« Lors de mon burn out, j'ai réalisé combien mon succès dans le travail avait été, par procuration, la réussite de ma mère.

« À l'époque, j'étais la première et seule femme occupant cette

responsabilité à l'échelon international dans le secteur. Cet univers était réservé aux hommes. J'y ai excellé.
« Je m'y suis épuisée. Une psychothérapie m'a permis de comprendre quel avait été le moteur qui m'avait poussée à exercer un métier qu'à la fin, j'étais arrivée à exécrer.
« C'était en relation avec ma mère.
« Dans les années 1970, elle fut en effet très active dans les milieux féministes, revendiquant pour les femmes l'accès à certaines professions, à l'époque chasses gardées et réservées à la gent masculine.
Je travaillais en fait pour quelqu'un d'autre que moi. J'avais repris à mon compte la réalisation de la destinée d'une autre. »

Quelques portraits

L'éternel anxieux

Nos bruits de fond anxieux intérieurs expliquent certains de nos comportements face au stress.

La façon dont nous apprivoisons l'anxiété qui sommeille en chacun de nous éclaire parfois nos réactions face aux tensions professionnelles.

Il y a les éternels anxieux pour lesquels « trop n'est jamais assez » et dont la tête est remplie de scénarios catastrophes. L'exercice du contrôle à outrance les pousse dans les excès du micromanagement. Ils pressent leurs collaborateurs afin d'être tenus au courant de tout et de rien.

Si, au début, cette inquiétude passe pour de la conscience professionnelle, à la longue, elle devient un cauchemar pour l'entourage, qui croule sous les questions et les demandes de réassurance.

Toutes les possibilités, plus pessimistes les unes que les autres, sont passées en revue. Lorsque l'imprévu survient néanmoins, ils se reprochent leur manque de vigilance et renforcent les contrôles.

L'inquiétude du lendemain est telle que s'instaure le règne de la méfiance généralisée qui contamine tous les champs d'activité ainsi que les relations entre collègues.

Tout est source de problème potentiel.

L'anxiété flottante ou *free floating anxiety*[25]

Suivant les écoles, les spécialistes expliquent que notre niveau anxieux de base ou « flottant » est le résultat des expériences de la prime enfance où se sont jouées et négociées les relations affectives avec les parents et l'entourage.
Entre autres, la surprotection et, dans une certaine mesure, le terrain génétique détermineraient des réactions exagérées face aux changements et difficultés de l'existence.
La personnalité, c'est-à-dire notre façon de percevoir les mondes intérieur et extérieur, la manière de les penser et les interactions que nous mettons en place pour entrer en relation avec eux influencent aussi le niveau d'anxiété. Notre personnalité serait ainsi faite d'un répertoire d'émotions, de réactions et de comportements souvent identiques, qui se répètent chaque fois que nous sommes devant les mêmes situations. Nous en faisons l'expérience lorsque, au décours d'un événement où nous nous sommes fourvoyés, monte à l'esprit la réflexion : « Zut, je me suis encore fait avoir ! », qui révèle la prise de conscience soudaine d'être retombé dans des travers et réflexes connus et improductifs.
Par exemple, devant un conflit, les uns auront une tendance naturelle à monter en première ligne, tambour battant pour en découdre, tandis que d'autres éviteront la confrontation et rentreront dans leur coquille. Certains encore préféreront se retirer pour analyser froidement la situation et lancer des stratégies une fois la tension retombée.
Aucune approche n'est idéale. Tout dépend du contexte et des objectifs poursuivis.
Suivant le niveau de l'anxiété flottante, chacun nourrira des images, des pensées et des sensations en l'absence de tout danger. Les sujets particulièrement anxieux auront tendance à surestimer les menaces potentielles des situations rencontrées. Ils s'épuisent en mises en garde intérieures et mobilisent des ressources excessives par rapport à la réalité du danger. Tout est source de stress, sans distinction. Ils tirent sur les mouches à coups de canon. Le jour où la riposte est nécessaire, la cartouchière est vide.
À la longue, l'organisme s'épuise et montre des signes de « ras-le-bol » général en développant des malaises.

Nous en reparlerons dans le chapitre relatif à la relation entre stress et burn out.

Les perfectionnistes chicanent et ergotent jusqu'au dernier détail

Le travail n'est jamais suffisamment peaufiné pour être présentable. Ils sont adeptes du « oui mais... » pénalisant. Hypercompétitifs, ils détectent la faille chez l'interlocuteur. Ils sont d'une exigence abusive et chicanent jusqu'à la dernière virgule, quoique ce comportement puisse fort bien masquer une profonde incompétence. Il faut argumenter pour que les résultats trouvent grâce à leurs yeux.

Les jeunes louves et loups sont fébriles, hyperactifs

Toujours occupés, ils déboulent en trombe dans les réunions, dossiers sous le bras, entre deux avions. Vous n'avez aucune chance de décrocher un rendez-vous avant plusieurs semaines : eux-mêmes éprouvent des difficultés à prévoir des vacances. Ils sont dans les starting-blocks de la compétition. Tout est challenge, y compris et surtout « la carrière », laquelle est calquée sur les modèles d'« en haut ». Parfois ils mordent leurs congénères, jusqu'au sang.

Toute difficulté est une « opportunité », quel que soit le prix à payer – qu'ils n'évaluent d'ailleurs jamais avant de se lancer. L'ambition est leur moteur, toujours en surrégime, jusqu'à la surchauffe. Ils n'ont jamais le temps de le faire réviser.

La surdouée, le surdoué

L'anxiété qui ronge le manager surdoué se traduit par une course à l'image de la perfection. Tout doit être parfait et tout lui réussit. Issu des plus grandes écoles et bardé de diplômes, il a le mot qu'il faut, l'intervention appropriée. On se l'arrache car il promet.

Une fois le dos tourné, on dit de lui qu'« il n'a pas oublié d'être bête ». Il paie cependant le prix fort pour maintenir cette image idéale qu'il adapte en fonction de ce qu'il pense que ses interlocuteurs attendent de lui.

... Un enfant qui satisfait les désirs conscients ou inconscients de ses parents est « un bon enfant » ; si, par contre, il se refuse à satisfaire toujours ces désirs, et qu'il a des désirs propres qui vont à l'encontre de ceux de ses parents, on le considère comme un égoïste, comme un être sans égards. Les parents ne remarquent pas qu'ils utilisent leur enfant pour satisfaire leurs propres désirs (égoïstes ?), et ils croient fermement qu'ils doivent l'éduquer, car il est de leur devoir de l'aider à se "socialiser". Si un enfant éduqué de cette manière ne veut pas perdre l'amour de ses parents (et quel enfant pourrait se le permettre ?), il apprendra très vite à "partager", à "donner", *à se sacrifier, à "renoncer"*, et ceci longtemps avant qu'il ne soit réellement capable de partager et de renoncer véritablement[26]. »

La contrôleuse, le contrôleur

Le contrôle excessif est parfois un moyen de calmer une anxiété de fond et une insécurité intérieure.

Le contrôle s'exerce d'abord sur soi. Tout doit être parfait, rien ne dépasse. Un détail manque, et c'est le drame.

Déléguer ? Oubliez : cela implique la confiance. Le contrôleur se la joue donc seul. Et, pour peu qu'il soit perfectionniste, cela lui demande un temps plein.

Il peut aussi faire cavalier seul pour prouver au monde (donc à lui-même) qu'il en est capable, pour faire taire son inquiétude intérieure, pour sortir du lot et gagner son bâton de maréchal.

Demander de l'aide est enfin parfois inutile aux yeux de cet employé qui reste convaincu que la « surperformance » personnelle assure une qualité supérieure à celle obtenue après un travail collectif.

Les sauveuses, les sauveurs, sont des personnalités généreuses

Elles ont une étonnante aptitude à pressentir les besoins de leur entourage avant que celui-ci ne les ait exprimés.

Ce sixième sens devient cependant leur talon d'Achille quand elles transgressent leurs limites et taisent leurs besoins.

Toujours prêts à rendre service, ces saint-bernard ont des difficultés à dire non.

Indispensables, pensent-ils, ils croulent sous le poids des responsabilités car les autres ne peuvent se passer d'eux.

Ils se retrouvent émotionnellement et physiquement épuisés, comme s'ils étaient les préposés au remplissage des tonneaux des Danaïdes.

À la longue, cependant, l'attitude exaspère et devient un poids pour l'entourage qui se sent envahi. Tandis que les collègues se sentent redevables, les subordonnés sont freinés dans leur désir de créer leur propre expérience et d'accéder à l'autonomie.

8

Burn out : le résultat d'une rencontre entre un employé, une entreprise, un style de management et des circonstances aléatoires

Le style de management et de valorisation du travail influence la résistance personnelle face au burn out.

Le burn out trouve un terrain propice à son développement lorsque les employés ne se sentent pas concernés par les changements, soit parce qu'ils ne les comprennent pas, soit parce qu'ils n'ont pas été informés et impliqués ou encore parce que les nouvelles dispositions sont inapplicables sur le terrain.

De même, les entreprises avares de reconnaissance vis-à-vis des efforts consentis et des résultats obtenus entretiennent le risque de décompensation.

L'isolement affectif et social, la charge de travail et les délais sur lesquels l'employé n'a pas d'influence, l'absence d'autonomie et de contrôle sur sa destinée, le sentiment d'injustice ébranlent les caractères les plus trempés.

L'histoire de Georges
(cette histoire s'appuie sur les faits rapportés au cours de différents témoignages)

Georges est un cadre brillant au sein d'une multinationale spécialisée dans les télécommunications. Il consulte pour un épuisement professionnel. Ambitieux, il fait partie du cercle restreint des hauts potentiels qui gravitent autour de la direction générale, tant son expertise est respectée et reconnue. Quelques mois auparavant, il s'était néanmoins retrouvé au centre d'une tempête qui avait menacé sa fonction. De restructurations en fusions, il était parvenu à slalomer entre les différentes stratégies qui s'étaient succédé les unes aux autres.

Sans raison apparente, il s'était retrouvé de plus en plus éloigné du centre des décisions. Il était de moins en moins consulté, quoiqu'il continuât à entretenir des relations toujours aussi chaleureuses avec la direction. Néanmoins, cette évolution l'affectait moralement.

De nouvelles règles de fonctionnement s'étaient progressivement mises en place à son niveau sans qu'il n'en ait jamais été consulté. Car, si l'organisation changeait, le style de gestion des hommes restait immuable alors que les exigences de résultat devenaient de plus en plus pressantes et les moyens limités.

Georges s'était senti progressivement frustré, de plus en plus exaspéré et à l'étroit.

À cette époque, la nouvelle structure lui avait proposé une autre fonction. Soulagé, il avait omis de repréciser le cadre de ses nouvelles responsabilités avec la hiérarchie. Plus tard, il reconnaîtra qu'il avait cru pouvoir continuer à faire confiance, convaincu que l'entreprise ne remettrait jamais en question l'esprit du contrat moral qui le liait à celle-ci depuis des années. Il appartenait, disait-il, à la « vieille garde », celle qui avait assuré la croissance et le succès international de la compagnie, et cette dernière avait depuis toujours la réputation de reconnaître ses fidèles.

Au sein de sa nouvelle fonction, la charge de travail était devenue rapidement (trop) pesante, les résultats à délivrer (trop) importants et les délais (trop) serrés.

Sous la pression des actionnaires, les exigences de rentabilité s'étaient, en effet, intensifiées.

Au fil du temps, Georges avait découvert que la description de sa fonction était incompatible avec la réalité du terrain. Des bruits couraient et, au détour des couloirs, il avait appris que sa récente nomination était remise en question par certains.

À la même époque, il avait consulté son médecin de famille pour de vagues douleurs à hauteur de la poitrine. Une légère hausse de tension artérielle et quelques extrasystoles avaient été diagnostiquées. Georges avait refusé d'interrompre son travail pour prendre quelques jours de repos.

C'est alors que la direction générale lui propose une mission à l'étranger, qu'il accepte. « C'était, nous dira-t-il, une manière de mettre une distance entre lui et les tempêtes en cours, le temps que les éléments se calment. » C'était aussi une façon de sortir de l'impasse professionnelle dans laquelle il se trouvait.

Il est parachuté au sein de la filiale autrichienne pour une année.

Pour des raisons d'organisation pratique, sa famille reste à Paris. Son fils termine un cycle scolaire ; il est difficile de le faire changer d'établissement en milieu d'année. De plus, son épouse n'a pu obtenir une année de congé sabbatique pour le suivre.
Malgré son ancienneté et sa fonction de cadre supérieur, il ne remplit plus les conditions pour bénéficier des compensations financières liées à l'expatriation, restrictions budgétaires obligent. In extremis, il obtient néanmoins un logement de fonction.
À Vienne, Georges éprouve quelques difficultés à s'intégrer. Sa réputation d'excellent chercheur dans son domaine l'a précédé. Malheureusement, il ne parle pas la langue nationale et il débarque dans un univers qu'il ressent comme « peu amical », et pour cause, puisqu'il s'agit du groupe que la maison mère vient d'absorber au cours d'une OPA.
D'emblée, il identifie des erreurs de gestion qu'il s'empresse de débusquer. Si ses collègues le trouvent certes talentueux, ils le considèrent avant tout comme un trouble-fête à la solde du nouveau patronat.
Il reçoit des avertissements mesurés qu'il feint d'ignorer. La fidélité qu'il entretient à l'égard de son employeur ne le fait pas dévier dans ses intentions et il persévère à vouloir éclaircir les erreurs de la gestion locale. Insensiblement, le chœur des directeurs dont il fait partie, l'exclut.
Les sources d'information se tarissent progressivement. Il est averti en dernière minute de la tenue des réunions importantes. À la cafétéria, ses collègues font mine de l'ignorer. Lorsqu'il pose une question, on lui répond à peine. Au cours des réunions, ce ne sont que regards en biais, sourires entendus, jusqu'au jour où un de ses collègues le prend violemment à partie sur un détail, déclenchant quelques ricanements dans l'assistance. Gagné par l'épuisement, Georges commence à déprimer et la qualité de ses nuits s'en ressent. Il consomme à présent quelques apéritifs le soir pour combattre les insomnies. Sa famille lui manque et il ne trouve personne sur place à qui se confier. Son état de fatigue le pousse à revoir son médecin traitant, qui confirme une aggravation des problèmes cardiaques et un taux de cholestérol augmenté. Le médecin conclut à un état d'épuisement pour lequel il prescrit un antidépresseur. Un arrêt de travail d'un mois lui est quasiment imposé.
Sur les conseils d'un ami, Georges prend finalement rendez-vous pour une demande de coaching.

9

Autres ingrédients qui favorisent le burn out

La quantité de travail

Au même titre qu'un excès de travail avec des moyens limités est minant, une quantité trop peu importante de travail ou l'impression de fonctionner en dessous de ses capacités sont également sources de stress. C'est le cas des personnes douées dans leur domaine et qui sont constamment freinées dans leurs élans de développement professionnel par des supérieurs hiérarchiques moins compétents. C'est comme exiger d'un moteur de compétition construit pour la performance de tourner à bas régime sur un circuit de grand prix. À force d'être bridée dans son élan, la mécanique chauffe et casse.

Le travail sur l'émotion

Certains métiers d'aide (psychologues, travailleurs sociaux, corps soignants) et de service tels que ceux liés à l'hôtellerie, à l'accueil (hôtesses de l'air) exigent une vigilance et un effort constants qui consistent à présenter au patient et au client toutes les apparences de l'affabilité, quelles que soient les circonstances : c'est le travail intérieur sur l'émotion (*emotion work*).

Ce travail est un art. Il consiste à identifier rapidement l'état émotionnel dans lequel se trouve l'interlocuteur et à lui renvoyer une réponse teintée de l'émotion la plus adéquate dans le but de préserver la relation. Ce processus exige une vigilance intérieure constante.

L'employé est en effet obligé d'exprimer des émotions qui sont parfois en totale contradiction avec celles qu'il ressent effectivement et qu'il est obligé de taire.

La situation où un client furieux réclame réparation et où l'employé doit répondre par l'empathie en est un exemple.

La dissonance intérieure qui en résulte (les sentiments exprimés ne correspondant pas à ceux ressentis) amène à l'épuisement émotionnel, à une certaine insensibilité et au cynisme à l'égard du client et des collègues[27].

Le contenu de la fonction

Le risque de décompensation est accéléré lorsque les responsabilités sont excessives ou au contraire trop restreintes, lorsque les rôles et les fonctions sont flous, ambigus, mal définis.

Lorsque les nouvelles prises de fonction ou promotions n'ont pas été officiellement annoncées, l'employé peut se retrouver dans la situation épuisante où il doit justifier sa présence devant des collègues qui mettent en doute sa légitimité et font mine de l'ignorer[28].

Le sentiment d'iniquité et d'inégalité

Las de donner, de s'investir sans retour de la part du « client » ou de l'employeur sous forme de marques d'appréciation, de considération ou de compensation financière adéquates, l'employé fatigue, se résigne et se démotive.

La restriction du droit à la parole et une distribution inégale de la somme de travail par le supérieur sont perçues comme une absence de respect mutuel et d'équité au sein des groupes et favorisent le burn out.

Le sentiment d'injustice (inéquité) qui en résulte aggrave la sensation de stress et fragilise les individus tant sur le plan physique que psychologique.

Les facteurs qui influencent l'éclosion et l'aggravation des symptômes qui composent le burn out.

Facteurs	Épuisement émotionnel	Dépersonnalisation, cynisme	Désengagement vis-à-vis de la profession, perte d'intérêt professionnel
Le rôle est conflictuel	+	+	
La description du rôle est imprécise	+		+
La surcharge de travail dans l'exercice du rôle	+	+	
La monotonie dans le rôle			+
La fatigue mentale dans le rôle	+		
Le rôle exige un travail sur l'émotion	+	+	+
Association d'un travail sur l'émotion et des conditions de travail stressantes	++	++	
Existence d'un conflit personnel pour maintenir un équilibre entre vie privée et professionnelle	+	+	

L'isolement

L'isolement revêt des formes variées.

Il est de nature géographique. Le poste est perdu au bout du monde et coupé du reste des collègues et de la famille, d'autant plus que les restrictions budgétaires limitent les déplacements. De ce fait, les contacts entre employés tendent à se vider de leur substance et de leur humanité.

Les relations et amitiés qui contribuaient à supporter le stress et à créer des mouvements de solidarité en cas de coup dur se limitent aujourd'hui à des discussions par vidéo et téléconférence.

L'isolement est aussi le fait d'un certain type d'organisation du travail, lorsque les employés sont déplacés d'équipe en équipe en fonction de l'expertise qu'ils peuvent apporter au gré des nécessités et des projets. Les relations humaines n'ont plus le temps de s'approfondir.

L'isolement peut être aussi au bout du couloir, résultat de barrières psychologiques, culturelles, linguistiques.

Il peut s'agir aussi d'une décision délibérée d'un management qui divise pour régner ou qui entretient des contextes abusifs (manipulations, mobbing, harcèlement).

C'est l'exemple du cadre relégué dans un bureau oublié au fond du couloir et à qui ordre a été donné de ne tenter aucune initiative de contact avec qui que ce soit, téléphone coupé et tout projet retiré, l'intention finale étant de le décourager et de le pousser doucement vers la porte sans avoir à s'acquitter des modalités de licenciement prescrites par la loi.

Les conflits et les tensions

Tensions et conflits, larvés ou déballés sur la place publique, sont les ferments des épuisements.

Les exemples foisonnent.

C'est le cas de l'employé pris sous le feu des tirs croisés qu'échangent entre eux des responsables de département qui peinent à définir une vision commune sur l'activité qu'ils lui demandent de développer.

C'est l'employé dont la fonction devient un enjeu dans les

conflits qui opposent les différents supérieurs dont il dépend. C'est le nouveau manager qui hérite des cadavres remisés dans les placards par ses prédécesseurs et qui polluent les relations qu'il tente d'instaurer avec ses nouveaux collaborateurs.

Ce sont les choix cornéliens qui écartèlent les personnes, partagées entre les urgences de la vie familiale et les impératifs de la vie professionnelle. Ce genre de situation majore le risque d'apparition de cynisme et d'épuisement émotionnel. C'est notamment le cas chez certaines infirmières chez qui l'on constate une perte d'efficacité dans l'exercice de leur travail[29].

L'incertitude

La remise en question unilatérale du contrat social, l'insécurité de l'emploi, nourrissent l'incertitude et amplifient le risque de stress et de burn out. La situation s'aggrave lorsque les règles de fonctionnement économique changent.

Ce fut le cas lors de la mutation d'une économie d'État vers le capitalisme dans certains pays du bloc de l'Europe de l'Est avec l'obligation de changer les références de pensée et de comportement.

L'incertitude explose lorsque les règles de fonctionnement deviennent aléatoires, imprévisibles au gré des humeurs de ceux qui les décident unilatéralement comme dans les contextes de harcèlement.

Les conflits de valeurs et le non-respect du contrat moral

La prise de conscience par l'employé que le contexte de travail freine la concrétisation de ses idéaux et de ses valeurs personnelles dans l'exercice de sa profession est une des causes importantes du burn out. La situation conduit au malaise et induit une tension intérieure qui s'accentue lorsque, par exemple, les déclarations officielles de l'entreprise à propos de l'éthique et de la priorité qu'elle porte à l'égard du respect du « capital humain » sont contredites dans les faits.

Lorsque la fragilité du lien qui le lie à l'entreprise saute aux yeux de l'employé, les sentiments de confiance, de sécurité et de loyauté s'érodent. Les conditions dans lesquelles se déroulent certains licenciements sont parfois révélatrices de cette incohérence.

Témoignage

« Mon collègue fut prié de vider les lieux dans les deux heures. Sans motif grave apparent. Ce fut d'autant plus pénible qu'il était apprécié de tous et que ses performances étaient excellentes. Il fut sommé de rendre téléphone et ordinateur portables et de déposer les clefs de sa voiture sur-le-champ. Il n'a pas pu serrer la main de ses collègues avant de partir. Les motifs n'ont jamais été dévoilés. Nous n'avons pas compris. Nous sommes restés avec un sentiment de profonde injustice. »

Cette incompréhension renforce l'impression que le lien social s'effiloche. D'autant plus que, au nom de la performance, chaque individu se retrouve bien souvent en compétition avec le voisin tout en appartenant à la même équipe[30].

Hypothèse : le burn out, phénomène prémonitoire d'une nouvelle conception du travail ?

Autrefois, il était permis d'espérer choisir un métier pour la vie. La relation employeur-employé faisait l'objet d'un contrat tacite où chaque partenaire attendait une relation réciproque fondée sur la loyauté.

L'employé avait le sentiment de représenter une certaine valeur aux yeux du patronat et cette valeur était supposée augmenter avec le temps.

Les changements en cours dans l'économie mondiale redistribuent aujourd'hui la donne et augmentent le niveau de l'insécurité sur le marché du travail aux États-Unis.

En conséquence, les employés expriment plus facilement un ressentiment, du cynisme, de la méfiance et de l'hostilité à l'égard des chefs d'entreprise.

Selon eux, l'entreprise ne remplit plus ses « devoirs » de loyauté et de réciprocité.

Ces conditions seraient propices à l'éclosion du burn out[31].

Qu'est-ce que l'empathie ?

« L'empathie est cette aptitude du cerveau humain à adopter le point de vue d'autrui tout en restant soi-même.

« Spontanément, nous serions empathiques, parce que vivant en société.

« Cependant, il est possible d'inhiber consciemment ou non cette capacité, ce qui est source de conflits dans les relations humaines. On se refuse alors "de voir" ce que ressent et pense l'autre.

« L'empathie est un mode de connaissance d'autrui, de ce qu'il pense, de ce qu'il imagine, de ce qu'il désire, de ce qu'il ressent.

« L'empathie sert à comprendre les autres, à créer un monde commun qui se constitue soit parce que les représentations que l'on a du monde sont partagées par l'autre (en prenant le point de vue d'autrui), soit parce que nous *avons choisi* d'intégrer dans notre monde la vision que les autres ont de celui-ci. » (Gérard Jorland, philosophe.)

La constitution d'un monde commun est aussi la base du comportement moral[32].

10

Allégories

Au-delà de la diversité des témoignages, des constantes émergent dans les récits des victimes de burn out.

Ce sont ces répétitions de scénarios qu'évoquent les histoires suivantes.

La grenouille qui ignorait qu'elle était cuite

Imaginez une grenouille plongée dans une eau progressivement portée à ébullition. L'histoire raconte que la température montant progressivement, la grenouille meurt ébouillantée, sans avoir perçu le danger. La prise de conscience survient trop tardivement. Exténuée, elle succombe.

Il en serait de même avec les hommes et les femmes. Une détérioration lente, « à feu doux » des conditions dans lesquelles s'exerce le contrat de travail passe inaperçue, et l'individu s'adapte jusqu'à l'extinction.

En l'absence de réaction et de contestation, le système s'emballe dans sa lancée, lamine la future « victime » absorbée par le métier. Le nez dans le guidon, cette dernière ne présente aucune résistance par suite d'aveuglement, d'épuisement ou d'absence de vigilance ou de courage.

Le mythe d'Hercule

Pour la petite histoire, Hercule était un héros, ou demi-dieu, romain, modèle de perfection qui n'avait pas froid aux yeux. Dès la prime enfance, il étrangla deux serpents qui s'étaient glissés dans son berceau. Il était une valeur sûre dans le monde élitiste de la divinité et était promis à un brillant avenir. Brave parmi les braves, il alliait compassion, courage, force physique et intelligence supérieure. Une perle rare, premier de sa promotion. Au cours de sa vie de « star », il fut néanmoins condamné à exécuter douze travaux. Le cinquième fut particulièrement difficile. Il consistait à devoir nettoyer les écuries du roi Augias en un jour. Ce roi, riche mais négligent, possédait une « multinationale » d'élevage de milliers de bœufs parqués dans une « étable filiale » jamais nettoyée depuis des années. Hercule remporta le challenge ! C'est dire la puissance de travail qui l'habitait et la confiance que la hiérarchie des dieux pouvait lui prêter !

Dans les cas qui nous concernent, une énorme pression est placée par les commanditaires des missions sur les épaules de l'individu. Les attentes du système sont importantes et l'objectif assigné s'avère, au fil du temps, quasi impossible à atteindre. Si les primes, avantages et « récompenses » annoncés sont substantiels en cas de succès, ils sont rarement octroyés car les objectifs sont complexes et se révèlent hors de portée. Malgré son talent, Hercule aurait déclaré forfait dans pareille aventure au pays des managers.

Le kamikaze ou le réflexe du brave petit soldat

Que vous soyez manager, soignant, cadre ou employé, vous courez des risques, montez en première ligne et devez faire face à des poches de résistance importante, sans que vos supérieurs vous prêtent main-forte ni vous octroient les moyens de contrecarrer les assauts de l'adversité. Vous vous retrouvez seul sur le terrain, agitant les bras et avec, pour toute arme, votre fidélité, votre sens du devoir, vos convictions, vos valeurs et votre savoir-faire en face d'une armée de blindés.

La cocotte-minute

Vous êtes confronté à des émotions intenses, sans exutoire possible ni endroit pour en parler. Peur, tristesse, inquiétude, rage, ne peuvent s'exprimer. D'autant plus que dans la culture de votre entreprise, identifier et exprimer les émotions est synonyme de faiblesse de caractère, d'incompétence ou de perte de temps. Au pays des « gros bras », il est mal vu d'être doué pour l'intuition et de faire preuve d'intelligence émotionnelle. En conséquence, vous vous asseyez sur le couvercle de la cocotte-minute en prenant votre « mal » en patience. C'est l'implosion assurée.

Le poisson qui se noie

Vous êtes submergé de directives, de détails, de messages contradictoires qui vous écartent des objectifs finaux de la mission. Tout le monde a un avis sur la question. Personne n'entend votre voix qui monte du terrain. Vous avez beau vous égosiller, vous criez dans le désert. Vous êtes en train de vous noyer. Tranquillement, dans l'agitation et l'indifférence.

L'agenda caché dans le champ de mines

Vous êtes confronté à des directives contradictoires venant d'« en haut ». Vous êtes mandaté pour des missions rendues impossibles dès leur conception du fait d'une absence d'alignement des mandataires entre eux. Vous êtes cuit avant de signer votre ordre de mission du fait de l'impossibilité ou de l'incompétence de la hiérarchie à se mettre d'accord sur les objectifs. Les moyens pour garantir la réussite font défaut. Il est de ces situations où votre échec et votre épuisement deviennent une aubaine, un os à ronger qui nourrit le combat des chefs qui fait rage au-dessus de votre tête. Votre défaillance est une chance providentielle pour tous. Oubliés la lassitude, le stress ou l'incapacité à gérer. Enfin une raison valable, cause de tous les maux. Du rabibochage entre fauves sur le cadavre de votre projet. Votre échec nourrit la bonne conscience. Tant qu'il y a incompétence ailleurs, taxée de pire que celle que l'on voit tous les matins dans son propre miroir, le monde peut continuer à ronronner. L'urgence est sur le pas de la porte des salles de conseil de direction dont on occulte les fenêtres en tirant les tentures pour se concentrer sur votre « cas ». Alors que déflagrations et tempêtes économiques se pointent à l'horizon désormais occulté[33].

11

Burn out ou stress ?

Le burn out est une réaction de crise après une exposition prolongée à des circonstances stressantes. La capacité de l'organisme de maintenir son équilibre est dépassée et rompue. L'équilibre de la relation que la personne entretient avec son environnement et ses proches est en danger.

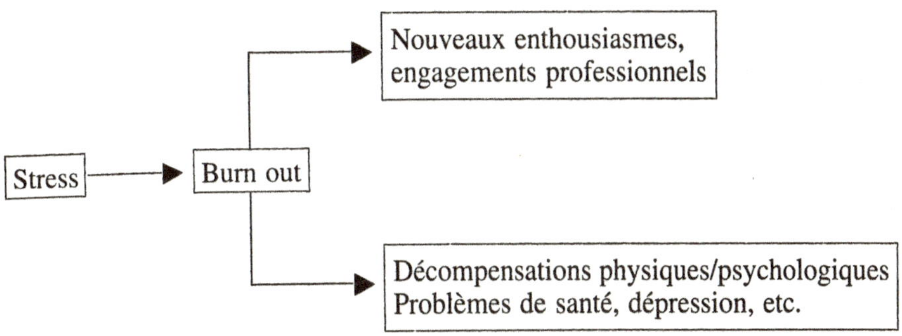

Surstimulé ou stimulé à mauvais escient, l'organisme s'emballe, comme au cours d'une chaîne de réactions de fissions nucléaires à l'intérieur d'un réacteur en hyperactivité. Plusieurs options s'offrent à l'individu au bord de la crise.

Soit il prend au sérieux les signes avant-coureurs de la décompensation psychologique et physique et il met en place les stratégies adéquates afin de rétablir un équilibre, soit il ignore les signaux d'alarme et il s'enfonce dans les difficultés.

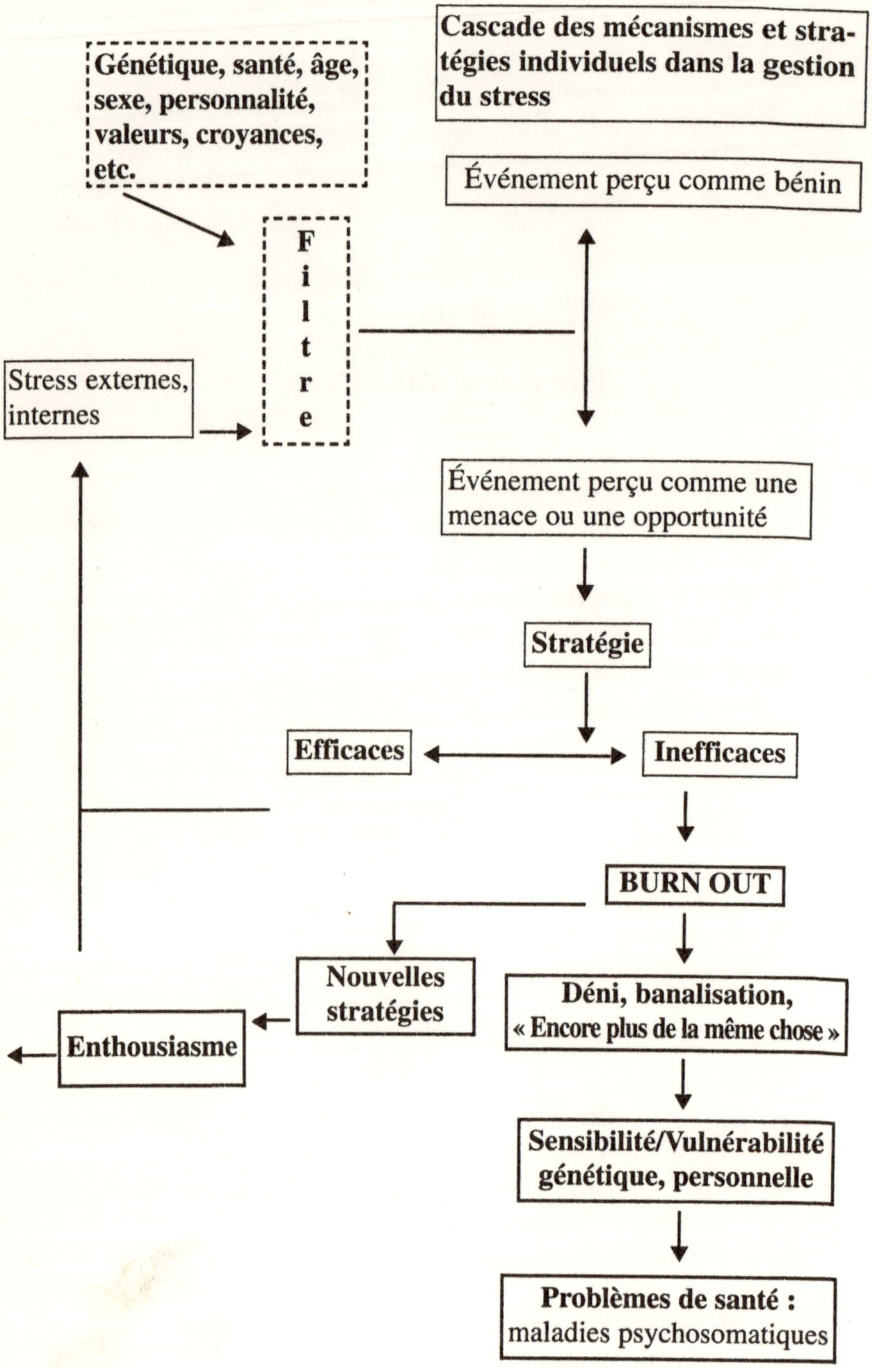
Cascade des mécanismes et stratégies individuels dans la gestion du stress
Génétique, santé, âge, sexe, personnalité, valeurs, croyances, etc.
Événement perçu comme bénin
Filtre
Stress externes, internes
Événement perçu comme une menace ou une opportunité
Stratégie
Efficaces
Inefficaces
BURN OUT
Nouvelles stratégies
Déni, banalisation, « Encore plus de la même chose »
Enthousiasme
Sensibilité/Vulnérabilité génétique, personnelle
Problèmes de santé : maladies psychosomatiques

Le stress : définition, circonstances de déclenchement et la part jouée par l'individu

Le stress est une série de réponses non spécifiques de l'organisme à toute perturbation[34]

C'est un état de dysharmonie transitoire ou permanente provoqué par des facteurs physiques (blessure, intervention chirurgicale, infection, activité physique intense, bruit) ou émotionnels (anxiété, chagrin, déception, frustration).

Mais l'individu peut être aussi sa propre source de stress : ses pensées limitatrices le coupent de ses ressources tandis que des croyances personnelles non fondées et des idées préconçues freinent sa créativité.

Les attentes irréalistes épuisent les enthousiasmes pendant que les jugements de valeur entament la spontanéité et que le blâme dirigé contre soi mortifie.

En fait, le stress est une invitation à inventer de nouvelles stratégies pour participer pleinement à une réalité en constante évolution.

Il peut être aigu (en heures), court (plusieurs jours à un mois) ou de longue durée (plus d'un mois en cas de deuil, où chez les employés engagés dans des activités éreintantes).

Plus le nombre d'événements stressants s'accumule, plus le risque de déclenchement de réactions violentes est important.

Il est classique de distinguer le stress positif du stress négatif.

Il est positif quand il contribue au développement de l'individu et lui offre une occasion d'apprendre, de capitaliser sur l'expérience. Le stress devient alors une opportunité pour se recentrer et rebondir tout en acquérant de nouveaux « savoir-être et savoir-faire ». Dans la sphère professionnelle, le stress est favorable quand l'individu tire une satisfaction d'une tâche menée à bien qui se solde par un succès partagé avec toute une équipe.

Une expérience de stress positif renforce les mécanismes de la mémoire et de l'immunité de l'organisme, lequel, après une phase d'hypervigilance active, retourne à des niveaux de tension normale jusqu'à la prochaine expérience.

En revanche, le stress se révèle négatif lorsque corps et esprit ne retrouvent pas de moment de répit. La vigilance est permanente et atteint des cotes d'alerte dangereuses.

Le stress s'installe dans la chronicité. Le corps et le psychisme montrent des signes de défaillance, puisant dans les réserves qui ne sont plus renouvelées.

Les conditions nécessaires à l'éclosion du stress

Pour qu'il y ait stress, il faut que l'individu perçoive que la situation le remet en question ou menace son équilibre. Il faut aussi qu'il détecte que l'aboutissement de l'événement à l'origine du stress aura un impact sur le cours de son existence.

Lorsque la capacité d'adaptation de l'organisme est dépassée par l'événement, le stress devient dangereux.

Le filtre mental de l'individu

Nous regardons le monde et interprétons l'importance du stress au travers d'une sorte de « filtre » personnel.

Les mailles en sont tissées par nos histoires génétique, sociale, familiale et l'expérience personnelle stockées dans le tréfonds de la mémoire. Ce capital d'information et d'expertise étant personnel, nous ne sommes pas tous égaux devant le stress. Dès lors, ce qui pourrait être perçu comme une catastrophe par l'un pourrait très bien constituer une aubaine pour l'autre. Ce filtre fonctionne comme un prisme parfois déformant au travers duquel nous captons le signal du danger.

Une fois la menace identifiée, nous mettons en place des stratégies de contre-attaque ou de fuite en fonction de ce que notre expérience nous souffle de faire.

Notre réponse à la menace est adéquate aussi longtemps que notre réaction est proportionnelle au danger.

Mais si notre réponse est au contraire disproportionnée par rapport à la nature de la menace, notre réaction peut devenir inadéquate, dangereuse et se retourner contre nous.

Les stratégies du moment se révèlent alors inefficaces, dépassées et il devient urgent de « nettoyer » le filtre.

Le terrain intérieur

La qualité de la relation que nous entretenons avec nous-même, dans le secret de nos pensées et de nos sentiments, consolide notre résistance au stress.

Renouer avec une saine estime de soi et la bienveillance est donc une priorité pour prévenir efficacement la survenue du burn out. Gérer nos croyances en est une autre.

Les croyances sont des certitudes tenues comme vraies (sans avoir pris la peine de les vérifier) et sur lesquelles nous construisons notre stabilité intérieure. Elles nous sont indispensables pour diriger notre vie. Elles nous viennent des proches (famille, milieux scolaire et professionnel, société, etc.) qui, eux-mêmes, en ont hérité ou se les sont forgées. Si les croyances sont des constructions nécessaires pour assurer notre compréhension du monde, elles peuvent devenir nuisibles au fil du temps, inadaptées à la réalité du moment : le monde est en constante évolution et nous changeons aussi en permanence. À nous de nous adapter.

Lorsque les croyances « encrassent » le filtre mental, elles déforment la lecture du monde. Au lieu d'être des ressources, les croyances deviennent des handicaps et entraînent leurs adeptes dans des réactions inadéquates et dans des impasses telles que le burn out.

Changer de croyances est un travail. Car tous les individus, toutes les organisations, résistent au changement. Nous déployons des moyens considérables pour maintenir le statu quo jusqu'à l'entêtement. « Faire plus de la même chose », « changer sans changer » et « le changement dans la continuité » sont les recettes qui protègent de la crainte de s'embarquer dans l'inconnu et de voir la réalité telle qu'elle est. Tous les jours, nous cherchons à faire taire nos doutes en collectant dans la vie tout ce qui peut maintenir nos croyances et nous protéger du changement. Et cela frise souvent l'aveuglement.

Tout indice qui nous suggère qu'il y a le feu en la demeure et qu'il faut « changer son fusil d'épaule » est occulté.

On ne « veut » pas voir que l'amant s'éloigne, que l'enfant « file un mauvais coton ». Ce n'est qu'après coup que l'on pourra entendre son (sa) meilleur(e) ami(e) nous dire que « cela crevait les yeux » et qu'il y avait « anguille sous roche » depuis longtemps.

Les croyances pavent l'entièreté de nos vies, tout au long de notre quotidien le plus banal et jusqu'aux décisions qui concernent nos choix existentiels fondamentaux.

Lorsqu'elles sont limitantes, les croyances nous enferment à l'intérieur de frontières de pensées qui nous fragilisent.

Dès lors que nous prenons l'habitude de les reformuler de façon positive ou permissive, elles sont sources de créativité et de développement.

Enfin, pour comprendre l'importance et l'influence d'une croyance sur nos vies, il faut tenir compte des valeurs qui l'inspirent.

Par exemple, les Amish conservateurs roulent sur des tracteurs dont ils enlèvent les pneus, ce qui les empêche de les utiliser comme véhicule pour leurs déplacements personnels.

Vu de l'extérieur, le phénomène peut sembler absurde. Si on comprend que, pour les Amish, la voiture est le facteur principal de l'éloignement de Dieu et du développement de la société païenne, la décision prend tout son sens parce que reposant sur des valeurs essentielles[35].

Enfin, l'esprit est ainsi fait que spontanément il est plus facile de classer le monde en deux catégories distinctes : les bons et les mauvais, le blanc et le noir, le vrai ou le faux, le un ou le zéro, je perds-tu gagnes. C'est l'approche binaire du « tout ou rien ».

Le burn out est une invitation à reconsidérer la lecture que nous faisons du monde et de nous-mêmes, à y introduire des nuances de gris et de la couleur. Vu sous cet angle, le burn out est l'expression d'une perte de souplesse dans nos existences, une impossibilité (passagère) de prendre du recul vis-à-vis de nos croyances personnelles.

Le mélange explose et, au contact des croyances de l'entreprise, nous sommes aspirés dans la spirale de l'épuisement.

Le défi sera de s'extraire de la rigidité et de réveiller le plaisir et l'enthousiasme grâce à une prise de recul.

Changer le filtre c'est changer le langage

Si le filtre change, la perception du monde évolue. La façon avec laquelle je me perçois devient différente et mon langage en atteste. Le filtre devient perméable : je gagne en souplesse et en ouverture. Mes limites et mes peurs se dissolvent, les reformulations ouvrent les champs du possible.

Exemples de croyances limitantes, des conséquences qu'elles entraînent et des opportunités après reformulation[36]

Croyances limitantes	Conséquences	Opportunités de la croyance après recadrage
On n'est jamais mieux servi que par soi-même.	Absence de délégation. Renforcement du contrôle.	Le souci du travail bien fait. La capacité de choisir.
On ne peut jamais faire confiance.	Épuisement.	L'expert *ad hoc* avant de déléguer.
Quoi qu'il advienne, je peux m'adapter.	Épuisement par l'effort, si l'ampleur de la tâche n'est pas évaluée au préalable.	Une confiance de principe devant les difficultés.
Je ne serai apprécié, aimé qu'à la condition d'être parfait.	Épuisement par l'effort. En cas d'échec, je ne me sens plus digne d'affection et nourris un sentiment de rejet, de culpabilité.	Un souci d'amélioration personnelle.
Toutes les femmes sont « hystériques » et les hommes « insensibles ».	Méfiance et difficultés relationnelles.	Certaines femmes sont particulièrement séduisantes. Certains hommes gardent la tête froide en période de stress.
L'argent est sale, suspect. L'argent corrompt.	Freins dans l'accès à « l'abondance » Erreurs de gestion.	Priorité personnelle d'introduire rigueur et moralité dans la gestion financière : la croyance devient valeur.

Les « je ne peux pas », les « je suis comme je suis », les « je dois », les « il faut », les « je ne suis pas capable », les « je ne vaux rien » deviennent : « je choisis », « voyons comment aborder la situation différemment », « je préfère », « j'ai envie », « je suis excellent en tel domaine et désire m'améliorer en tel autre », etc.

Intégrer le réflexe de la reformulation dans le langage courant demande un peu d'habitude et d'exercice. Une fois installée, la reformulation remobilise énergie et créativité et nous permet de renouer avec nos potentialités.

Comme quoi, en rognant nos propres ailes, nous risquons de devenir les architectes de nos prisons intérieures !

Le terrain biologique

Lorsque les capacités d'adaptation du système vivant sont dépassées, l'organisme lance des cris d'alarme. La réaction de l'individu dépend de ses vulnérabilités personnelles et des sensibilités du terrain génétique. Les personnes dont les antécédents familiaux mentionnent des incidents cardiaques manifesteront sans doute plus spontanément des symptômes cardiovasculaires, tandis que d'autres montreront une sensibilité aux problèmes dépressifs. Quelques-unes, par contre, sortiront indemnes de l'épisode.

Le filtre de l'entreprise

L'individu et l'entreprise fonctionnent suivant les mêmes principes. Il existe en effet une mémoire de l'entreprise, nourrie par les croyances, les valeurs et les traditions qui ont traversé les âges depuis l'époque des « pères fondateurs ».

Les crises au sein des grands groupes trouvent parfois leur origine dans le carcan de cet héritage qui pèse sur la destinée et les potentiels de croissance au sein d'un monde en mutation. Le système se retrouve paralysé par fidélité inconsciente aux générations passées. Et tous sont complices malgré eux, emportés dans le tourbillon des règles absurdes qui en découlent. « On a toujours fait comme cela, nous ne voyons pas pourquoi cela devrait changer. Le système a fait ses preuves, etc. »

Le travail consistera à se libérer des boulets de l'histoire, ce que les consultants et coachs en entreprise peuvent aider à réaliser, du fait de leur position privilégiée d'observateur extérieur, libre du poids qu'exerce le passé sur le dynamisme général.

Il faut noter que la victime de burn out est parfois le sujet courageux qui, inconsciemment, reflète à travers son symptôme l'impasse dans laquelle, tambour battant et fleur au fusil, toute l'entreprise s'engouffre. Managers et directeurs : asseyez-vous au chevet de l'employé atteint de fatigue et écoutez-le !

Il vous renseignera sur le pouls qui résonne au cœur de vos départements. Vous pourrez anticiper les tendances du monde en marche, que l'employé pressent et auxquelles vous pourriez être confrontés demain.

Les sources organisationnelles du stress

La façon dont les entreprises sont organisées joue un rôle fondamental dans la genèse du surmenage individuel.

Suivant Karasek, le risque d'apparition de « stress négatif » augmente lorsque des exigences élevées se combinent avec une autonomie et une latitude de décision réduites.

Exigence au travail
Demande psychologique[37]

		Faible	**Élevée**
Latitude décisionnelle	**Faible**	« Travail passif » *Ennui*	« Travail surchargé » *Stress négatif* **Burn out**
	Élevée	« Travail détendu » *Facilité*	« Travail dynamique » *Stress positif*

En revanche, un management qui s'appuie sur des valeurs de justice renforce le sentiment personnel d'exister, car le monde, l'existence et l'activité professionnelle gardent un sens.

Le sentiment de justice renforce aussi l'estime de soi, la confiance en l'autre, envers l'organisation et l'employeur.

En conclusion

L'irruption du burn out dans une vie est une invitation à la réflexion et au repositionnement. Il éclôt sur un terrain où les responsabilités de la personne et de l'entreprise sont engagées.

Si, en tant qu'individu, une partie du contrôle des situations nous échappe, nous sommes néanmoins responsables de notre écologie intérieure et de la qualité de la relation intime que nous entretenons avec nous-même. Cette attention portée à soi est nécessaire pour rebondir et retrouver l'enthousiasme en cas d'épuisement.

En retour, l'enthousiasme influence les réactions de l'organisme et diminue le risque de développer les maladies psychosomatiques.

À cet égard, il faut également se rappeler que le stress est contagieux et qu'il peut fragiliser l'équilibre biologique et mental des membres de l'entourage de la personne en souffrance[38].

L'employeur, quant à lui, n'est d'ailleurs pas en reste puisque le style de valeurs qu'il défend, les règles et le style de son management pèsent également lourd dans la balance.

Enfin, le burn out est une « voie royale » vers la compréhension du fonctionnement interne de l'organisation et de ce que l'avenir lui réserve[39].

12

Comment le cerveau réagit-il au stress ?

Le système nerveux autonome et le système endocrinien sont les deux systèmes à la disposition de l'organisme pour répondre au stress

Le système nerveux végétatif, « autonome » ou involontaire, intervient dans les situations d'urgence (blessures, accidents) ou en cas d'émotion forte (peur, colère).

Il est constitué de fibres nerveuses dont l'origine se situe dans le cerveau (hypothalamus). Ces fibres se prolongent dans la moelle épinière, protégée à l'intérieur de la colonne vertébrale.

À intervalles réguliers le long de la colonne vertébrale, ce faisceau de fibres envoie des prolongements qui se dirigent vers les viscères (systèmes cardiaque, digestif, etc.). Ce réseau nerveux régule la vie intérieure de l'organisme, transporte les informations relatives à la sensibilité des viscères vers le cerveau et renseigne sur l'état général des organes. Ce système nerveux a notamment la responsabilité de véhiculer les sensations douloureuses qui trouvent leur origine dans les viscères et d'orchestrer leur activité qui s'organise en silence, à l'insu de l'individu (rythme cardiaque, contraction et motilité des organes digestifs, sécrétions des glandes, etc.).

Lorsque les fibres nerveuses entrent en contact avec les organes qu'elles innervent, elles transmettent l'information en libérant des agents chimiques appelés neurotransmetteurs (noradrénaline, adrénaline et acétylcholine).

Le système autonome est subdivisé en deux sous-systèmes ortho- et parasympathiques

Le circuit orthosympathique est impliqué dans les réactions immédiates de l'organisme confronté au stress. Il permet les réactions de défense qui préparent le sujet aux réactions d'attaque ou de fuite.

Les neurotransmetteurs concernés dans ce système sont les catécholamines (adrénaline ou épinéphrine et noradrénaline ou norépinéphrine).

Ces hormones sont sécrétées à l'extrémité des fibres nerveuses en contact avec les organes concernés et par deux glandes (les médullosurrénales), situées sur les pôles supérieurs des reins.

Le système parasympathique sécrète, quant à lui, l'acétylcholine et fait « contrepoids » avec le système orthosympathique.

Les activités des deux systèmes sont complémentaires et sont supposés entretenir un état de tension harmonieux dans l'organisme.

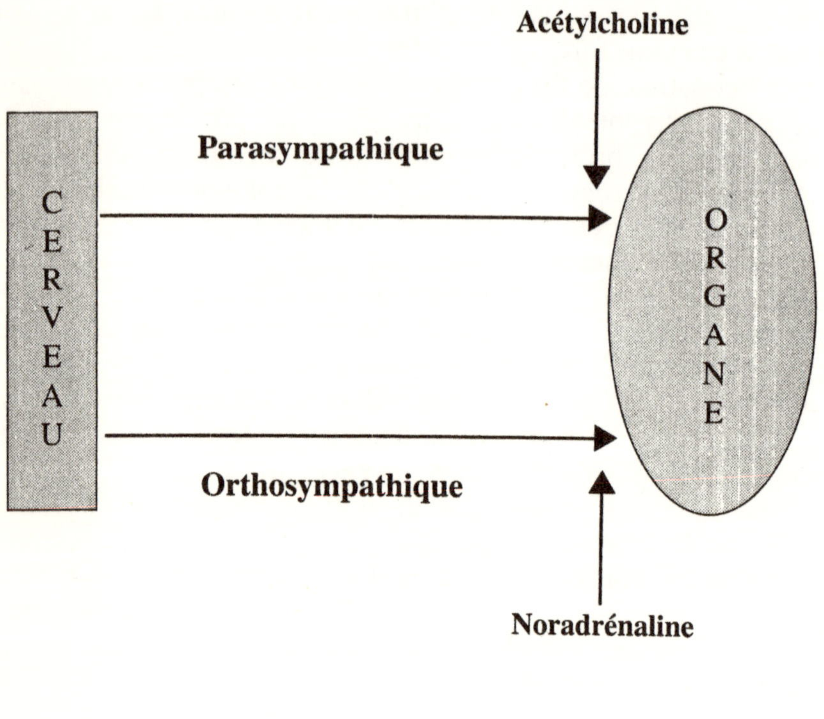

Le système endocrinien s'active lorsque le stress se prolonge dans le temps

Ce système est composé d'une série de glandes (hypophyse, thyroïde, surrénales) localisées à différents endroits du corps. L'activité de ces glandes est régulée à partir du cerveau, qui communique par le biais d'hormones telles que : l'hormone adrénocorticotrope (ACTH), l'hormone thyréotrope (TSH), etc.

Ces glandes, à leur tour, sécrètent d'autres hormones (cortisol, hormones thyroïdiennes, etc.) qui agissent au niveau de différents organes et systèmes (digestif, cardiaque, immunitaire, etc.)

Le cortisol, ce tueur

En cas d'exposition prolongée au stress, l'organisme mobilise massivement l'hormone du stress qui répond au nom de cortisol, sécrétée par les glandes surrénales.

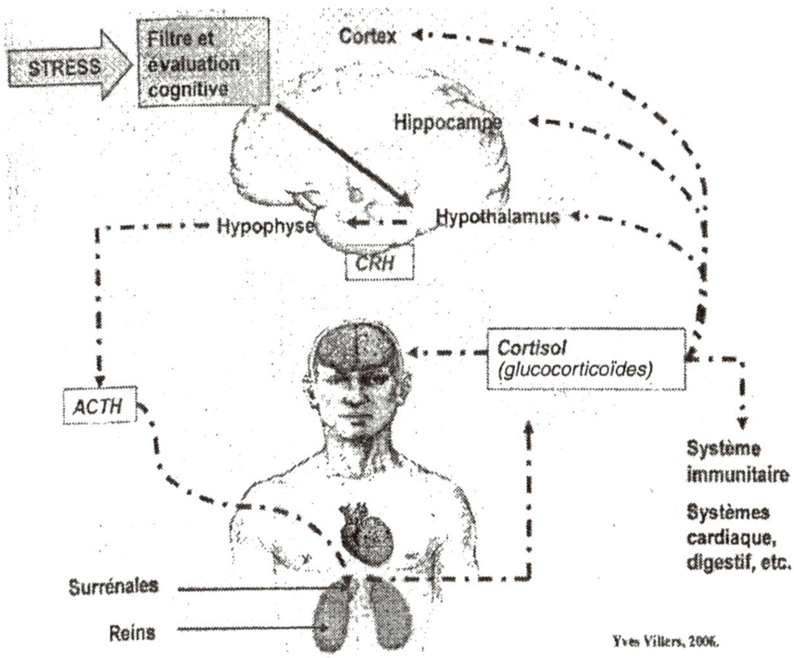

Les catécholamines (adrénaline et noradrénaline), sécrétées par la partie interne de la surrénale (médullosurrénale), sont également appelées en renfort.

Ces hormones augmentent la fréquence cardiaque, la tension artérielle, les niveaux de vigilance et la température corporelle.

Le sucre, combustible énergétique, est rapidement mobilisé et massivement dirigé vers les organes (cerveau, muscles et cœur) impliqués dans la contre-offensive. L'organisme est sur le pied de guerre.

Les productions d'hormones sont réglées comme des horloges suisses. Dès que l'orage est passé, les taux de sécrétion sont freinés et leurs concentrations dans le sang diminuent.

Cette fine mécanique se disloque cependant lorsque le stress s'installe et devient chronique.

La production du cortisol échappe alors à tout contrôle et son action devient dévastatrice.

Entraînant les catécholamines dans le saccage, le cortisol « intoxique » l'organisme et endosse une grande part des responsabilités dans le développement des symptômes et des maladies « psychosomatiques » développés par l'organisme.

Réaction immédiate
(quelques secondes)

Système nerveux autonome

Orthosympathique Adrénaline Noradrénaline	Parasympathique Acétylcholine

Réaction d'attaque ou de fuite.
Augmentation de la fréquence cardiaque, tension artérielle, motilité intestinale, mobilisation des réserves énergétiques (sucre), etc.

Réaction intermédiaire
(20-30 secondes)

La glande surrénale sécrète un surcroît d'adrénaline et de noradrénaline

Réaction au long cours
(minutes, heures, jours, semaines)

Le cerveau stimule le système endocrinien
(glandes surrénales, thyroïde, etc.)
Sécrétion ininterrompue de cortisol

Les circonstances qui stimulent l'action anarchique du cortisol

L'apparition des symptômes et des maladies est facilitée par la présence d'événements de vie tels que les agressions et les abus (harcèlement), les séparations et les pertes (licenciement), les humiliations et l'absence de respect, les soucis et les problèmes de santé (cancer, intervention chirurgicale).

Le risque de développer une maladie est majoré dans des contextes de vie difficiles tels que précarité d'emploi, stress économique, menaces de licenciement, mouvements importants au sein des entreprises et isolement social.

Les symptômes physiques peuvent être une des conséquences de l'état de stress permanent

Douleurs musculaires et articulaires (« J'en ai plein le dos »), céphalées, migraines (« Cela me monte à la tête, je ne sais plus où donner de la tête »), insomnies, troubles de la digestion (« Cela me reste sur l'estomac »), essoufflements (« Je suis à bout de souffle ») et oppressions font partie de la liste de ces maux.

> « L'expression psychosomatique est souvent riche.
> « J'ai en tête une personne qui, souffrant d'un trouble musculo-squelettique depuis un an ou deux, n'arrivait pas à s'en sortir. Il a fallu qu'on lui mette en évidence que son problème n'était pas son poignet.
> « Quand on a programmé la reprise du travail, elle s'est mise à avoir mal de l'autre côté. On n'arrivait pas à trouver de solution[40]. »

Les symptômes émotionnels

Nervosité, irritabilité, crises de larmes, (les nerfs à fleur de peau, en boule, en pelote), angoisse, excitation, sensation de mal-être (« Je suis mal dans ma peau ») reflètent l'état de tension intérieure.

Les symptômes intellectuels

Troubles de mémoire et de concentration avec erreurs et accidents, distractions (« Où ai-je donc la tête ? » « Je perds la tête »), paralysie des processus de décisions (« Je ne sais plus où donner de la tête ») rendent compte de l'état de sidération et du niveau d'inefficacité de la victime.

Les symptômes comportementaux

Agressivité et méfiance (« Ils me cherchent », « On m'en veut », « Ils le font exprès », « Cela n'arrive qu'à moi. ») renforcent l'isolement.

L'installation des maladies

Le syndrome métabolique est un ensemble de symptômes qui se déclenchent lors de l'exposition à des stress chroniques

Il se caractérise par une obésité abdominale et une résistance de l'organisme à l'insuline. Pour rappel, l'insuline est une hormone qui gère l'absorption du sucre à l'intérieur des cellules. Si celles-ci ne répondent plus à l'action de l'insuline, le sucre est plus difficilement absorbé : il continue à circuler dans le sang et devient toxique.

Le processus d'installation du diabète s'enclenche.

La situation s'aggrave lors de l'apparition d'une hypertension artérielle et de l'augmentation des graisses dans le sang (triglycérides et cholestérol).

L'ensemble crée un terrain propice aux problèmes cardio-vasculaires.

Certaines maladies peuvent se développer ou s'aggraver

La fréquence des troubles du rythme cardiaque et d'infarctus du myocarde est corrélée aux conditions de travail. Le risque de ces affections s'accroît dans les métiers dans lesquels la marge de manœuvre est réduite, la pression psychologique importante et le contrôle exercé par l'employé sur la situation restreinte.

En excès, le cortisol favorise l'irruption d'infections en inhibant la production des agents impliqués dans les réactions de défense contre les agressions (cytokinines et certains globules blancs : leucocytes et macrophages, lymphocytes T).

Une sécrétion de cortisol inadéquate favorise l'éclosion d'autres problèmes tels que certains cancers (sein, mélanome), allergies, asthme, polyarthrite rhumatoïde, colites, troubles des glandes endocrines (thyroïde), stérilité, ulcères digestifs, etc.

L'effet du stress chronique sur le cerveau

Le cerveau est une cible de choix dans les situations de stress. Tous les mécanismes neurochimiques qu'il renferme sont mobilisés lors de l'activation des stratégies mises en œuvre pour combattre l'agression. Le stress est perçu dans le cerveau par deux structures nerveuses importantes : le cortex et le système limbique.

- Le cortex est fait de fines couches de cellules nerveuses localisées à la surface du cerveau. Il est impliqué dans l'analyse de nos perceptions, le mouvement musculaire volontaire, le langage écrit et parlé, la planification, l'organisation intellectuelle, les convenances sociales et les comportements.
- Le système limbique ou cerveau « émotionnel » est composé de différentes formations dont l'hippocampe, les noyaux amygdaliens et l'hypothalamus dont le rôle est de réguler et de contrôler les fonctions végétatives et endocriniennes.

L'ensemble constitue un réseau responsable de la gestion de l'émotion, l'apprentissage et la mémoire.

Lorsque l'individu perçoit un danger (réel ou imaginaire), ce cerveau « émotionnel » mobilise une série de réactions neurochimiques entraînant la sécrétion des hormones citées plus haut (cortisol, adrénaline, noradrénaline, etc.) nécessaires pour répondre à la menace.

Dès que le danger du stress aigu s'estompe, l'hippocampe signale à la glande surrénale qu'elle peut ralentir la sécrétion de cortisol.

Lorsque le stress devient chronique, la sécrétion du cortisol se prolonge et l'hormone « intoxique » et agresse le cerveau.

À tel point que la densité des cellules nerveuses dans l'hippocampe a tendance à diminuer. L'hippocampe perd de son efficacité dans le rôle de régulateur de l'activité de la glande surrénale, qui ne reçoit plus d'information cohérente de sa part. La glande surrénale perd tout pouvoir de contrôle sur la production de cortisol, lequel, livré à lui-même, s'en donne à cœur joie et « intoxique » l'ensemble des organes avec lesquels il interagit.

Au niveau du cerveau, les dégâts se manifestent par la mort et la disparition des neurones.

L'intégrité du cerveau en est affectée à un point tel que l'aspect de certaines structures change au cours du temps.

C'est le cas de l'hippocampe dont le volume diminue dans certaines dépressions chroniques[41].

Cette détérioration généralisée expliquerait en partie les problèmes de mémoire et de concentration dont se plaignent les personnes soumises à des stress prolongés ou en état de dépression chronique.

La neuroplasticité : une bonne nouvelle

La recherche a récemment démontré que les cellules qui composent le cerveau sont douées de neuroplasticité, c'est-à-dire qu'elles ont la capacité d'évoluer et de s'adapter en fonction des changements de l'environnement dans lequel vit leur propriétaire.

C'est ainsi que les processus de disparition cellulaire qui font suite à une exposition agressive au cortisol seraient réversibles. Cette involution serait, au long cours, freinée par la psychothérapie, les médicaments antidépresseurs et l'exercice physique.

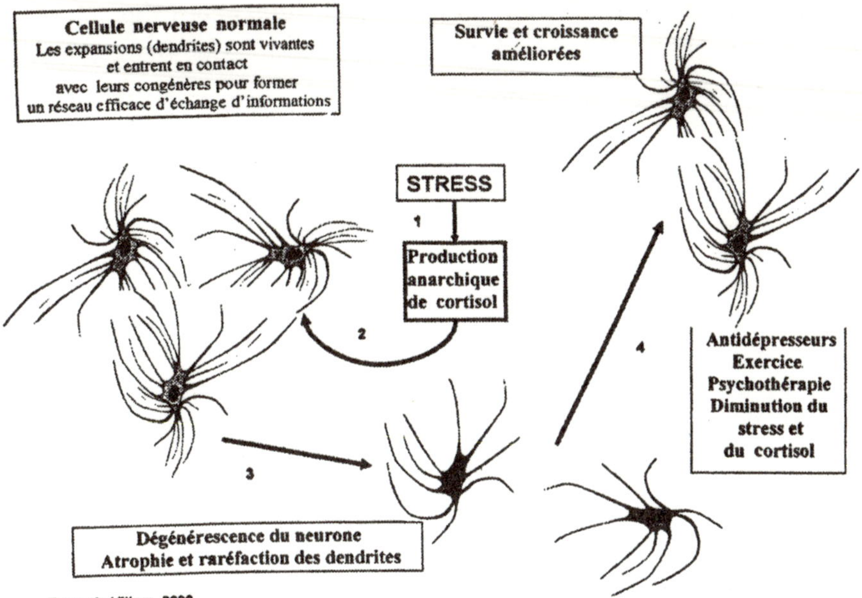

Y a-t-il une relation entre les maladies « psychosomatiques » et la vie en entreprise ?

Le risque de mourir d'infarctus du myocarde est deux fois supérieur à la normale durant les campagnes de licenciement.

Le taux d'absence pour raison médicale pour une durée minimale de trois mois et le risque d'hospitalisation sont respectivement de 9 et 7 % supérieurs à la normale lors des phases d'expansion.

En période de restructurations et d'instabilité professionnelle, le taux de cholestérol et les valeurs de tension artérielle évoluent à la hausse tandis que la consommation des antidépresseurs et anxiolytiques ou calmants augmente.

Enfin, travailler sous la coupe de managers iniques entraîne des hausses dangereuses de la tension artérielle[42].

L'excès de travail associé à des nuits écourtées augmente le risque d'infarctus du myocarde

Une étude menée au Japon a identifié la relation existant entre la durée quotidienne des prestations au travail, le temps de sommeil et le risque de déclencher un problème cardiaque.
L'observation a été menée auprès de 260 hommes âgés de 40 à 79 ans et admis à l'hôpital pour infarctus du myocarde.
Les employés qui ont travaillé plus de soixante et une heures par semaine durant l'année précédant le problème de santé présentent un risque cardiaque deux fois supérieur à ceux qui ont travaillé quarante heures ou moins.
Le risque est également deux à trois fois supérieur par rapport à la normale lorsque le temps de sommeil est raccourci et se limite à moins de cinq heures par nuit[43].

Tableau récapitulatif des réactions de l'organisme s'apprêtant à réagir (fuite ou attaque) en cas de situation de stress aigu, à partir de l'observation du comportement animal

Adaptations du comportement au stress aigu	Adaptations physiologiques
Augmentation de l'excitation et du tonus général.	Augmentation de la production de sucres par le foie. L'oxygène et d'autres sources d'énergie, dont les sucres, sont redirigés vers le cerveau et les organes impliqués dans la réaction d'urgence. Augmentation de la température interne.
Augmentation de la vigilance, des mécanismes intellectuels et de l'attention soutenue. L'humeur change et peut virer jusqu'à l'euphorie (l'euphorie du combat).	Augmentation de la tension artérielle. Les rythmes cardiaque et respiratoire s'accélèrent.
Suppression de l'appétit et de la recherche de nourriture.	Mobilisation du sucre et des graisses à partir des réserves de l'organisme.

	Inhibition de la motilité gastrique et des mécanismes de digestion. Augmentation de la motilité intestinale.
Suppression des comportements de reproduction.	Inhibition des mécanismes responsables de la croissance et de la reproduction.
Augmentation du seuil à partir duquel la douleur est perçue.	Inhibition des réactions immunitaires.

Les pathologies causées par le cortisol dans un système hormonal devenu incontrôlable

Systèmes affectés	Maladies
Métabolisme du sucre	Augmentation de la production de sucre par le foie, favorisant l'augmentation du sucre et de l'insuline dans le sang (hyperglycémie et hyperinsulinisme). L'organisme devient insensible à l'action de l'insuline et peut développer certains types de diabète.
Métabolisme de l'eau	Augmentation de l'élimination de l'eau par le rein, du calcium et du sodium dans les urines.
Métabolisme de l'os	Ostéoporose (diminution de la densité osseuse et fragilisation des os).
Métabolisme des graisses	Les concentrations du cholestérol et des triglycérides augmentent dans le sang. Augmentation de l'adiposité viscérale et de la ceinture adipeuse.
Métabolisme des protéines	Augmentation de la destruction protidique (muscles, peau, os).
Cardio-vasculaire	Troubles du rythme : tachycardie, fibrillations, etc. Hypertension artérielle. Diminution de la fluidité du sang qui favorise les thromboses. Infarctus du myocarde et accident vasculaire cérébral (hémorragies cérébrales).

Gastro-intestinal	Augmentation de l'acidité gastrique pouvant entraîner ou aggraver un ulcère gastroduodénal. Propension aux douleurs gastro-intestinales. Augmentation de la motilité intestinale et aggravation des symptômes liés au côlon irritable.
Cerveau	Dépression nerveuse. Mort de la cellule nerveuse suite à l'action toxique du cortisol. Atrophie de certaines structures du cerveau (hippocampe, amygdale, cortex préfrontal).
Endocrinien	Dérégulation et arrêt des menstruations. Activité thyroïdienne perturbée.
Immunité	Diminution de la résistance aux infections. Diminution de la résistance aux tumeurs et aux cancers. Réactions allergiques.
Croissance et vieillissement	Inhibition de la croissance par action sur le cartilage. Inhibition probable de l'hormone de croissance. Ralentissement de la croissance chez les enfants. Accélération des processus de vieillissement (athérosclérose).

Le cerveau, comment ça marche ?

Le cerveau est composé de 100 billions de cellules nerveuses, chacune d'elles étant reliée à 25 000 autres. Elles sont organisées en réseau et communiquent entre elles. Suivant leur localisation dans le cerveau, elles sont spécialisées dans des domaines précis. Elles coordonnent le comportement et régulent l'activité des organes (cœur, système digestif, etc.), ainsi que la mémoire, l'apprentissage, la vie émotionnelle et intellectuelle. Elles sont également impliquées dans des maladies telles que la dépression.
Les cellules communiquent entre elles via des messagers chimiques

(neurotransmetteurs), qu'elles sécrètent. Ces substances passent de la cellule émettrice vers la paroi de la cellule réceptrice sur laquelle se trouvent des « récepteurs » dans lesquels le messager chimique s'imbrique comme une clef dans une serrure. Le contact active la cellule réceptrice qui envoie un message sous forme d'un micro-signal électrique qui se propage jusqu'à l'extrémité de la cellule suivante avec laquelle elle est en contact. Et le mécanisme se propage : la nouvelle cellule contactée devient émettrice de neuro-transmetteurs qui vont stimuler une autre cellule « réceptrice ». De cellule en cellule, des vagues de stimulation se propagent à des vitesses stupéfiantes jusqu'à l'endroit adéquat et aboutissent à l'action désirée au niveau des grandes fonctions de la vie, comme par exemple : l'activation des muscles, l'expression des émotions, le sommeil, la régulation de l'appétit, etc.

Cerveau et dépression

La dépression s'expliquerait, en partie, par une quantité moindre de neurotransmetteurs disponibles. Dans ce cas, le passage de l'information ralentit avec, à la clef, l'éclosion des symptômes dépressifs. Les antidépresseurs rétablissent un équilibre efficace à ce niveau, ce qui ne minimise en rien l'importance de la psychologie pour comprendre les causes de la maladie dépressive, ni celle de la psychothérapie pour aider à sa guérison.

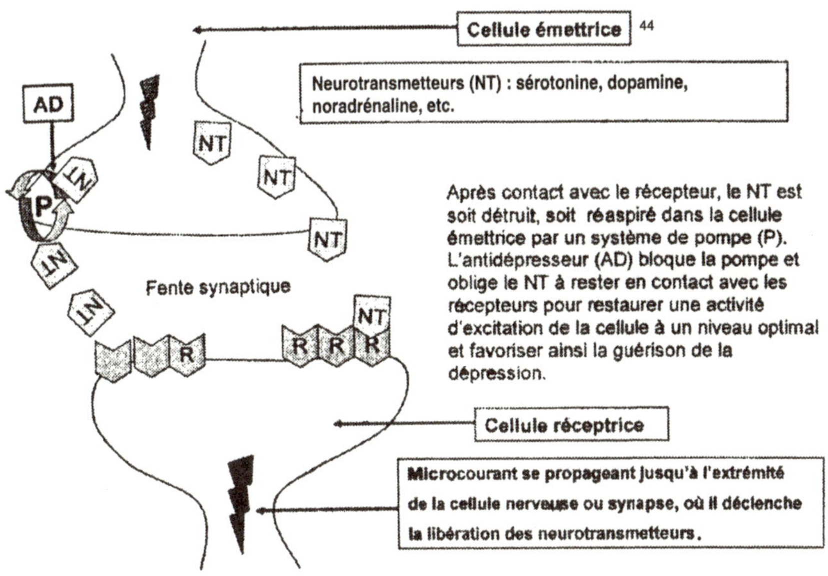

13

Dépression et burn out[45]

Tout en présentant des symptômes parfois semblables, burn out et dépression diffèrent. Car si la dépression peut revêtir les caractéristiques d'une maladie sévère, le burn out est avant tout une crise, sérieuse et qui ne s'aborde pas de la même manière.

Les traitements respectifs requièrent des stratégies différentes tant au court qu'au long terme.

Suivant sa gravité, la dépression se traite par la prise d'antidépresseurs associés à une psychothérapie tandis que le burn out ne requiert pas toujours la prescription de médications.

En revanche, les deux situations sont souvent en butte à des remarques vexatoires qui sont le résultat de l'ignorance et d'interprétations abusives de la part de l'entourage.

Collègues, familles, et parfois même médecins, ont encore malheureusement tendance à suspecter la personne aux prises avec ces deux types de problème de développer une « maladie imaginaire », émanation d'un esprit faible dépourvu de courage. De là à suspecter une manœuvre délibérée de manipulation afin de profiter du système, il n'y a qu'un pas.

À quoi reconnaît-on une dépression ?

La dépression se caractérise par une baisse significative de l'énergie vitale.

Toute initiative et toute activité demande un effort constant.

La sensation de plaisir et de joie disparaissent. Passions, famille, amis, profession, sont désinvestis.

Le vécu devient terne, fade, sans relief ni saveur. Le sujet est face au vide et cadenassé dans sa souffrance. La culpabilité peut devenir telle que la maladie est vécue comme une punition, une expiation de prétendues erreurs commises dans le passé.

La personne dépressive s'efface et s'isole.

Le caractère change : l'affabilité laisse place à l'irritabilité.

L'appétit disparaît et les troubles du sommeil sont souvent de règle.

Le geste est lent, la parole hésitante, la mémoire défaillante. La prise de décision se révèle impossible.

Plus de présent, plus d'avenir : la mort et le suicide sont vécus comme des délivrances.

Les différences entre burn out et dépression

Le burn out se limite à un domaine restreint, en l'occurrence celui du professionnel. En revanche, le sentiment d'inanité contamine tous les aspects de la vie une fois l'individu pris dans la nasse de la dépression.

Si le diagnostic du burn out repose essentiellement sur une triade de symptômes, les signes de la dépression sont, eux, multiples.

La disparition de l'élan vital empêche le déprimé de se projeter dans l'avenir.

A contrario, la personne épuisée foisonne de projets en dehors de la sphère professionnelle avant de voir éventuellement son imagination se tarir en l'absence de mesures adéquates.

La tristesse, enfin, est d'intensité variable dans le burn out alors qu'elle « colle à la peau » du déprimé aspiré dans les désespoirs les plus profonds.

Les risques de développer une dépression pendant un burn out

Le risque de développer une dépression au cours d'un burn out est plus important dans les métiers qui doivent répondre à des sollicitations récurrentes de nature psychologique telles que celles rencontrées par les professionnels de la santé. Un encadrement humain défaillant et des supports matériels déficients pèsent lourdement sur le danger de voir se déclencher la déflagration de l'épuisement individuel ou collectif. Et ce d'autant plus si le pouvoir de décision et d'influence de l'employé sur ses propres conditions de fonctionnement est limité.

Le risque de développer une dépression augmente avec la gravité du burn out et celle des signes d'épuisement émotionnel (fatigue, irritabilité, ruminations, etc.).

Les hommes confrontés au burn out seraient plus fragilisés face à la dépression que les femmes. Ce risque serait lié à la place prépondérante que le travail tient dans leur vie : quand le travail n'est plus gratifiant, le reste de leur existence a tendance à se fissurer !

Tels sont les résultats d'une étude menée en Finlande en 2005 au sein d'une population de 3 276 employés âgés de 30 à 64 ans[46].

14

Les métiers à risque

Si aujourd'hui vous vous retrouvez dans la description qui a été faite du burn out, et que vous vous sentez esseulé, rongé par le doute et le sentiment de honte, n'oubliez pas que le burn out est une maladie du « trop d'enthousiasme et de générosité » : elle est réservée aux plus motivés et aux plus idéalistes d'entre nous !

En grec ancien, enthousiasme signifie : « inspiré par la divinité[*] ».

Dans les lignes qui suivent, nous passerons en revue quelques professions à risque.

La liste n'est pas exhaustive et d'autres professionnels sont concernés, notamment ceux qui œuvrent dans les organisations humanitaires et non gouvernementales, les ministres du culte, certains politiciens idéalistes, pour ne citer qu'eux.

D'avance, nous nous excusons auprès d'eux et des autres de ne pas avoir élargi le propos à leurs contextes respectifs.

Nous espérons que les lignes de force qui se dégageront de la lecture de ce qui suit pourront aider les personnes confrontées à de telles situations à comprendre la nature des événements qui les touchent et à développer les stratégies adéquates. Nous désirons vous faire savoir que, désormais, vous n'êtes plus seul.

---

* *Le Nouveau Petit Robert*, 2004.

Quand l'histoire du burn out rencontre le mythe d'Icare

La fuite est peut être entravée par la terre et l'eau
Mais l'air et le ciel sont libres[47].

Dédale est architecte. À la demande de Minos, roi de Crète, il construit le Labyrinthe pour le Minotaure, mi-dieu, mi-homme dans lequel le roi l'enferme. Les Athéniens, ennemis des Crétois et pour des raisons liées à l'histoire, étaient condamnés à livrer, tous les neuf ans, une cohorte de jeunes gens et de jeunes filles – lesquels, après être entrés dans le Labyrinthe, étaient dévorés par le Minotaure.
Une année, Thésée, fils d'Égée, roi d'Athènes, se porte volontaire pour affronter le monstre et le tuer.
Il se retrouve dans le groupe de jeunes gens destinés au sacrifice.
Sur le chemin, la fille du roi Minos, Ariane, en tombe éperdument amoureuse.
Elle consulte Dédale et lui demande comment sortir Thésée du Labyrinthe. L'architecte lui propose de donner à l'élu de son cœur une pelote de fil dont il attacherait l'extrémité à la porte d'entrée avant de s'engager dans le Labyrinthe.
Thésée fait comme le lui suggère l'amoureuse, il tue le Minotaure, retrouve son chemin et s'enfuit avec la elle.
Furieux, le roi Minos fait enfermer l'architecte (Dédale) et son fils (Icare) dans le Labyrinthe, où l'inventeur lui-même ne pouvait retrouver son chemin. L'architecte confectionne alors deux paires d'ailes en cire qui leur permettent de s'échapper.
Il recommande à Icare de ne pas s'approcher du soleil : le risque est de voir la cire fondre et de s'écraser.
Peine perdue : Icare ne tient pas compte de la mise en garde.
Grisé par son pouvoir et sa maîtrise du vol, il monte de plus en plus haut, n'écoutant pas les appels du père lui criant « casse-cou ! ».
Les ailes fondent et il s'écrase.

Telle pourrait être l'histoire du burn out, faite de la volonté de sortir de l'enfermement, de donner des ailes à la vie, en y mettant de l'imagination, de la compétence et une dose de prise de risque.
Griserie, aveuglement et surdité aux appels de mise en garde font le reste.

Interview des Drs Marie-Christine Soula et Françoise Coudurier[48]

« L'unité de Garches a été créée en 1998. La demande relative à la souffrance au travail a explosé depuis la parution du livre de Marie-France Hirigoyen. Les médecins et les salariés ont commencé a en parler à partir de ce moment-là, mais la vraie montée en puissance s'est faite à partir de 2000. C'est cette année-là que le chef de service a créé l'unité Souffrance au travail en raison de l'importance de la demande liée à la santé mentale au travail.
« Il existe des consultations de pathologie professionnelle dans différents hôpitaux. (Voir liste en annexe.)
« La prévalence chez le personnel soignant (médecins, infirmières, etc.) a récemment augmenté. Ce qui est éclairé par les restructurations dans les hôpitaux, la diminution des coûts, la difficulté de se retrouver dans les organigrammes, le cumul de deux fonctions. On demande aux médecins d'exercer leur métier différemment. Le problème démarre avec une fêlure éthique ou déontologique. Parmi mes patients, il y a un médecin par consultation. C'est beaucoup. Il y a une perte de sens. Ils en arrivent à faire des actes où ils sont en opposition avec le reste de l'équipe. La boule de neige grossit vite.
« Un tiers de nos patients (200 personnes) sont issus du milieu médico-social ou de celui des entreprises de services. En revanche, nous ne voyons pas de libéraux.
« Les cadres n'en peuvent plus. Ils représentent environ plus de 50 % des consultations. La difficulté s'exprime par rapport à l'organigramme global, plus que dans la relation à la personne.
« Il n'y a pas d'âge pour le burn out. Chez les jeunes diplômés qui se donnent à fond dans l'entreprise, on constate qu'ils négligent leur vie de famille, de couple. C'est peut-être la tranche d'âge la plus vulnérable, le tableau est plus rapide, plus brutal, et le plus vite caractérisé. En revanche ils rebondiront peut-être plus facilement. La réorientation est plus facile. À 50 ans on est plus fragile, le processus est plus lent.
« Chez les DRH, le phénomène survient quand le sens s'est éloigné. "C'est une charrette de trop..." C'est là qu'on observe les plus "beaux tableaux" de décompensation psychosomatique.
« On n'est pas toujours à 100 %. Il faut savoir tolérer, accepter la fêlure, le passage à vide. »

Le sexe comme facteur de risque

Les femmes

Les recherches indiquent que les femmes seraient plus sensibles à l'épuisement émotionnel que les hommes. Cependant, étant donné que les populations interrogées sont essentiellement composées de femmes (infirmières, professeurs, travailleurs sociaux) et que les hommes ne sont sans doute pas en nombre suffisamment représentatif, les conclusions souffrent peut-être d'un biais, au détriment de la population féminine[49].

Ailleurs, la femme est décrite comme plus sujette au risque de décompensation car plus encline à devoir gérer un conflit de rôle et de valeurs, partagée entre ses responsabilités professionnelles et les priorités familiales[50].

Les hommes

Les hommes atteints de burn out montreraient des signes de dépersonnalisation (colère, hostilité, agression) plus marqués que les femmes, à l'égard de leurs collaborateurs, élèves, et clients. L'explication serait à trouver dans les « références traditionnelles » en vigueur qui caractérisent le rôle du genre masculin dans nos sociétés et qui insistent sur la force, l'indépendance, l'invulnérabilité. La dépersonnalisation serait l'expression d'une « émotivité réprimée ».

Dans un monde où la compétitivité est importante, leur cynisme pourrait provenir d'une méfiance exacerbée par le burn out à l'égard des personnes vis-à-vis desquelles ils ont engagé une épreuve de compétition[51].

Les types d'activité et de métiers

Nous nous pencherons sur les paramètres qui font, de ceux qui exercent certains métiers, des proies plus faciles pour le burn out.

Bien que chaque profession comporte des caractéristiques spécifiques, des traits communs se dégagent cependant.

Employés et cadres

« The sky is the limit. » (Le ciel est la limite.)

Le burn out du cadre n'est pas le résultat de la confrontation aux bruits, à la cadence, ou au travail posté.

Il est le résultat de situations où s'entremêlent négociations dans des contextes tendus et absence de contrôle sur le métier et le cours des événements, car les décisions finales ne sont plus prises à son niveau. S'ajoutent passion et compétition entre pairs qui échauffent les débats et biaisent les décisions.

Le manager ou cadre doit intervenir au bon endroit, au bon moment, auprès de la « personne-levier » adéquate, en tenant compte des enjeux politiques internes.

Il doit parlementer, détecter les mouvements et les luttes d'influence tant à l'intérieur qu'à l'extérieur de l'entreprise. Il doit être sur tous les fronts tout en assurant son métier technique d'expert.

Enfin, il est tenu d'atteindre les objectifs qu'il s'est fixés et qui lui ont été fortement suggérés.

La tension psychologique est constante, lancinante et récurrente : le cadre d'entreprise cassera sous l'effet de la pression.

Catapulté dans des situations laissées en friche par les prédécesseurs, il hérite de problèmes qu'il n'a pas créés et pour lesquels il lui faut découvrir rapidement clefs et solutions.

Car, dans certaines entreprises, il est fréquent de ne pas rester plus de quelques années au même poste, le temps de faire ses preuves, avant d'être promu ailleurs.

Cela signifie que les échelons inférieurs dans l'organigramme sont à l'épreuve et tenus de s'adapter régulièrement à de nouvelles formes de management au rythme soutenu de la valse des directeurs qui se succèdent au fil des promotions.

Le burn out du haut se diffuse à tous les étages de l'organisation, il sème le trouble et paralyse les initiatives des employés auxquels le même management reprochera allégrement une prétendue inertie lors de l'évaluation bisannuelle des performances.

Certains cadres perçoivent à leur niveau la nécessité de prendre des décisions rapides qu'ils ne peuvent engager avant d'en référer plus haut : ils ne sont pas seuls maîtres à bord.

Le temps qui s'écoule entre le moment où ils identifient le besoin et celui où la décision est prise est parfois tel que l'opportunité s'est évanouie et que la concurrence rafle le marché en interceptant la balle en plein vol.

Le cadre en burn out vit avec un sentiment d'impuissance et peut nourrir un ressentiment à l'égard du système et d'une hiérarchie dont il a l'impression d'être incompris.

Il est amené à devoir combiner expertise technique et art de gérer les personnalités.

Mener des femmes et des hommes signifie être capable de comprendre les comportements des individus et leur complexité psychologique, le but final étant de forger une équipe qui remporte les palmarès.

Quelques circonstances qui font le lit du burn out dans le métier de cadre

• **Les moyens manquent pour faire face.**

Dans le monde des marins, la consigne de sécurité par gros temps est : « Une main pour la pêche, une pour le bateau ».

Il arrive que le cadre doive tendre les deux mains vers la pêche, sans filet, ni mousqueton de sécurité, tout en ayant un œil sur le cap.

L'incertitude est une des données du métier. Elle est gérable quand l'individu qui y est confronté peut compter sur la solidarité du système prêt à le soutenir.

Malheureusement ce n'est pas toujours le cas.

• **La pression est (trop) forte.**

Et elle est amplifiée dans les situations où le soutien est absent « par avis de tempête ». Le cadre, qui doit être performant, se retrouve seul, les principes de solidarité s'estompant. Les coups fourrés entre collègues émaillent les récits des cadres qui se présentent à nos consultations de coachs.

• **Les objectifs et les promesses de reconnaissance sont enthousiasmants**, mais sont quasi inatteignables au fil du temps.

• **Les cadres montent en ligne et s'exposent.**

L'état-major n'a pas prévu l'intendance ni les bataillons nécessaires pour consolider les positions. Le cadre et quelques fidèles sont obligés de se replier, après avoir essuyé coups et blessures au contact de la concurrence, des fluctuations du marché, des résultats à atteindre.

• **Les émotions** auxquelles le cadre est exposé sont épuisantes et il n'a pas toujours la possibilité de les verbaliser. Il manque d'interlocuteur digne de confiance à qui se fier. Le cadre préfère se taire et éviter de se retrouver « sous les feux de la rampe ». Le climat est à la suspicion généralisée dans un contexte où diviser pour régner est la règle d'or. Chacun considère son voisin et collègue comme un rival dans la course effrénée à la performance et au pouvoir. L'entourage personnel subit le contrecoup et souffre : les santés se dégradent.

• **Le cadre doit gérer les messages contradictoires venant d'« en haut ».**

Les contradictions peuvent être dues à des hésitations dans les choix stratégiques du fait de l'imprévisibilité de la vie économique. Elles peuvent aussi être la conséquence de conflits larvés entre « haut placés » dans l'organisation, dont la résultante s'exprime sous forme d'une absence de politique de développement cohérente.

• **Le cadre perd le contrôle des limites de sa vie professionnelle.**

Le temps. Les horaires sont dérégulés. Le cadre est embarqué dans une culture du « travailler trop obligatoire[52] ». Le cadre ne peut plus se projeter dans le long terme. Les stratégies fluctuent en fonction de l'humeur de l'action en Bourse. La continuité des projets n'est plus assurée. Ce qui est vrai aujourd'hui et mis en place à grands frais d'efforts humains et de ressources financières est balayé demain. La mémoire de l'entreprise est mise à mal par la politique de rotation rapide des fonctions.

Le rythme et sa vie. « À Londres, un banquier a installé un lit de camp dans son bureau où il passe toute la semaine[53]. »

L'absurdité des tâches. « Sous prétexte de fusion, on leur demande de pondre des rapports la veille pour le lendemain, et vous les voyez rentrer à 23 heures pour repartir le lendemain à 6 heures, sans même qu'ils sachent si leurs travaux seront lus ou non. C'est absurde[54]. »

• **Le cadre est face à un sentiment de non-sens, d'inutilité et de culpabilité.**

« Dans quelle mesure ne suis-je pas responsable de l'impasse dans laquelle je me retrouve ? Suis-je à ma place ? Et si j'étais la parfaite illustration du principe de Peter* ? »

• Les rapports entre les collègues sont « passionnels ».

Lorsque l'organisation du pouvoir dans l'entreprise se simplifie et efface les échelons managériaux intermédiaires, beaucoup d'employés se retrouvent aux mêmes niveaux hiérarchiques. Cette égalisation des niveaux peut exacerber les réactions passionnelles entre collègues et révéler des rivalités telles que certains en deviennent incapables de se concentrer sur leur tâche et de servir les intérêts communs de l'entreprise.

• Le sentiment de solitude est renforcé par la fragilisation des relations humaines.

La réciprocité du sentiment de confiance et de respect entre employés peut se fragiliser et accentuer le sentiment d'isolement.

L'évaluation permanente des performances peut renforcer l'impression d'être sous contrôle et augmenter la pression sur les personnes qui trouvent de moins en moins de répit pour « souffler ».

« Un des éléments déclencheurs [du burn out] est la dégradation profonde du "vivre ensemble" ; les gens sont très seuls face à l'arbitraire. Il y a toujours eu de l'injustice ou du harcèlement dans l'entreprise, mais autrefois les syndicats, entre autres, scellaient les solidarités. Aujourd'hui, avec l'effritement des solidarités et la peur de la perte d'emploi, la convivialité ordinaire elle-même est contaminée par des jeux stratégiques qui ruinent les relations de confiance et colonisent l'espace privé. Notamment chez les cadres, dont la vie tout entière est tendue par une lutte pour progresser dans leur carrière ou pour ne pas perdre leur position[55]. »

> Dans son éditorial paru dans la revue *Trends-tendances*[56], Admid Faljaoui parle de la solitude du cadre et évoque les propos d'un consultant en ressources humaines qui lui disait que : « pour beaucoup de salariés, les dirigeants ne sont que des photos dans le journal. Or il est important de savoir pour qui on mouille sa chemise. »

* Le principe de Peter postule que, dans une hiérarchie, tout employé tend à atteindre son niveau d'incompétence.

L'éditorialiste cite ensuite H. Landier qui, dans son récent ouvrage[57], pointe du doigt « le fossé [qui] se situe de plus en plus entre les directions et l'ensemble des salariés, y compris les cadres ».
La distance réelle et imaginaire qui s'installe entre la direction et le cadre renvoie ce dernier à sa solitude et contribue à la disparition du sentiment d'appartenance à l'entreprise.
Citant toujours Hubert Landler, le journaliste insiste sur le fait que la cassure entre dirigeants et salariés pulvérise les liens : « [...] les uns et les autres ont cessé d'appartenir au même monde : les dirigeants pensent global, les salariés voient local. » [...] Le fossé se situe de plus en plus entre les directions et l'ensemble des salariés, y compris les cadres[58]. »
Le cadre se rapproche en effet du monde des salariés car il prend conscience que son statut ne lui offre plus de protection.
Comme tout un chacun, il risque en effet à tout moment d'être aspiré dans les tourbillons des délocalisations et des restructurations au même titre que les collaborateurs qui lui rapportent.
Plus loin, le journaliste identifie une deuxième cassure. Il sépare seniors et jeunes, où ces derniers portent une importance particulière à la convivialité et au sens de leurs missions, tout en rejetant un management basé sur l'autorité et l'obéissance. Et l'éditorialiste de conclure : « Jadis considérée comme un nid d'obscurantisme managérial, la petite et moyenne entreprise (PME) apparaît comme un lieu où le salarié se sent plus à l'aise que dans la grande entreprise, alors même qu'il bénéficie d'avantages souvent supérieurs dans cette dernière. Le relationnel serait-il plus fort qu'un quatorzième mois ? »

• Dans certaines entreprises, la possibilité de « délation » risque de nourrir un climat d'insécurité et de désolidarisation.

Via des procédures d'alerte interne comme des lignes téléphoniques réservées à cet effet, tout employé peut dénoncer anonymement les éventuels abus et écarts de conduite qu'il constate dans le comportement de ses collègues ou de sa hiérarchie directe.

Certains gouvernements se sont alarmés de tels projets.
En Belgique, la Commission de la protection de la vie privée a récemment édicté des recommandations aux entreprises afin d'éviter une dérive du sytème qui prenne la forme d'une délation épidémique et organisée.
Ces recommandations stipulent que champs d'application, finalité du système et informations rapportées doivent être précisés. La commisssion interdit les signalements anonymes afin de ne pas alimenter la rumeur. Le gestionnaire des plaintes doit être tenu au secret professionnel et avoir suffisamment d'indépendance par rapport à la hiérarchie. Les problèmes signalés ne peuvent concerner que des questions intraitables par la voie hiérarchique normale. Le principe de transparence doit être respecté et la personne mise en cause doit immédiatement être informée du dépôt de plainte[59].

La Commission nationale de l'informatique et des libertés (Cnil) dit non à la délation en entreprise, s'oppose à la mise en place de dispositifs d'« alerte éthique » au sein des entreprises.

Les salariés de McDonald's France et de la Compagnie européenne d'accumulateurs (CEAC) ne pourront pas dénoncer à leur employeur le comportement délétère de leurs collègues de bureau. Ainsi en a décidé la Cnil dans deux délibérations datées du 26 mai 2005. Les deux projets présentés en l'espèce à la Cnil reposaient sur la mise en place d'un dispositif d'« alerte éthique » ou de « ligne éthique ». Celui-ci devait permettre aux salariés d'informer (anonymement ou non) leur hiérarchie de tout comportement jugé non conforme à la législation française ou contraire au « code éthique » de l'entreprise. Pour McDonald's France, la mesure concernait l'ensemble des collaborateurs du siège et les cadres des cent soixante-quinze restaurants du groupe, soit environ un millier de personnes. Il était prévu que les informations, collectées par courrier postal ou télécopie, soient transmises à la maison mère aux États-Unis (McDonald's Corporation) puis enregistrées dans un fichier central placé sous la responsabilité du « directeur éthique » de la société. Charge à lui de ventiler les différentes irrégularités constatées (présomption de harcèlement, discrimination, espionnage, corruption, divulgation d'informations confidentielles...) auprès des services concernés[60].

• **Le système entretient le mythe permanent de la perfection**, ne tolère aucun relâchement et mène le cadre vers l'épuisement.

• **La position « entre deux chaises ».** Le cadre est écartelé entre les exigences professionnelles et sa vie familiale.

Le cadre, une espèce en voie de reconversion ?

Les remous actuels qui affectent les conditions de la vie du cadre annonceraient des mutations plus profondes et entretiendraient le sentiment d'insécurité ambiant.

La réduction des effectifs (au détriment de la qualité en général et celle des relations avec les clients ?) met la pression sur les épaules de femmes et d'hommes qui doivent :

« Gérer des équipes, recueillir et traiter des informations plus complexes, répondre à davantage de sollicitations, tout cela plus rapidement, avec plus de qualité et sans filtre pour les aider à trier. »

À la fois « au four et au moulin », le cadre est détourné de sa mission initiale, à savoir : « gagner des batailles[61] ».

Par ailleurs, le profil des carrières et la façon de gérer sa destinée professionnelle changent.

Le Dr Richard Sennet, sociologue à l'université de New York, estime qu'un jeune Américain qui entame sa vie professionnelle aujourd'hui devra changer onze fois de travail au cours de sa vie. En conséquence, la relation entre salarié et entreprise est, dès le départ, programmée pour le court terme car tous deux pressentent qu'ils ne vivront pas longtemps ensemble[62].

Serions-nous sur le point d'arriver à l'ère du « cadre (et du patron) Kleenex » que l'on jette après usage ?

Enfin, les frontières entre les tranches de temps consacrées au travail et à la vie privée s'estompent, suite à l'invasion des technologies de la communication sans fil. Le cadre est atteignable à toutes les heures du jour et de la nuit, et il peut se reconnecter au réseau professionnel vingt-quatre heures sur vingt-quatre.

La perte des repères qui participent à la conscience des identités personnelles serait-elle la cause de la fragilisation du cadre ?

Dans un article du journal *Le Monde* Économie du 28 mars 2000 intitulé « Un harcèlement moral ambigu », J.-P. Le Goff développe l'idée que, depuis les années 1980, les objectifs de la performance devaient tendre vers le « zéro défaut », ce qui exigeait de l'individu une disponibilité et une motivation constantes dirigées vers la performance.

Par ailleurs, l'auteur développe l'idée que l'évaluation de la performance du cadre est devenue régulière. Elle interroge aujourd'hui tant le « savoir-être » que le « savoir-faire », le poussant dans ses retranchements les plus intimes et lui demandant de confirmer une disponibilité et une implication maximales et permanentes. Toute la personne est en jeu (et dans le jeu).

Le domaine de l'évaluation de la performance de l'employé et du cadre qui devrait se concentrer sur les conditions de travail, le réalisme des objectifs ou les limites de compétences par rapport à la tâche peut s'en trouver biaisé.

Car insensiblement l'évaluation de la performance porte sur la personnalité tout entière de l'employé.

Limites et incidents de parcours, conflits et échecs sont parfois déniés jusqu'à en devenir insupportables et compris comme étant des signes de faiblesse, au lieu d'être des sources potentielles d'apprentissage pour les individus et l'entreprise.

D'après Le Goff, femmes et hommes, n'ayant plus d'espace (intérieur) où se retrouver, finiraient par se sentir fragilisés, plus sensibles, avec des difficultés croissantes à se prémunir de toute intrusion dans la sphère intime lors du contact avec la hiérarchie.

La disparition de la possibilité d'une retraite dans un espace intime supprime la présence de toute zone intermédiaire qui, autrefois, jouait un rôle de « tampon », réglait les distances entre les protagonistes et atténuait la « promiscuité » entre employeur et employé. Aujourd'hui, le face-à-face peut dériver en affrontement. D'autant que le culte de l'individualisme aidant, le collectif – dont les syndicats et le pouvoir politique – ne joue plus son rôle de protection et de référence.

Par ailleurs, l'employé a parfois tendance à soupçonner l'autorité de tentation de « mainmise » tout en attendant qu'elle réponde à ses besoins. L'autorité, quant à elle, entretient une pression en exigeant un sens des responsabilités et du « leadership » de la part du cadre et de l'employé. Le supérieur hiérarchique attend que ses subordonnés répondent aux défis et aux objectifs qu'il leur a personnellement assignés, lesquels objectifs lui ont par ailleurs été assignés quelques jours auparavant par sa propre hiérarchie.

On retrouverait ainsi d'un côté des managers d'hommes qui exercent des pouvoirs et qui demandent la perfection à leurs collaborateurs afin de taire leur anxiété face à l'incertitude ambiante et, de l'autre, des cadres en situation de « victimes ayant des droits ».

Un tel équilibre est possible tant que les acteurs jouent ensemble la carte de la solidarité.

La situation devient dangereuse dès que l'un continue à entretenir l'illusion qu'il est bien ce qu'il n'est pas et qu'on aimerait qu'il soit, c'est-à-dire un « modèle de performance sans failles », et que l'autre se décharge du poids de son incertitude, de son hésitation, dans un jeu de « passe-passe de la responsabilité » au nom de la rentabilité.

Si ce genre de dérive s'installe, la relation risque de se muer en une confrontation et en un règlement de comptes à l'abri de tout regard extérieur. Car personne ne peut répondre totalement à l'attente de l'autre.

Aucun employé ne peut garantir la perfection, aussi doué soit-il, et aucun manager ne parviendra jamais à contrôler tous les paramètres responsables de l'incertitude économique. Il lui sera impossible d'ignorer son propre stress.

Les défaillances, si minimes soient-elles, exacerbent l'insatisfaction et la frustration qui seront suivies par le ressentiment.

Ainsi s'installent les conditions propices à la mise en place d'un affrontement, du harcèlement et du burn out.

Les directeurs des ressources humaines (DRH) et leurs équipes

Une profession à la frontière des mondes

Les directeurs des ressources humaines et leurs équipes sont les points de jonction entre deux mondes. Ils sont pris « en sandwich » entre les défis et les pressions du monde économique, d'une part, et les employés, d'autre part, qui doivent faire plus avec moins et dont la motivation bat de l'aile dans un climat incertain.

Les DRH sont les porteurs et messagers des bonnes et des mauvaises nouvelles. Ils sont activement impliqués dans l'organisation des licenciements, des restructurations et des réductions de personnel.

Ils accompagnent les personnes auxquelles l'information est destinée : annoncer une augmentation de salaire est de loin plus agréable que de faire part d'un licenciement !

Enfin, ils ont mission de tirer le maximum de chaque talent tout en s'inquiétant du bien-être de l'ensemble des membres de l'entreprise. Tiraillés de toute part, le burn out les guette.

Le risque de devoir gérer des conflits intérieurs, résultats de tensions entre les valeurs personnelles et celles de l'entreprise

Le DRH est un funambule qui évolue entre des logiques sociale et financière tout en maintenant le contact avec plusieurs interlocuteurs dont les préoccupations peuvent s'opposer.

Si les employés participent à la performance de l'entreprise, ils ont aussi des inquiétudes et des exigences qui peuvent interférer avec les objectifs des actionnaires

Le DRH est un témoin discret et un dépositaire des secrets, drames et doutes que les différents protagonistes lui confient. Cette position d'équilibriste conciliateur peut lui valoir de devenir la cible de tirs croisés. Il risque de se retrouver tiraillé entre ses convictions et les intérêts divergents des parties en lice (patrons, syndicats, employés). L'art de naviguer entre des pôles parfois contradictoires nécessite de l'intelligence, une force de caractère, du courage, et des valeurs personnelles solidement ancrées.

Certains d'ailleurs jettent l'éponge, épuisés par ce travail entre « le marteau et l'enclume ».

D'autres s'installent derrière un rempart d'insensibilité afin de se préserver. Ils perdent contact. Cet isolement en une tour d'ivoire est interprété comme le signe soit d'une incompétence, soit d'une démission et d'une allégeance inconditionnelle au « patronat ».

Un des défis de la profession consiste à nourrir un équilibre entre les intérêts de l'entreprise et ceux des employés.

Il arrive que le directeur des ressources humaines soit confronté à l'angoisse et à la culpabilité du « survivant ». Au terme de dégraissages successifs auxquels sa fonction l'a amené à prendre part, il se retrouve seul au milieu d'un champ de ruines. Son dernier geste consistera à éteindre la lumière avant de quitter la scène.

À moins qu'il ne soit invité, à son tour, à monter dans la dernière charrette.

Le syndrome du survivant est un ensemble de manifestations physiques et psychologiques développées par ceux « qui restent » dans l'entreprise après un licenciement de leurs collègues.
La réaction de chacun est d'intensité variable. Certains accusent le coup et d'autres décompensent.
L'Institut finnois de médecine du travail a démontré que durant les cinq années qui suivent le licenciement massif de leurs collègues, les employés qui restent à leur poste courent cinq fois plus de risques de mourir de maladies cardiovasculaires. La restructuration entraîne un taux d'absentéisme pour maladie deux fois supérieur à celui qui préexiste avant le remaniement.
Par ailleurs, peur, incertitude, frustration, dépression, angoisse, colère et sentiments liés à la culpabilité d'avoir été épargné font surface et influencent l'attitude au travail. Émergent un sentiment de trahison et une perte de confiance à l'égard de l'entreprise dont on doute de la loyauté à l'égard de ses employés. Ce choc influence la motivation. Alors qu'il y a une surcharge de travail consécutive aux licenciements, la rentabilité, l'initiative, la créativité s'essoufflent. On parle de « démission fantôme » : l'employé désinvestit par suite de l'épuisement, ou poussé par le ressentiment et la colère, qui peuvent le mener jusqu'aux actes de sabotage.
L'employé devient plus attentif aux opportunités qui se présentent sur le marché du travail et le rythme des démissions peut s'accélérer puisque le contrat de confiance tacite qui le lie à l'employeur est entamé.
L'avenir de l'entreprise est en danger et il est essentiel de s'occuper efficacement de ceux qui restent[63].

Les DRH se penchent sur le mal-être des salariés[64]

Les responsables des ressources humaines commencent à s'inquiéter à propos des risques de burn out et certains en attribuent l'origine à la façon dont le travail est organisé.

En effet, l'employé est d'une part sommé de faire preuve d'autonomie, de créativité et de « leadership » tout en devant s'ajuster à des objectifs, à des règles de procédure de plus en plus strictes. Il est amené à devoir se conformer à un profil type de comportement vis-à-vis duquel il est évalué en permanence. La complexité de la situation est potentiellement génératrice de contraintes extrêmes et incompatibles.

Par ailleurs, le sentiment d'appartenance à un groupe s'étiole car l'employé est permuté d'une équipe de travail à l'autre en fonction des nécessités dictées par les projets. L'employé n'a plus le temps de créer des liens et l'isolement psychologique le fragilise.

D'autres DRH attribuent l'origine du problème à l'ampleur des attentes que les employés nourrissent à l'égard des entreprises et que celles-ci ne peuvent combler. Du fait de l'effondrement des valeurs et repères religieux, politiques et sociaux, l'employé attendrait de l'entreprise qu'elle comble ses incertitudes et prenne soin de ses préoccupations quotidiennes, de ses problèmes de santé, de son bien-être et de son développement personnel. Et il est vrai que certains employeurs mettent en place un grand nombre de projets pour faciliter la vie de leurs salariés, tels que services de garde d'enfant, cours de relaxation, salles de sport, séminaires de *team spirit*, possibilité de recours aux services de psychologues externes, etc.

Par ailleurs, les chercheurs défendent l'idée que les stratégies gagnantes pour une meilleure gestion des risques liés aux conditions de travail actuelles « passent par une remise à plat concertée de l'organisation du travail, qui impliquerait les salariés qui ont une vision concrète des tâches quotidiennes ».

Une telle approche nuance l'hypothèse exclusive selon laquelle l'employé attendrait tout de la part de l'entreprise.

Une telle mise à plat ne peut réussir que si les interlocuteurs acceptent de jouer la carte de la maturité, de s'extraire des rôles et des préjugés, et d'entendre les préoccupations de l'un et de l'autre. L'employé pourra dire le malaise à la condition que souffrance au travail et burn out ne soient pas compris comme le reflet d'une incompétence professionnelle.

Il est urgent que le débat sorte du domaine du jugement moral.

Travailleurs sociaux (assistants sociaux, assistants de service social, éducateurs spécialisés, techniciens du service social)

La gestion des dissonances entre l'intérieur et l'extérieur

Les travailleurs sociaux sont confrontés à des situations humaines qui exigent d'afficher une attitude bienveillante malgré la présence de bouillonnements émotionnels et personnels intérieurs.

Il est en effet difficile de garder son calme devant un homme imbibé d'alcool, titubant et balbutiant qui, pour la troisième fois consécutive en un an, demande une admission, dans les plus brefs délais, pour désintoxication à l'hôpital dont il en est sorti deux mois plus tôt. « C'est la dernière fois ! Je vous le jure ! Maintenant, j'ai compris ! » Après avoir bataillé ferme, le travailleur social découvre une place libre que le demandeur décline aussitôt sous prétexte que, tout compte fait, il préfère rentrer chez son amie, avec laquelle il vient cependant d'avoir une sévère altercation.

La profession de travailleur social exige de rester empathique et de développer l'art de la gestion des émotions contradictoires.

À la longue, cet effort constant peut user et mener à l'épuisement émotionnel.

La nature du travail social génère des tensions avec les pouvoirs organisateurs

Certaines directions attendent de la part de la profession des paramètres objectifs et chiffrés qui attestent de la rentabilité du travail social.

Cette attente est souvent impossible à combler, car une part de la tâche échappe à toute évaluation financière.

Le travail social soutient la mission des institutions (hôpitaux, maisons de repos, services d'aides), facilite leur fonctionnement et rend la vie « plus humaine ». L'activité soutient aussi les autres acteurs impliqués dans le secteur.

Que deviendrait en effet l'équilibre budgétaire d'un hôpital qui ne parviendrait pas à faire sortir ses patients, une fois le problème de santé sous contrôle ?

De même, les travailleurs sociaux à l'intérieur des entreprises sont les preuves vivantes de l'intérêt humain que portent les directions à l'égard de leurs employés en difficulté.

Les intervenants sociaux sont des points de relais essentiels entre l'employé, sa famille et les comités directeurs.

Ils participent à la croissance substantielle du capital d'intelligence émotionnelle.

Or les entreprises qui investissent activement dans les valeurs basées sur les principes de l'intelligence émotionnelle vont jusqu'à tripler leurs performances financières[65].

Le contrôle limité sur l'activité est une source de frustration

Les intervenants sociaux ont un pouvoir limité sur les conditions de leurs interventions.

Quand, par exemple, le corps soignant les charge d'organiser le départ d'un patient hospitalisé, ils n'ont aucun contrôle sur une demande souvent faite dans l'urgence.

Ils ont un pouvoir limité dans la négociation des échéances, et les solutions dépendent d'agents et de facteurs extérieurs.

Dans ce cas-ci, le bon vouloir des familles ou le nombre restreint de places disponibles dans les autres institutions détermineront la rapidité de la sortie.

Sans compter sur la résistance du patient qui n'est pas nécessairement prêt au départ !

Ils ont à gérer la frustration liée au sentiment que leur contribution n'est pas reconnue à sa juste valeur par la société et que les solutions qu'ils proposent ne sont jamais pleinement satisfaisantes.

Les carences de moyens, les situations sociales de plus en plus précaires, la paupérisation galopante, les encadrements insuffisants et les menaces de restriction de personnel ébranlent les âmes les plus trempées.

L'état de santé

47 % des travailleurs sociaux manifesteraient des signes d'épuisement émotionnel d'intensité modérée.

Plus l'intensité du burn out est importante, plus les taux de dépression, d'insatisfaction conjugale, d'anxiété et d'irritation sont élevés.

Le degré d'insatisfaction dans le travail influence le taux d'absentéisme et de rotation à l'intérieur des services : 40 % à 73 % des personnes interrogées désirent changer de métier.

Les niveaux d'épuisement émotionnel et de dépersonnalisation sont identiques quels que soient les secteurs d'activité, dans les services de protection de l'enfance ou de santé mentale.

Enfin, il semblerait que le sentiment de dépersonnalisation soit moindre chez les intervenants qui s'occupent des familles en difficulté[66].

Le support aux équipes protège contre l'épuisement

Les réunions régulières entre les membres des équipes accroissent, grâce aux échanges sur la pratique, le sentiment de satisfaction professionnelle.

Une supervision avec des spécialistes étrangers à l'institution améliore le degré de satisfaction générale, prévient le burn out et permet de supporter des quantités plus importantes de travail[67].

Par ailleurs, le choix d'embrasser ces métiers se fonde souvent sur une aptitude particulière à ressentir les besoins de l'entourage et à entrer en empathie avec la souffrance humaine en général. Ce « don » particulier est souvent le fruit d'une expérience de vie personnelle, glanée dans la petite enfance et dont le professionnel tire parti dans l'exercice du métier.

L'épuisement du travailleur social provient notamment de la difficulté de garder constamment le recul nécessaire qui permet de faire la différence entre la part d'émotion suscitée par la situation humaine à gérer et celle qui resurgit du passé et qui fait partie de l'histoire personnelle.

L'intervenant doit exercer une vigilance constante afin que les émotions personnelles ne parasitent pas un travail qui consiste à soulager les souffrances morales et sociales de ses contemporains.

Des supervisions à orientation psychologique focalisées sur la gestion de l'émotion suscitée dans l'exercice de la fonction renforcent la résistance face à l'épuisement.

Prévalence de burn out dans les populations des travailleurs sociaux, d'après la littérature.

Travailleurs sociaux	Pourcentages	Populations	Auteurs
Taux des symptômes présentés par les personnes interrogées en burn out	47 % d'épuisement émotionnel 42 % de dépersonnalisation.	Enquête sur 176 travailleurs sociaux de « terrain ».	Gibson 1989
Taux général de burn out	77 % 71 %	Travailleurs en milieu psychiatrique. Travailleurs dans les secteurs de l'aide aux familles et à l'enfance.	Martin 1998
Intention de changer de travail	73 %		Maslach 1976
Intention de changer de travail	40 %	Travailleurs dans les secteurs de la santé mentale, aide aux familles et à l'enfance.	Jayratne 1984

L'effet bénéfique de la présence de différents types de supports sur les symptômes du burn out dans les populations de travailleurs sociaux

Effets du support	Burn out	Épuisement émotionnel	Cynisme	Satisfaction profes-sionnelle	Auteurs
L'équipe comme support		Pas d'effet	Pas d'effet	Effet positif	Coady, 1990
Support par superviseur		Pas d'effet	Effet positif	Pas d'effet	Coady, 1990
	Préventif			Effet Positif	Um, 1998
	Préventif				Maslach, 1996
Absence de support et d'intérêt des hiérarchies	Augmente le risque				

Les médecins

Suivant les spécialités, le métier est reconnu comme étant particulièrement stressant.

À côté de prestations exigeantes coexistent, outre une responsabilité morale et pénale, la difficulté de gérer les distances dans le rapport avec la souffrance et l'anxiété du patient.

Les médecins sont confrontés inconsciemment ou non à leurs limites techniques et professionnelles avec, en toile de fond, la rencontre quotidienne avec la souffrance qui les renvoie à leur propre histoire et à leur finitude. Et les études de médecine ne préparent pas nécessairement à ce rendez-vous quotidien avec la maladie et la mort.

Enfin, à moins que le praticien n'exerce en équipe, il s'agit souvent d'un métier de solitaire.

Le burn out du soignant : une maladie de la compassion ?

• Selon une enquête réalisée par l'Union régionale des médecins libéraux de Bourgogne en 2001, près d'un médecin sur deux souffre d'épuisement émotionnel, 41 % d'une réduction du sentiment d'accomplissement personnel et 33 % de dépersonnalisation.

(Voir le site de l'Association d'aide professionnelle aux médecins libéraux en annexe V.)

• Le taux de décès par suicide est de 14 % chez les médecins libéraux, contre 5,6 % dans la population générale.

• Les journées indemnisées par la Caisse autonome de retraite des médecins de france (CARMF) ont fait un bond de 12 % en 2001 et de 6,5 % en 2002[68].

• Tirés à part de la presse :

— Une étude menée par « Cancer Research UK » observe que le nombre de consultants dans la profession médicale souffrant de problèmes de type psychiatrique a grimpé de 27 % de 1994 à 32 % en 2002 et que le taux de burn out a augmenté de plus de 10 %.

— Les spécialistes en cancérologie en paient le plus lourd tribut : l'étude a relevé des signes de burn out chez plus de la moitié d'entre eux[69].

La relation médecin-malade change

Les fondements de la relation qui lie le patient et son médecin sont supposés être basés sur la confiance mutuelle.

On parle, dans ce cas, de « colloque singulier » pour qualifier la nature particulière de l'entretien entre le médecin et le patient.

Ce contact est censé être empreint d'une telle qualité d'empathie et de sollicitude qu'il en devient singulier, c'est-à-dire étonnant, sortant de l'ordinaire.

Or, aujourd'hui, la relation médecin-malade est mise à mal, du fait de la multiplicité des acteurs qui interfèrent (administration, ressources humaines, certains médecins travaillant pour les organismes de contrôle). Le cadre que le médecin traitant a patiemment construit avec son patient pour circonscrire la maladie, ajuster le traitement, rassurer et calmer la souffrance, s'érode.

Enfin, certains malades supportent de moins en moins la

frustration. Pour un oui ou pour un non, ils changent de médecin et trouvent ailleurs l'examen technique ou la prescription qui leur ont été refusés pour des raisons par ailleurs justifiées. C'est le « shopping » médical.

Le climat dans lequel s'exerce la médecine est en mutation

L'exercice de l'art de guérir n'implique pas d'obligation de résultats mais il implique des obligations de moyens.

En clair, un médecin est tenté de s'entourer de tous les moyens mis à sa disposition afin de poser les diagnostics et délivrer les meilleurs soins.

Du fait de l'imprévisibilité de la réaction de l'organisme humain malade, le médecin ne peut garantir un résultat positif après chaque intervention. Or, aujourd'hui, la société met en place des conditions qui exercent une pression sur les épaules du médecin et qui tendent à exiger de lui une rentabilité parfois difficilement compatible avec l'exercice de l'art de guérir.

L'intervention de nouveaux acteurs et de leurs exigences accélère l'évolution de la profession dans ce sens : le médecin ne se sent plus tout à fait libre et maître dans l'exercice de l'art de guérir.

- Les gestionnaires d'hôpitaux introduisent des critères de rentabilité financière pour évaluer la prestation.
- La justice est interpellée par un nombre croissant de plaintes déposées par les patients pour erreur médicale.
- Les compagnies d'assurances appliquent des montants de prime tels que certains médecins refusent d'opérer ou arrêtent leur activité.
- La bureaucratie alourdit le poids des tâches administratives et éloigne le médecin de ce pour quoi il est formé, à savoir : écouter, comprendre, soulager, guérir, apprendre, transmettre.
- Les instances gouvernementales, dans un souci de vouloir rationaliser le coût des soins de santé, augmentent la pression en mettant en place des instruments de surveillance de la pratique, en multipliant les contrôles et en alourdissant la paperasserie. Ici encore, l'enseignement dispensé en faculté ne développe pas chez le jeune médecin des compétences de gestion administrative, ce qui renforce son sentiment d'impuissance devant la complexité de la tâche et l'éloigne du cœur de son métier, à savoir : soigner.

Les conditions dans l'exercice de la profession changent, l'acte médical est dévalorisé, l'estime que le médecin entretient vis-à-vis de lui-même et de son métier se détériore.

Résultats d'une étude menée dans 125 hôpitaux belges à propos du nombre de plaintes déposées en justice pour erreur médicale

« De 1995 à 1998, 510 plaintes en moyenne ont été introduites par an. 60 % de ces plaintes visaient les hôpitaux et 40 % les prestataires de soins. En quatre ans, le nombre de plaintes a augmenté de 74 %, ce qui signifie que le nombre de plaintes aurait doublé en cinq ans.

Les plaintes sont concentrées dans quelques spécialités. Seules six spécialités représentaient plus de 5 % des plaintes : la gynécologie (16 %), l'anesthésie (14 %), la chirurgie et l'orthopédie (12 %), la gériatrie (6 %), l'ophtalmologie (5 %), les urgences (5 %) et la stomatologie (5 %).

Le nombre de plaintes avec des suites judiciaires est passé de 58 en 1995 à 108 en 1998 (+ 86 %). Environ 87 plaintes sur 501 ont débouché sur un dédommagement judiciaire. Le rapport des plaintes par rapport au nombre de dédommagements reste constant : environ 17 %[70]. »

Être à la fois médecin et cadre dans l'industrie pharmaceutique : un risque accru de développer un burn out ?

En 2004, à la demande de l'association belge des médecins travaillant en tant que cadres dans les sociétés multinationales pharmaceutiques (ABEMEP/BEVEFA), nous avons réalisé une recherche afin de déterminer quel était le taux de burn out au sein de la profession. 50 % des répondants signalèrent qu'ils avaient connu un problème d'épuisement professionnel au moins une fois dans leur vie. Les problèmes avec le management, la perte de l'intérêt pour le travail et une surcharge constante de celui-ci étaient les causes les plus souvent citées. Dépression, douleurs chroniques, insomnies et problèmes cardiaques en furent les conséquences sur l'état de santé. Plus de 60 % d'entre eux admirent que le problème avait détérioré significativement la relation qu'ils entretenaient avec

l'entourage, 30 % avaient perdu tout intérêt envers la vie familiale. Enfants et partenaires avaient ressenti les effets dans 24 % des cas, sous forme de problèmes de santé, de perturbations psychologiques ou de décrochage scolaire.
Le burn out est-il contagieux[71] ?

La rupture avec l'enthousiasme

Tous ces changements sont générateurs de désillusion et coupent les médecins des sources de leur idéal.

Autrefois, l'image sociale que représentait le métier aux yeux de la société et le statut gratifiant de la profession leur permettaient de résister.

Aujourd'hui, l'enthousiasme s'étiole alors qu'il leur a permis autrefois de gérer stress et frustrations rencontrés au cours d'une formation de parfois plus de dix ans.

Et plus le médecin évolue dans la carrière en endossant notamment des responsabilités de chef de service, plus le nombre d'heures de prestation s'allonge, et plus le risque de burn out, de dépression et d'insatisfaction augmente également[72].

Tout comme chez leurs collègues infirmières et infirmiers, l'éreintement émotionnel se manifeste par le détachement et l'« objectivation » du patient, ravalé au statut d'objet.

La relation se vide de sa substance empathique. Pointe alors le cynisme.

La fréquence de burn out et le risque suicidaire dans la profession médicale sont trois à quatre fois supérieurs à ceux rencontrés dans la population générale.

Anesthésistes, médecins généralistes, psychiatres et femmes médecins sont les plus exposés.

Dans les premières années, la santé du médecin sera d'autant plus malmenée que la détresse psychologique consécutive à l'exercice de la profession sera importante et les contraintes de temps serrées.

De plus, la pauvreté des relations qui existent entre confrères sur le lieu de travail accentue le sentiment d'isolement.

Plus tard, dans la carrière, d'autres facteurs aggravent le déséquilibre.

La charge de travail, l'absence de support et de supervision, le stress des urgences et des nuits sans sommeil, la routine, les exigences administratives et de gestion, les tensions entre confrères mordent sur les vies personnelles et familiales.

Enfin, bien plus que la surcharge ou l'excès de travail en soi, la gestion des cas complexes, le manque de respect et le harcèlement de la part des patients pèseraient davantage sur le risque de succomber au surmenage.

Certaines épouses et compagnes souffrent également, fatiguées d'attendre indéfiniment le retour de leur conjoint, d'avoir à s'occuper des enfants qui s'endorment sans embrasser leur père et de devoir tenir la maison tout en menant souvent de front leur propre activité professionnelle.

Par nature ou par obligation, le médecin est souvent un « indépendant d'esprit ». Fait-il une erreur de diagnostic, son sens de la perfection le confronte à l'autocritique et aux scrupules qu'il est seul à devoir assumer et qu'il ne peut pas toujours partager.

Le risque de la décompensation sera d'autant plus important que le tempérament du médecin sera moins souple et que l'autodiscipline qu'il s'impose sera exigeante.

Enfin, la chute risque de s'accélérer lorsque le médecin exerce son art en poursuivant un idéal excessif et que son dévouement envers ses patients frise le renoncement.

Le cordonnier étant le plus mal chaussé, le médecin a, en plus, tendance à se passer d'assistance : il organise sa solitude.

« Travaillomane », il prend moins de congés que quiconque exerçant n'importe quelle autre profession.

Il aggrave son « cas » en privilégiant l'automédication. Coûte que coûte, il reste fidèle au poste, même en état de souffrance. Il se dépasse et s'efface en s'oubliant et en se négligeant.

Enfin, il résiste à l'idée de s'offrir les services d'un tiers (conseil, psychologue, confrère généraliste ou spécialiste, coach) qui lui permettrait de prendre de la distance et de se repositionner dans les situations difficiles[73].

L'exercice en parallèle de la recherche et de l'enseignement est un bon antidote contre l'épuisement. Au cours des tâches liées à la transmission du savoir, le médecin quitte sa « tour d'ivoire » et descend dans les auditoires. L'intérêt que manifestent les étudiants et les confrères à l'égard de son enseignement rehausse l'estime qu'il se porte.

Enfin, il sort de la routine en renouvelant sa pratique clinique et en l'adaptant aux nouvelles tendances découvertes lors de la préparation des cours qu'il dispense[74].

Interview du Dr Éric Galam, 6 décembre 2005[75]

« On veut un médecin qui soit professionnel quand on a besoin de lui, mais quand ce qu'il fait ne convient pas, on se rappelle soudain qu'il est aussi là pour gagner sa vie et ça devient suspect.

« En tant que médecin généraliste, je fais partie d'un dispositif de soins. Si nous nous trompons, on n'accepte pas toujours que ce soit à titre professionnel, puisqu'il arrive qu'on nous traîne au pénal en tant qu'individu, même en l'absence de faute strictement pénale.

« La répartition entre la part du moi en tant qu'individu et celle qui est investie d'une responsabilité et d'une fonction professionnelles est floue et ambiguë. L'individu docteur travaille dans le flou. Il approche non seulement l'intimité des corps mais aussi l'identité profonde des gens. On veut de lui qu'il soit un être humain mais qu'il mette à distance son identité. Il y a vingt ans, il y avait trop de médecins. Maintenant, il n'y en n'a plus assez. Les jeunes médecins ne veulent pas de la galère de l'installation à moins de pratiquer une spécialité tranquille, pas casse-tête (allergologie, nutrition, etc.) L'année dernière, 500 postes de médecine générale n'ont pas été pourvus, 1 000 cette année. La situation va donc encore s'aggraver. Le burn out des médecins est un sujet tabou, transgressif, dont on n'a pas forcément envie de parler. On a tellement de choses à faire, on n'a pas le temps, alors on surmonte, on surmonte, jusqu'au moment où ça craque.

« Évoquer les difficultés des médecins gêne tout le monde, les patients qui attendent qu'on soit centrés sur eux, la société, les médecins, qui se prennent parfois sans trop le reconnaître pour des dieux et qui ne veulent pas être remis en question. On commence à peine à parler des médecins fatigués, agressés.

« Le médecin est malmené mais la médecine reste puissante, un mythe auquel on veut continuer à croire. C'est très rassurant. C'est une des religions du siècle. Les religions promettent la vie éternelle dans l'autre monde mais la médecine promet la vie et la santé dans ce monde-ci.

« Quand il y a des problèmes ce ne peut être qu'à cause des mauvais médecins.

« Il y a une dichotomie entre la médecine toute-puissante, triomphante, fascinante et des médecins qui de temps en temps trahissent le mythe. On travaille à la corde. Un patient trop exigeant ou injuste, un contrôle de Sécurité sociale, un problème informatique, le remplissage de papiers toujours plus nombreux... Il suffit de peu de chose pour que ça bascule. Le flux des patients est toujours là. Il faut les soigner. Quand je m'absente une semaine, je mets longtemps à rattraper mon retard. On n'a pas le droit d'être malade.

« En cas de maladie, les médecins touchent des indemnités journalières au 91e jour. Est-ce que ça veut dire qu'avant ça ne les

concerne que personnellement, et nullement la société ? Comment payer les charges du cabinet si on est malade ? Faut-il souscrire à une assurance complémentaire ? On a tendance à se dire : "Moi je suis indestructible, ce sont les autres qui sont malades et c'est moi qui les soigne", mais ce n'est pas vrai.
« Un médecin, c'est plus qu'un simple individu, il a aussi la qualité de membre du système social et a besoin d'être reconnu, au moins autant que n'importe qui d'autre et peut-être même un peu plus parce qu'on a besoin de lui pour soigner les gens. »

Un service d'écoute psychologique 24 h /24 (voir en annexe)
« Le burn out va concerner de plus en plus de médecins.
« La ligne téléphonique anonyme 24 h/24 permet un recours quand la coupe est pleine. C'est déjà un premier lien. Quelqu'un à qui parler. Nous sommes dans un désert de prise en charge des médecins sur le plan de la parole.
« Il existe une commission d'entraide des médecins trop confidentielle, sans beaucoup de moyens, un recours à l'ordre des médecins pour certains cas extrêmes.
« Cette antenne n'est qu'un début. Il y a en effet une demande croissante en raison des besoins importants, même si la résistance est grande. Créée en novembre 2005 pour les médecins d'Île-de-France, elle sera étendue aux infirmières et aux professions paramédicales, à la France entière si nous avons le budget. »

Le lien retrouvé[76]

Une enquête américaine a montré qu'au fur et à mesure de leurs études les étudiants en médecine deviennent de moins en moins empathiques. On comprend bien pourquoi les médecins doivent se garder d'être en sympathie avec leurs patients : ils courraient le risque de ne plus pouvoir agir, envahis par la souffrance et l'anxiété des malades.
Mais pourquoi perdent-ils cette capacité innée d'empathie ?
Parce que la médecine est de plus en plus technologique, faisant passer le rapport médecin/patient d'une relation sujet/sujet à une relation sujet/objet.
Des formations au comportement d'empathie sont dorénavant entreprises dans certaines écoles de médecine, car l'empathie réduit le coût de la médecine : les médecins qui prennent en compte (ce qui ne signifient pas qu'ils la ressentent) la douleur voient leurs prescriptions mieux suivies, leurs patients moins souvent sujets à la dépression, et le nombre de procès réduit d'autant !

Les infirmières

« Nous essayons de ne pas travailler à la chaîne : chaque patient doit être écouté. Mais quand nous sommes submergées, ce n'est pas facile (...) Et puis il y aussi les médecins qui changent leurs ordres, les familles qui envahissent le service à temps et à contretemps, et le téléphone qui sonne sans arrêt. L'autre jour une patiente italienne a donné le numéro du service à ses sept enfants ! Alors, c'est vrai qu'il nous arrive d'être pressées, stressées, et donc de paraître moins attentives. »

« Nous avons demandé une infirmière de plus pour pouvoir continuer à faire notre travail correctement sans négliger nos patients. Nous avons même écrit une lettre à la direction, afin d'obtenir un entretien. Nous n'avons même pas eu d'accusé de réception. En attendant, nous sommes en sous-effectifs[77]. »

« Plus de 4 infirmières écossaises sur 10 désirent quitter la profession à cause des salaires insuffisants et de l'absence de perspectives professionnelles.

Au cours des six derniers mois, 60 % des infirmières interrogées souffraient d'épuisement, 53 % de troubles du sommeil et 47 % de céphalées[78]. »

Le travail des infirmières est éprouvant

L'infirmière se trouve dans une position « de phare et de relais », aux avant-postes entre patient, famille, médecin et institution. Ce rôle est parfois ambigu. La fonction est un maillon central dans la chaîne des relations et des soins dans l'hôpital. Elle est le lieu de passage et d'activation de l'information qui remonte du patient au médecin et qui, en retour, transite du médecin au patient.

Supprimez l'infirmière ou rabotez lui son temps, son repos, sa disponibilité, et la qualité de la chaîne des soins et du transfert d'information disparaît.

En même temps, l'infirmière est amenée à faire face à des conditions pénibles et à côtoyer, chaque jour, des situations humaines douloureuses ; elle doit donc trouver le juste équilibre entre détachement et engagement.

Le caractère ambigu de son rôle est un facteur prédictif de l'installation de l'épuisement émotionnel et du cynisme[79].

D'autres facteurs amplifient le surmenage. Dans une enquête parue dans *Mundo Sanitario* (1-15 mai 2001), l'Institution d'administration publique espagnole reconnaissait que les infirmières du secteur public étaient l'un des groupes professionnels les plus enclins à être victime de surmenage. La situation était le résultat de la tension entre les attentes professionnelles, les idéaux et les réalités quotidiennes des conditions d'exercice de la profession. Étaient cités ensuite : la surcharge de travail, le contact permanent avec la maladie et la mort, les équipes tournantes, les nuits de garde perturbant les biorythmes, la peur de la contagion due à l'insuffisance des mesures professionnelles de sécurité, l'existence de contrats précaires, le déséquilibre entre vie professionnelle et privée, la bureaucratie et les hiérarchies rigides, l'ignorance de l'aspect psychosocial de la prestation du soin infirmier « au profit » de la compétence technologique de haut niveau.

La maladie « de l'empathie »

Il est prouvé que lorsque les pouvoirs organisateurs et politiques manifestent une attention active aux conditions de travail entamées par le contact quotidien avec la souffrance humaine, la qualité et les résultats des soins s'améliorent.

Sinon, l'épuisement émotionnel guette, suivi par le cynisme qui est l'ultime stratégie de défense mise en place pour organiser un retrait protecteur. Sans compter que le ressentiment des acteurs des soins de santé nourrira l'insatisfaction des patients et des familles qui s'exprimeront en retour sous forme d'agressivité, d'anxiété et d'une mauvaise adhérence aux traitements. Pis : il est observé que, du fait des conditions pénibles de travail, le burn out et la dépersonnalisation rendent le personnel soignant plus facilement auteur de maltraitance à l'égard des patients dont il a la responsabilité.

Ce risque de maltraitance, différent de celui qui caractérise l'incompétence à l'égard des patients, est majoré par l'insuffisance des formations continues, le sentiment d'un manque de prestige de la profession renforcé par une absence de marques de considération de la part de l'employeur et une rémunération insuffisante.

La violence physique exercée par le personnel infirmier sur les personnes âgées est proportionnelle à l'état d'épuisement du personnel et à la hausse des conflits patients-infirmières.

La violence psychologique exercée par le corps soignant est d'autant plus importante que le soignant est jeune, que l'épuisement psychologique de l'employé est grave, que les patients sont agressifs et que le personnel entretient des attitudes négatives à l'égard des patients[80].

L'effet « boomerang » du burn out des infirmières sur le comportement du patient

Les résultats des études confirment que le burn out et, en particulier, l'épuisement émotionnel et le cynisme à l'égard des patients et des collègues, s'aggravent chez les infirmières qui sont soumises à la menace ou qui sont victimes d'agressions physiques et verbales.

Un processus d'escalade s'amorce alors, car on constate que les patients agressent plus volontiers les soignants les plus cyniques. L'agressivité du patient et de son entourage amplifie à son tour la fatigue émotionnelle du soignant déjà fragilisé, ce qui enflamme à nouveau son niveau de « cynisme » en une spirale ascendante[81].

> D'après un sondage effectué auprès d'infirmières exerçant en Ontario (Canada) pour déterminer l'étendue et la nature des actes de violence, près de la moitié d'entre elles ont dit avoir été témoins de violence. La violence verbale était la plus fréquente, suivie par la violence physique. La majorité des agresseurs avaient été des femmes travaillant à temps plein. 40 % des répondants ont dit avoir connaissance de cas multiples de violence perpétrée par des récidivistes.
>
> Les cris, les jurons, et les traitements brutaux constituaient les formes les plus fréquentes de violence. Les personnes âgées étaient plus fréquemment victimes de violences physiques. D'après l'étude, il n'y eut aucun suivi de la part des directions dans un grand nombre de cas signalés[82].

Une hypothèse de la répercussion des réactions du corps soignant en situation de burn out sur les acteurs intervenant dans la chaîne des soins.

Le malaise qu'éprouverait chaque acteur aurait une influence négative sur le bien-être et l'efficacité de leurs collègues et le coût du fonctionnement du système.

L'empathie du soignant encouragerait le patient à prendre son traitement, réduirait le pronostic et influencerait le montant de certains frais liés aux soins de santé. Enfin, il est prouvé que le risque de dépôts de plaintes pour erreur médicale diminue sensiblement lorsque l'empathie du corps soignant à l'égard du patient augmente.

Influence des conditions de travail sur les symptômes de burn out exprimé par le personnel infirmier, d'après les données de la littérature[83]

Personnel Infirmier	**Épuisement émotionnel**	**Dépersonnalisation, cynisme**	**Sentiment de non-réalisation, désengagement professionnel**
Conflits dans le rôle	+	++	Non
Ambiguïté (imprécision du rôle)	+	Non	+
Surcharge de travail	++	++	Non
Exigences dans le travail	++	+	
Effet du *Locus of control* (le sujet a la sensation qu'une partie de son destin est sous son contrôle.)	Protecteur		Protecteur

Les enseignants

D'après une enquête réalisée par le Syndicat national du second degré en France auprès de 2 200 de ses membres, un enseignant sur cinq se déclare fatigué en permanence, et 58 % d'entre eux se plaignent de problèmes nerveux.

En avril 1999, la Mutuelle générale de l'Éducation nationale en France (MGEN) signale que respectivement 7,8 % et 8,9 % de ses adhérents consomment des somnifères et des antidépresseurs. Cette proportion de personnes sous traitement dépasse largement celle qui est relevée dans la population générale en France, qui s'élève à 4,6 %[84].

Le surmenage ou la dépression et le burn out seraient responsables de 40 % de l'absentéisme dans le primaire et le secondaire.

Des 125 millions de dollars versés chaque année au Québec pour couvrir les invalidités des enseignants, près de 34 millions sont directement liés à une invalidité en santé mentale, le burn out en représentant la manifestation la plus courante. La complexification du travail, liée à l'intégration dans les classes de public en difficulté d'apprentissage, la diminution notable dans les commissions scolaires et les écoles du nombre de spécialistes tels les psychologues et les conseillers en orientation, la précarité de l'emploi font partie des facteurs entraînant le surmenage. Alors que 12 % de la population présente un pourcentage d'invalidité lié aux maladies psychotiques, névrotiques et aux troubles de la personnalité, chez les enseignants ce même pourcentage grimpe à 33 %[85].

En revanche, « [...] la vocation de l'enseignant pour son métier le protégerait en partie de la désillusion professionnelle et de certaines craintes concernant son efficacité à enseigner. »

« Choisir par vocation, c'est aussi s'imposer de réussir, c'est-à-dire parvenir à la réussite de ses élèves[86]. »

Les facteurs de stress spécifiques[87]

D'après H. Rutter, enseignants, médecins et dentistes ont à gérer les mêmes raisons de stress, c'est-à-dire : la charge de travail ; un contexte d'incertitude dans lequel ressources et équipements sont menacés ; un sentiment d'isolement entretenu par des relations insatisfaisantes entre collègues ; des attentes irréalistes de la part des hiérarchies lesquelles, parfois, ne soutiennent pas leurs collaborateurs livrés à eux-mêmes et à la pression de certains parents revendicateurs – eux-mêmes par ailleurs en difficulté face à leurs enfants.

Plus spécifiques à la profession des enseignants, on note comme sources potentielles de stress :

- Les réformes imposées par les ministères et non encadrées, qui exigent des adaptations permanentes ; les directives explicatives brillant par leur absence.

• Les abus de pouvoir des directions qui prennent parti pour les parents.

• Les écarts de conduite des élèves et les relations tendues, voire violentes, qui s'accompagnent d'agressions. Par contre, des professeurs « heureux » ont des élèves moins agités !

• Les classes surpeuplées, l'apathie et la démission psychologique des collègues enseignants, les tensions entre collègues qui évitent de jouer la carte de la solidarité lorsque l'un des leurs est en difficultés[88].

• Le sentiment éprouvé par les enseignants que la société ne reconnaît plus leur profession à sa juste valeur et que le salaire ne tient pas compte de la charge de travail. Quelle que soit la qualité de la prestation, il n'existe aucune perspective de promotion.

Les répercussions sur la santé, la famille et le métier

La surconsommation de tabac, d'alcool, de thé et de café est fréquente chez les enseignants qui courent le long de la frontière de l'épuisement. Les maladies psychosomatiques telles que l'hypertension artérielle, l'élévation du cholestérol et les insomnies en sont les manifestations les plus fréquentes, sans omettre l'impact sur la qualité de vie familiale et conjugale[89].

S'ensuivent un absentéisme endémique, un taux de rotation important à l'intérieur de la profession, une chute de la qualité de la prestation et de la nature de l'enseignement dispensé, une pénurie d'enseignants. Tout aussi inquiétant : plus les « maîtres » sont épuisés et succombent au cynisme, plus la réussite des étudiants est compromise. Ici aussi, le burn out est endémique.

La personnalité de base et autres causes de burn out chez l'enseignant

Tous ne sont donc pas égaux devant l'épuisement professionnel. Seront plus susceptibles de valser en burn out : les enseignants dotés d'une faible estime d'eux-mêmes et qui partent vaincus d'avance, ceux dont l'anxiété de fond est telle qu'elle leur brouille la vue et ceux que les situations en demi-teintes, ambiguës et injustes, rendent à ce point révoltés qu'ils sont de tous les combats.

La profession de policier

Il y a de ces policiers, motivés par des intentions généreuses et le souci de rendre service, qui s'engagent dans la profession en nourrissant l'idéal de servir la justice.

Confronté à la dureté de la réalité, aux tensions avec la hiérarchie, au cynisme des collègues et à celui du système, le jeune policier développe une déception et une frustration, qui s'en vont croissantes : la flamme de l'idéal vacille.

Car les policiers sont également exposés aux risques du cynisme. Sans entrer dans la généralisation, il serait sans doute intéressant d'examiner le lien existant entre la déshumanisation dont feraient preuve les auteurs de bavures, le cynisme manifesté par certaines hiérarchies à l'égard de leurs subordonnés, et les dérives observées.

La déshumanisation serait ainsi le contrecoup de l'aptitude à contrôler ses émotions, que le policier a acquise durant sa formation et qu'il renforce sur le terrain.

À force de maîtriser ses réactions face aux drames humains, il perdrait le contact avec sa propre sensibilité et ses valeurs personnelles qui lui ont fait choisir initialement le métier.

Le contrôle sur soi étant une valeur considérée comme essentielle dans le corps de police, toute expression de lassitude serait socialement et silencieusement réprimée et interprétée comme signe de faiblesse.

Or nul n'est à l'abri de la dépression et c'est alors que le piège se referme.

L'individu se retrouve écartelé entre, d'une part, des émotions dépressives ou anxieuses et, d'autre part, une réputation et une image d'invincibilité à préserver. Et il craque, muré dans l'isolement, car il ne peut se confier ni dans le milieu professionnel, ni auprès de ses proches qu'il tient à l'écart des détails pénibles de sa profession.

Cela le conduit malheureusement parfois à commettre l'irréparable.

C'est ainsi qu'entre 1979 et 1995, la fréquence de l'usage des armes à feu à des fins suicidaires était supérieure chez les policiers (72,3 %) par rapport à la population générale (31,2 %)[90].

D'autres raisons sont évoquées pour expliquer la violence de tels actes, comme par exemple : un milieu professionnel essentiellement masculin, le port de l'arme à feu en soi, la confrontation à la mort (15 % des suicidés de la police montée canadienne auraient été exposés peu de temps auparavant à un incident traumatique dans le cadre de leur travail), la confrontation à l'indifférence ou à l'antipathie du grand public. Est cité enfin le sentiment d'incompréhension face à certaines décisions prises par les tribunaux, lesquels génèrent de la frustration chez certains policiers qui estiment que la dangerosité des personnes qu'ils arrêtent est sous-estimée par l'autorité judiciaire.

De plus, le côtoiement régulier de la mort et de la souffrance humaine « anesthésierait » le jugement et la sensibilité du policier : le suicide, en tant que solution, se banalise à ses yeux et devient l'unique solution pour sortir de l'impasse.

Enfin le stress, l'abus d'alcool, l'équilibre entre vie familiale et professionnelle malmené par les horaires, l'absence de reconnaissance et de support de la hiérarchie précipiteraient également la décision.

Expulsions : des états d'âme chez les policiers
Beaucoup vivent mal que, sous pression du ministre, « faire du chiffre » soit devenu la priorité numéro 1[91]

Un policier raconte : « Ces opérations sont vécues diversement parmi les collègues. Certains ont des états d'âme et parlent de "rafle". D'autres préfèrent se taire en présence de l'officier qui supervise les contrôles pour ne pas mettre en danger le déroulement de leur carrière. [...]
« Maintenant si tu es humain, tu ne tiens pas deux mois face aux drames que tu vois défiler sous tes yeux quand tu ramènes les gens dans leur pays d'origine[92]. »

Conclusion

Au Canada, de 25 % à 41 % des personnes interrogées affirment vivre un manque important de reconnaissance au travail.

67 % des personnes interrogées qui disent recevoir peu de

reconnaissance au travail présentent des signes de détresse psychologique élevée, comparativement à 33 % chez les individus qui disent recevoir une bonne reconnaissance.

Un manque important de reconnaissance au travail multiplie par quatre le risque de vivre une détresse psychologique élevée[93].

• La possibilité offerte aux employés de bénéficier d'un système de coaching ou de soutien leur permet de supporter des charges importantes de travail. Leur attitude face au stress s'améliore.

• Une attention effective des hiérarchies à l'égard des employés fait barrage aux comportements abusifs de type harcèlement moral et sexuel[94]. Le soutien effectif de la direction renforce le climat de sécurité au niveau de l'individu et celui du groupe. La loyauté à l'égard de l'entreprise et de l'institution se renforce.

• Ce que les gestionnaires peuvent faire :

— tenir compte des remarques des employés ;

— impliquer davantage d'employés dans la conception et l'organisation de leur propre travail ;

— prendre les mesures pour que le niveau des exigences à propos du travail soit adéquat et que le contrôle de l'employé sur ses conditions de travail (quantité, délais, moyens et formations) soit adapté ;

— instaurer un climat d'équité qui respecte l'investissement de l'employé.

Les fortes exigences imposées par l'employeur, le faible contrôle de l'employé sur son travail et les efforts au terme desquels aucune reconnaissance ne fait suite sont perçus comme injustes et sont interprétés comme un manque de respect. Le sentiment d'injustice nourrit le stress en introduisant un sentiment d'incohérence dans la vie professionnelle.

• Dans certains pays, la notion d'équité de l'employeur à l'égard de l'employé tend à être prise de plus en plus au sérieux.

En effet, en cas de litige, il arrive que certains tribunaux rappellent à l'employeur l'obligation d'agir en respectant les principes d'équité. C'est notamment le cas au Canada, où des employés intentent des actions en justice lorsque leur sont imposées des conditions de travail de type « fortes exigences de l'employeur et faible contrôle sur le travail » ou « grands efforts à fournir et faibles récompenses ». Certains tribunaux statuent en insistant sur le rôle important du travail pour le maintien du sens de l'identité du salarié, du niveau de l'estime qu'il se porte et de son « mieux-être » émotionnel[95].

• Mon expérience, en tant que psychiatre consultant, m'amène à constater que bon nombre d'employés sont diagnostiqués comme souffrant de dépressions alors que les plaintes renvoyaient initialement à un état de burn out – lequel, s'il avait été détecté suffisamment tôt, n'aurait pas poussé le patient vers la dépression chronique.

Voici quelques idées de mesures à prendre le cas échéant :

— informer les instances médicales et les pouvoirs de décision au sein de l'entreprise et des organisations de la réalité du burn out ;

— associer les instances médicales et les directions d'entreprise dans la prise en charge afin qu'elles deviennent elles-mêmes des relais, et favorisent la déculpabilisation auprès de leurs patients et collaborateurs ;

— prendre les mesures adéquates pour détecter les conditions à risque (ex. harcèlement) et renforcer l'information sur l'existence de traitements et mesures préventives spécifiques ;

— répondre aux besoins de base de l'employé ;

— recréer la solidarité et une culture fondées sur le respect, la bienveillance, la tolérance et la générosité en collaboration avec les responsables des équipes (responsables des ressources humaines, cadres, médecins d'assurances, de Sécurité sociale). Les victimes du burn out ont « dépensé » sans compter : ce qui constitue le lot de souffrances pour mon collègue aujourd'hui pourrait bien être le mien demain ;

— sensibiliser les victimes au fait que leur état a des répercussions sur la santé morale, psychologique et physique de leur entourage ;

— évaluer les coûts causés par le burn out que la société (et les organisations) supporte sans le savoir. L'investissement qui résulte de l'installation de programmes de prévention réguliers et de suivis personnalisés coûte en effet moins cher à la communauté que l'absentéisme, le présentéisme ou les maladies psychosomatiques ;

— on ne pourrait qu'encourager les initiatives de formation et d'information sur le sujet auprès des médecins mandatés par les compagnies mutuellistes, les organes de contrôle, et ceux travaillant dans le secteur de la médecine du travail[96].

15

Le coût du stress et du burn out, en France et ailleurs

Il existe peu de données se focalisant uniquement sur le coût du burn out. Celui-ci est absorbé indistinctement dans la masse des analyses qui concernent le stress et /ou la dépression en général.

Du fait d'une absence de méthodologie de recherche uniforme appliquée dans les différentes enquêtes, il est difficile de comparer valablement les chiffres d'un pays à l'autre. Néanmoins, les résultats restent intéressants.

Le coût du stress en Europe

L'estimation des quinze États membres de la communauté évaluait le coût lié au stress à 20 milliards d'euros par an, soit 10 % du montant de l'enveloppe globale allouée à l'ensemble des soins de santé. Le stress était responsable de 50 à 60 % des journées de travail perdu[97].

3 à 4 % du produit national brut européen était alloué aux dépenses en santé mentale.

Le coût du stress en France

En 2000, 220 500 à 335 000 personnes (1 à 1,4 %) ont été touchées par une maladie (cardiovasculaire, musculo-squelettale, dépression) consécutive au stress professionnel.

Suivant les méthodes de calcul, le coût social s'élève à une somme comprise entre 830 et 1 656 millions d'euros, soit 10 à 20 % des dépenses de la branche accident de travail et maladies professionnelles de la Sécurité sociale[98].

Le coût du stress en Grande-Bretagne

En 2003, le Service national de la santé en Grande-Bretagne estime que le stress est tenu pour responsable de 40 % des jours d'absence, soit l'équivalent de 12 millions de journées sur un total de 30 millions, toutes autres raisons confondues.

La facture annuelle atteint le chiffre astronomique de 3,7 milliards de livres sterling[99].

Le coût du stress en Suisse

Le coût du stress d'origine professionnel est évalué à 16 milliards d'euros en 2000[100].

Le coût du stress dans les pays d'Europe du Nord

Les maladies cardio-vasculaires, conséquences du stress lié à des exigences importantes couplées à une faible autonomie rencontrée dans les conditions de travail, coûtent 177 millions d'euros à la Suède en 1992 et 125 millions au Danemark (soit 4 % du coût lié aux maladies et accidents professionnels).

En 2000, les chercheurs estiment que les coûts occasionnés par l'effet cumulé des maladies de longue durée et la perte de production liée au stress se sont élevés en Suède à un montant de 89 milliards de couronnes, soit l'équivalent de 9,7 milliards d'euros.

La même année, le département du commerce réajuste ce montant pour l'évaluer à une perte annuelle équivalant à 120 milliards de couronnes (13 milliards d'euros)[101].

En Finlande, plus de la moitié de la population présente des signes cliniques consécutifs au stress. 7 % de la population souffre de surmenage grave avec des manifestations de cynisme, d'épuisement, qui sont autant de répercussions entamant l'aptitude au travail. Les troubles mentaux sont responsables de la majorité des pensions d'invalidité. Cette situation est le résultat d'une onde de choc dont l'origine remonte au début des années 1990 et qui a provoqué la montée du chômage, la précarisation, l'instauration des contrats à courte durée avec des répercussions évidentes sur l'état de santé de la population. Les maladies cardiovasculaires dues au stress (constitué par la conjonction de fortes exigences et de faible autonomie au travail) représentent 4 % du coût des accidents du travail et des maladies professionnelles[102].

Le coût du stress en Pologne

Le passage d'une économie d'état à une économie capitaliste et libérale change les conditions de travail et fragilise la santé des travailleurs. Le nombre de dépressions flambe conjointement à la montée de la précarité de l'emploi, du chômage, et à la baisse du niveau de vie[103].

Le coût du stress en Allemagne

Le stress fait des ravages, suite à l'introduction de nouvelles technologies qui ont entraîné une précarité de l'emploi, une augmentation du chômage et de la pression exercée sur le travailleur (accélération des rythmes, contraintes de temps, nouveaux standards de qualité).

En revanche, cette évolution aurait permis la réduction de la monotonie et la prise en considération de l'avis des employés dans les processus de décision.

Les maladies dépressives sont responsables de 7 % des départs anticipés à la retraite.

Cinq milliards de deutsche Mark, tel est le montant annuel lié à la perte de production due aux arrêts de travail causés par les maladies mentales[104].

Le coût du stress au Canada

Le stress et les problèmes de santé mentale représentent 40 % des demandes d'invalidité au long terme.

35 millions de journées sont perdues par an pour les mêmes raisons.

Le stress est responsable de 40 % du renouvellement du personnel.

Les absences liées aux maladies mentales (dont le stress) ont coûté 16 milliards de dollars en 2002-2003 aux entreprises canadiennes.

En 2006, le coût devrait avoisiner les 33 milliards de dollars en y incluant le présentéisme[105].

Le coût du stress aux États-Unis

En 2000, le Bureau international du travail évalue le coût du stress à 200 milliards de dollars par an, soit le montant équivalant à la totalité des bénéfices des 500 sociétés les plus performantes.

Les causes sont l'absentéisme, les pertes de productivité, les indemnités de l'assurance santé et les frais médicaux directs.

Plus de 10 % de la population adulte en âge de travailler souffre de dépression chaque année, ce qui correspond à une perte annuelle d'environ 200 millions de journées de travail par an[106].

Autres coûts

L'absentéisme coûte 50 milliards de dollars par an aux entreprises américaines.

Le coût du présentéisme, ou « burn in », est supérieur à celui de l'absentéisme aux États-Unis et est évalué à 150 billions de dollars en perte de productivité annuelle.

La perte de productivité liée à la dépression au cours du présentéisme est évaluée à 35 billions de dollars. Les douleurs (dorsalgies, céphalées, arthrite) sont responsables d'un manque à gagner de 47 billions de dollars. *In fine*, ces personnes coûtent à leur entreprise trois fois plus que si elles étaient restées chez elles[107] !

Troisième partie
GUÉRIR ET PRÉVENIR

Générer de la compassion, cela signifie tout d'abord reconnaître que l'on refuse de souffrir et que l'on a droit au bonheur. Chacun peut le vérifier dans son expérience personnelle. Ensuite on reconnaît que les autres, eux non plus, ne souhaitent pas souffrir et qu'ils ont, eux aussi, droit au bonheur.

Sa Sainteté le dalaï-lama et Howard Cutler[108]

1

Guérir

Suis-je en burn out ?

Dr Marie-Christine Soula et Dr Françoise Coudurier[109]

— Quels conseils pourriez-vous donner aux gens qui souffrent de burn out ?
— Sortir de l'isolement, consulter, ne pas avoir peur d'en parler à ses proches, à ses collègues, prendre conscience que ce n'est pas honteux. Plus vite on réagit, plus vite on peut surmonter le burn out. Il faut réagir dès les premiers signes. Par exemple quand la famille fait des remarques, qu'on ne supporte plus son environnement familial, quand on s'isole, qu'on se coupe. C'est le cas de cette jeune femme, cadre de banque, qui avait besoin de sommeil pour récupérer et être à fond dans son travail. Un matin ses enfants sont venus la réveiller un quart d'heure avant que son réveil ne sonne pour jouer et l'embrasser et elle a piqué une crise, hurlant à ses enfants de la laisser dormir. Son mari a réagi et elle s'est rendu compte qu'elle avait dépassé la limite. Elle a pris conscience.
La famille est une composante capitale dans le burn out ; elle peut aider à la prise de conscience du salarié. Il n'y a pas de recette miracle. Mais les conjoints peuvent jouer un rôle d'alerte pour que l'autre n'investisse pas uniquement le champ professionnel, en termes d'équilibre de temps consacré au travail et à la famille.

La liste des questions qui suivent passent en revue les symptômes majeurs qui, d'après la littérature, composent le burn out. Ce questionnaire donne juste une idée de la situation et ne fournit pas de diagnostic. Pour confirmer la présence d'un éventuel burn out, mieux vaut en parler avec son médecin qui lancera les investigations nécessaires.

Échelle d'épuisement professionnel

	Épuisement émotionnel et physique	
1	Je me plains d'une fatigue quasi permanente, je me « traîne ».	
2	Je suis fatigué(e) à un point tel qu'une nuit de sommeil ne me permet plus de récupérer physiquement ni moralement.	
3	J'ai perdu mon efficacité au travail. Plus j'en fais, moins j'ai l'impression d'être efficace.	
4	J'ai perdu confiance en moi.	
5	Je développe des symptômes physiques alors que jusqu'à présent j'étais en excellente santé (douleurs, essoufflement, etc.).	
6	Ma fatigue disparaît dès que je suis en vacances et réapparaît dès que je recommence à travailler.	
7	J'ai moins de désirs sexuels.	
8	Je suis continuellement débordé(e) par les événements.	
9	Je suis tellement épuisé(e) que mourir, en finir ou m'endormir pour toujours serait une solution.	
10	À la maison, je reste des heures assis(e) dans un fauteuil, comme « assommé(e) », sans énergie, ni réaction.	
	Sous-total	**/10**

	La perte d'intérêt professionnel	
11	J'ai perdu l'envie de travailler.	
12	J'appréhende une nouvelle journée de travail.	
13	J'ai l'impression de ne plus être à ma place au travail.	
14	J'éprouve de la résignation par rapport à mon travail. Ce que je fais n'est de toute façon d'aucune utilité.	
15	J'ai l'impression que mon avenir professionnel est bouché. Je me trouve dans un tunnel sans perspective d'avenir.	

16	Quoique je reconnaisse que le métier en soi est beau ou/et intéressant, je n'éprouve plus d'enthousiasme à le faire.	
17	L'intérêt pour mon travail a disparu, je me rends au travail avec « des pieds de plomb ».	
18	Je me sens piégé(e) dans la profession.	
19	Mon travail n'a plus de sens (à quoi bon ?).	
20	Je suis habité(e) par un conflit intérieur. Je me sens en désaccord avec ce que je fais, ce que les conditions de travail me demandent de faire. Il y a conflit entre mes valeurs, mon idéal et les conditions dans lesquelles j'exerce le métier.	
	Sous-total	**/10**

	Déshumanisation et cynisme	
21	Je perds calme et patience à l'égard de mes collègues, clients, patients. Leurs soucis, préoccupations, plaintes ou souffrances me laissent de plus en plus insensible.	
22	Mes collègues, clients ou patients m'irritent : j'éprouve de la rancœur et même une certaine forme d'hostilité à leur égard.	
23	Je deviens insensible vis-à-vis de mon entourage et à ce qui peut arriver autour de moi. L'avenir et les intérêts de la société, de l'entreprise m'indiffèrent.	
24	Je perds le sens de l'humour. Je deviens insensible à l'humour. Je deviens susceptible, je « prends la mouche ».	
25	Je ne parviens plus à garder de distance vis-à-vis des problèmes : j'ai l'impression que les collègues, clients, patients me tiennent pour responsable de leurs problèmes et de leurs difficultés.	
26	J'ai tendance à me dire que personne ne comprendra ma situation. Je me replie et me réfugie dans le silence.	
27	Toute réflexion, remarque venant de mes clients, patients, collègues, ou de la hiérarchie m'irrite et m'est insupportable. Je suis en conflit depuis peu avec mes collègues et la hiérarchie. J'accumule les plaintes et doléances de mes clients, patients, collaborateurs. Certains menacent de déposer plainte ou l'ont déjà fait.	
28	Je réponds par du sarcasme ou par l'ironie aux demandes, plaintes et doléances de mes collaborateurs, supérieurs, clients, patients, etc. Alors que j'étais la personne la plus généreuse, j'ai la sensation d'avoir « un cœur de pierre ».	

29	Mon entourage me dit que mon caractère change.	
30	J'éprouve de la méfiance à l'égard de l'entourage, je soupçonne les collègues de manigancer, de prendre parti contre moi, d'être contre moi. J'ai comme le sentiment qu'« ils le font tous exprès ».	
	Sous-total	**/10**

	Changements de comportement	
31	J'ai tendance à changer mes habitudes alimentaires et consomme plus de barres chocolatées, de « chips », etc.	
32	Je passe de plus en plus de temps devant la télévision, en face de mon ordinateur à surfer sur internet ou à jouer à des jeux vidéo, etc.	
33	J'ai tendance à faire des achats compulsifs.	
34	J'ai augmenté ma consommation de tranquillisants.	
35	Je change mes habitudes de consommation d'alcool (augmenter les doses, prendre des alcools forts, attendre avec impatience le soir pour prendre un apéro : mon entourage me fait quelques remarques à ce propos).	
36	Je « ne suis plus moi-même », je ne me reconnais plus à travers mon comportement.	
37	Je me plains de plus en plus de mon travail, je me sens victime, je me considère comme incompris(e), la rémunération ne correspond pas au niveau de ma qualification et de ma contribution à l'entreprise, la profession est dévalorisée, je suis mal considéré(e), etc.	
38	Je me sens aigri(e).	
39	Je perds le contrôle de mes émotions. Je pique des crises de colère ou de larmes au travail, j'explose, je passe ma colère sur des objets, je casse, etc.	
40	J'évite le contact, je m'isole. J'« oublie » de participer aux réunions, je décline les invitations d'ordre professionnel et privé.	
	Sous-total	**/10**
	Total	**/40**

Il y a une menace d'épuisement, si vous avez répondu « oui » à la plupart des questions suivantes :
Fatigue émotionnelle et physique : 1, 2, 3 ;
perte d'intérêt : 17,19, 20 ;
déshumanisation et cynisme : 21, 23, 25, 28 ;
comportement : 32, 37, 38, 39, 40.

À propos de la fatigue

La fatigue physique est une réponse normale de l'organisme à l'effort, et un organisme en bonne santé récupère en quelques nuits.

Elle devient suspecte si elle s'installe malgré la prise de repos.

Bien qu'elle fasse partie des symptômes cardinaux du burn out, la fatigue peut avoir de multiples origines et être notamment majorée par la présence de problèmes de santé évoluant à bas bruit (maladies cardiovasculaires, hépatiques, etc.).

La fatigue psychologique, quant à elle, survient au cours d'une exposition à des circonstances de vie particulièrement stressantes. À la longue, cette confrontation peut éroder l'équilibre de l'individu et faire le nid de la dépression.

Enfin, un usage inapproprié de certains médicaments, des carences vitaminiques, un abus d'alcool peuvent également entraîner un épuisement.

Il est donc important de s'assurer de poser un diagnostic correct portant sur d'autres causes avant de conclure que la fatigue fait partie du burn out.

Enfin, il existe également des consultations spécialisées dans le diagnostic et le traitement de la douleur chronique, de la fibromyalgie et du syndrome de fatigue chronique[110].

À propos du sommeil

Bien dormir est essentiel pour l'organisme. Au cours du sommeil, l'organisme se refait une santé : le système immunitaire se renforce, la mémoire s'organise, les cycles hormonaux et le métabolisme se régulent. Un sommeil chroniquement perturbé influence le caractère et fragilise l'individu confronté aux conditions qui favorisent le burn out.

Le domaine des troubles du sommeil est devenu une discipline médicale à part entière et regroupe, à tout le moins, une vingtaine de pathologies différentes.

Une consultation chez un spécialiste du sommeil sera donc indiquée lorsque :

— la détérioration de votre sommeil se prolonge ;

— l'origine du trouble n'est pas diagnostiquée ;

— les traitements classiques par sédatifs, hypnotiques ou antidépresseurs sont inefficaces au bout de quelques semaines ;

— vos problèmes de sommeil ont des répercussions évidentes sur votre fonctionnement durant la journée.

Une analyse de l'enregistrement du sommeil permet d'identifier des problèmes qui ne peuvent être diagnostiqués par le simple interrogatoire, comme par exemple :

— les apnées nocturnes et autres problèmes respiratoires ;

— les secousses musculaires nocturnes (myoclonies et le syndrome des jambes sans repos) ;

— la répercussion des douleurs nocturnes sur la qualité du repos ;

— la présence d'un problème dépressif ou anxieux masqué avec des effets sous-évalués sur la continuité du sommeil ;

— la rupture du cycle de veille/sommeil (le patient s'endort de plus en plus tard et s'éveille très tard dans la journée).

Tableau non exhaustif de quelques causes principales de fatigue chronique[111]

Causes de fatigue	Origine	Symptômes	Traitement
Anémie ferriprive	Carence en fer. Le diagnostic consistera à identifier la raison de la perte de fer (perte de sang, déséquilibre alimentaire, etc.).	Fragilité des ongles, perte de cheveux ; difficulté de mémoire, résistance diminuée aux infections, essoufflement, palpitations, malaises, etc.	Suppléments en fer. Aliments riche en fer : foie de veau, foie de poulet, viande, céréales, pâtes, fruits secs, huîtres, légumes secs et verts.

Hypothyroïdie	Ralentissement d'activité de la glande thyroïdienne.	Constipation, sensation d'un ralentissement, tendance à la somnolence, frilosité, peau sèche, pâleur, troubles de la mémoire, dépression, prise de poids, impression que les cols de chemise (ou colliers) ont rétréci autour du cou, signe de la queue du sourcil (les extrémités des sourcils disparaissent), les cheveux et les ongles cassent, baisse de libido.	Supplément d'hormones thyroïdiennes.
Variations de la tension artérielle	Hausses ou baisses de tension.	Effet secondaire suite à la prise de médicament. Hypertension causée par le stress, d'origine inconnue, problème cardiaque, etc. Hypotension suite à l'épuisement, etc.	Le traitement est fonction de la cause diagnostiquée.
Fatigue due à une perturbation du sommeil	Apnée (arrêts respiratoires durant le sommeil), mouvements des jambes durant le sommeil, tabac, ronflements.	Le diagnostic peut se faire lors de l'interrogatoire du patient. Il est confirmé par un enregistrement du sommeil dans des centres spécialisés.	Le traitement est fonction de la cause diagnostiquée.

Substances altérant la qualité du sommeil, hygiène de vie.	Alcool, tranquillisants, certains antidépresseurs, etc. Exercice violent en soirée. Café, drogues. Repas conséquent en soirée.		Arrêt de la consommation d'alcool, reconsidérer le choix des médications, pas d'exercice intensif en soirée, etc.
Fatigue intellectuelle	Stress chronique.	Ruminations anxieuses, insomnies d'abord en début de nuit, se propageant à la nuit entière, irritabilité.	Hygiène de vie. Activité physique quotidienne (mais pas d'exercice violent le soir). Sophrologie.
La fatigue chronique	Cause fondamentale inconnue. Hypothèse : une inflammation du système nerveux impliquant le système immunitaire/ immunologique. Plus fréquent chez les femmes. Peut suivre une infection virale ou un stress intense. Peut durer des années.	Le syndrome de fatigue chronique se fait après exclusion de tous les autres problèmes qui provoquent de la fatigue. Perte de concentration/ mémoire, ganglions douloureux dans le cou et creux axillaires. Douleurs articulaires variables. Céphalées, troubles du sommeil, douleurs abdominales, diarrhées, vertiges, dépression, irritabilité, anxiété, etc.	Se prendre en mains. Combinaison d'antidouleur, antidépresseurs, myorelaxants. Psychologie comportementale pour gérer la situation et le stress. Relaxation, sophrologie. Hygiène de vie. Il existe dans la plupart des pays des associations de patients qui délivrent soutien, information et conseils.

La fibromyalgie	Problème douloureux, diffus, chronique. Proportion : trois femmes pour un homme. Âge : entre 25 et 50 ans. Origine : inconnue. La maladie n'est pas d'origine psychiatrique et ne met pas la vie en danger.	Douleurs diffuses sur les deux hémicorps depuis plus de trois mois. Douleurs spécifiques à la pression de dix-huit points répartis sur tout le corps.	Activité physique. Analgésiques, antidépresseurs, acupuncture, relaxation, sophrologie, etc. Associations de patients.

Qui consulter ?

Le médecin de famille

Choisissez des personnes de confiance qui soient sensibles aux problèmes de fatigue et qui prennent les malaises et maladies psychosomatiques au sérieux.

• **Qu'attendre d'une consultation chez le médecin de famille ?**

— *Un bilan de santé.* Il est indispensable afin d'exclure la présence d'un problème de santé « physique », avant de décider que les plaintes (fatigue, troubles gastro-intestinaux, palpitations, etc.) sont des symptômes exclusivement de nature psychologique.

Ce bilan de santé devrait au minimum comprendre, en fonction des plaintes, de l'âge, des risques et des cas particuliers, un examen clinique complet avec auscultation, une analyse de sang et d'urine complète, un électrocardiogramme au repos et à l'effort, un examen de détection de cancer (prostate chez l'homme et gynécologique chez la femme).

En fonction de la gravité et de la complexité de chaque situation individuelle, une interruption momentanée de travail peut être indispensable, voire urgente.

Il faut noter que, même à deux doigts du gouffre, la « victime » renâcle souvent à accepter le verdict médical et hésite à interrompre son activité professionnelle, par manque de recul ou par excès de scrupules.

Elle continue à se blâmer, culpabilise et exprime une inquiétude (parfois justifiée, mais pas toujours) de perdre son emploi.

Or il faut se rappeler combien certaines situations sont devenues dangereuses pour l'équilibre de la santé, tant la personne a « forcé » sur ses capacités de résistance.

Cette notion d'hyperresponsabilité et d'honnëteté est parfois malheureusement mise en doute par les instances (médicales) de contrôle qui soupçonnent le patient de « carotter », replongeant celui-ci dans les affres du désarroi et des scrupules.

Or, dans certaines circonstances, maintenir une personne au travail serait comme arracher chaque jour un pansement qui protège une blessure. Remise à vif, la plaie ne peut cicatriser et elle risque de s'infecter, exposant l'organisme à une possiblité de gangrène généralisée.

- **Que faire une fois rentré à la maison ?**

De retour de la consultation, les documents justifiant l'arrêt de travail en poche, astreignez-vous à fermer votre ordinateur et interdisez-vous tout accès à votre boîte à lettres électronique.

Condamnez votre téléphone portable et déviez les appels vers les collègues.

Ne remettez pas les pieds au bureau pendant la durée de votre absence.

Ne répondez pas aux questions du genre : « Quand comptes-tu revenir ? » La décision dépend uniquement de votre médecin.

Vous n'avez pas à vous justifier.

- **Quelle attitude en face de l'employeur et des collègues ?**

Restez discret auprès de vos collègues. S'il est facile de déclencher les rumeurs, il est difficile de les arrêter. Faites passer la consigne auprès de vos proches.

Un diagnostic médical reste confidentiel et ne peut être communiqué qu'entre médecins et ne peut pas se retrouver dans les mains d'un employeur. Soyez vigilant, d'autant plus si vous vous trouvez en face de contextes abusifs, harcelants ou manipulateurs.

Si vous êtes appelé par les organismes médicaux de contrôle, gardez votre calme et munissez-vous des rapports circonstanciés des médecins et spécialistes que vous aurez consultés. Gardez-en une copie ou demandez à votre médecin traitant de constituer un dossier.

Ne paniquez pas si le médecin contrôleur se permet de poser un jugement de valeur sur la validité du diagnostic. Certains agissent de la sorte par ignorance, irritation ou cynisme. (Certains peuvent être d'ailleurs en burn out). En cas de désaccord, invitez (poliment) le médecin contrôleur à prendre contact avec ses confrères qui vous soignent.

Psychiatre et psychothérapeute

Le psychiatre est médecin et peut prescrire des médicaments.

Il est supposé être en mesure de détecter la présence de problèmes physiques ou de maladies à partir des plaintes psychologiques qui peuvent « mimer » des problèmes de nature physique.

C'est par exemple le cas de la fatigue en tant que symptôme, qui peut être à la fois causée par une dépression, un dysfonctionnement de la glande thyroïde ou une anémie.

Le psychiatre peut vous suggérer de consulter les spécialistes appropriés si les symptômes que vous présentez évoquent la présence d'un autre problème de santé.

Certains psychiatres, par contre, sont uniquement intéressés par la pratique de la psychothérapie et ne prennent pas en charge la gestion médicale des plaintes physiques.

N'hésitez pas à questionner le médecin que vous consultez à propos de son type de pratique avant de vous engager.

Le psychologue est titulaire d'un diplôme universitaire.

Durant ses études, il a appris le fonctionnement du psychisme humain. Il est capable d'utiliser des tests de personnalité pour évaluer les capacités intellectuelles, psychoaffectives des individus. Le diplôme de psychologie ne prépare pas automatiquement à exercer le métier de psychothérapeute. Le psychologue n'est pas médecin et ne peut pas prescrire de médicaments.

Le psychothérapeute n'est pas nécessairement médecin. La psychothérapie est indépendante de la psychiatrie et de la psychologie.

Dans les pays où le titre de psychothérapeute n'est pas protégé et où n'importe qui peut s'installer comme psychothérapeute, il est essentiel de questionner celui que vous consultez avant de vous engager dans un processus de thérapie.

Les psychothérapeutes ont souvent une formation de base de psychologue, de médecin ou de psychiatre. Ils ont appris la spécialité en suivant une formation spécifique qui dure généralement plusieurs années.

Cette formation comprend une psychothérapie personnelle et des supervisions régulières par des aînés ou des pairs. Lorsque le psychothérapeute n'est pas médecin, il ne peut pas faire de diagnostic médical ni prescrire de médicaments.

Parmi les courants de psychothérapie les plus importants, nous citerons la psychanalyse, l'analyse transactionnelle, la thérapie comportementale et cognitive, la bioénergie, la Gestalt thérapie, la psychothérapie rogerienne et l'approche systémique.

	Formation médicale	**Formation de psycho-thérapeute**	**Prescription de medicaments**	**Habilité à faire un diagnostic médical**
Psychiatre	Toujours	Parfois	Oui	Oui
Psychologue	Parfois	Non	Non, à moins d'être médecin.	Non, sauf s'il est aussi médecin. Poser la question.
Psycho-thérapeute	Parfois	Oui	Non, à moins d'être médecin.	Non, à moins d'être médecin.
Psychana-lyste	Parfois	Oui	Généralement non.	Poser la question.

La sophrologie, un apprentissage du bien-être

La sophrologie est une méthode de relaxation au cours de laquelle le sujet apprend à se placer dans un état privilégié entre veille et sommeil. Elle permet d'apprendre à gérer les états de tension responsables, d'une part, de manifestations psychologiques et intellectuelles (ruminations anxieuses) ou physiques (tensions musculaires, douleurs) et les réactions d'agressivité et d'irritabilité à l'encontre de l'entourage, d'autre part.

La sophrologie peut aider à gérer les angoisses, l'anxiété, les manifestations psychosomatiques liées au stress et certains troubles du sommeil qui en sont la conséquence. Dans certains cas, la méthode peut renforcer tant la mémoire et la concentration que la disponibilité d'esprit.

Dr Jacques Bensimon, psychiatre,
chef de service au centre hospitalier de Saint-Denis.
Interview du 24 novembre 2005[112]

« Les patients craquent complètement, explosent, se rendent compte que leur vie n'a plus de sens et sont dans une impasse au sens large du terme, professionnelle, personnelle, etc. Ils perçoivent qu'ils doivent changer de vie. Il faut qu'ils comprennent ce qui leur arrive. Ils n'ont plus de système de repère, ils disent souvent : "Tout fiche le camp." Ils dénoncent une souffrance dans tous les domaines de leur vie, où tout est en train de s'écrouler. En général ils viennent nous voir pour leur souffrance, qu'elle soit physique ou morale. Ce sont les symptômes prévalents. Ils ne peuvent plus continuer. Ils n'avancent plus, ils n'arrivent plus à mettre un pied devant l'autre. Ils ne font plus face à leurs obligations professionnelles, familiales, parentales, sociales, etc.

« Petit à petit, par l'écoute, nous arrivons à dénouer un certain nombre de fils. En tant que psychiatre, j'essaye de comprendre la souffrance et de la soigner.

« C'est souvent un système de vie dans lequel ils se sont embarqués malgré eux qui est en cause. Les choix de vie n'ont pas toujours été l'objet d'une réflexion, les événements se sont enchaînés malgré eux, tant sur le plan professionnel que personnel. Ils sont allés de l'avant sans arrêt, sans temps de réflexion jusqu'au moment où leur vie devient insupportable. À ce stade, il y a un trop grand décalage entre ce qu'ils vivent et ce qu'ils sont. Et cela finit par "exploser" tout est remis en question, sans discernement. Et souvent ces moments d'écroulement, de souffrance leur permettent de prendre du recul, de réfléchir, de faire le point, de comprendre comment ils ont fonctionné. Ils s'interrogent alors sur ce qu'ils veulent faire réellement de leur vie et éventuellement s'il y a des choses à changer et des bouleversements à faire.

« Il m'arrive de voir des personnes avec de grandes douleurs physiques qui me sont envoyées par des rhumatologues et qui ne s'en sortent pas sur le plan strictement organique et physique. Les cas les plus typiques sont les polyalgies diverses, les fibromyalgies (Spid). Sur le plan diagnostic, les médecins n'arrivent pas à trouver exactement ce qu'ils ont, il n'y a pas de substratum organique. Mais, sur le plan physique, il y a une authentique douleur, lancinante et continuelle.

L'autre cas classique, c'est le surmenage, l'épuisement professionnel, la dépression d'épuisement ; c'est dans ce contexte que nous sommes amenés à les rencontrer. L'énergie dépensée est trop grande par rapport aux ressources du sujet. Il y a un surinvestissement professionnel fréquemment rencontré. C'est une forme de fuite, qui n'exclut pas une réussite. Pour la société professionnelle, civile, ce sont des gens qui réussissent. Ils sacrifient souvent beaucoup de choses à leur vie professionnelle et, tout à coup, ils s'écroulent. À un moment donné, il n'y a plus de retour, de gratification, de satisfaction, de plaisir. Ils se sont emballés dans leur vie et ne peuvent plus faire autrement. Mais il n'y a plus le ressort qui les pousse à agir selon leur seule volonté. Il n'y a plus de plaisir, de motivation. La réussite financière n'est pas suffisante pour pouvoir tout accepter. Il y a discordance entre ce qu'est l'être et ce qu'il fait.

« En général nous observons soit une dépression, soit un épuisement, soit des tableaux mixtes, avec des douleurs et des retentissements psychologiques importants. Les souffrances physiques au long cours ont toujours un retentissement sur le plan psychologique. Les patients n'ont pas toujours la conscience de souffrir pendant des années. Ils ont l'impression que leur vie leur convient et que, tout à coup, ils n'arrivent plus à fonctionner et qu'ils s'écroulent. C'est parfois assez brutal. Ce sont souvent des battants et il n'y a pas toujours de signes avant-coureurs. Un matin, ils n'arrivent pas à mettre un pied devant l'autre, et c'est la première fois que ça leur arrive. Ils ne comprennent pas, eux qui sont si forts et qui ont fait tant de choses dans leur vie.

« À partir de là il faut en moyenne entre six mois et deux ans pour se rétablir au moyen d'un accompagnement psychothérapique, et d'une réflexion de fond. Ces patients qui étaient souvent réticents à la psychothérapie acceptent et sont partie prenante d'une telle démarche.

« Pour ces gens qui travaillent beaucoup, qui surinvestissent leur vie professionnelle, qui négligent parfois leur vie personnelle, il y a souvent un épuisement physique et moral qui fait le lit de l'état dépressif. Un des éléments sémiologiques de cet état dépressif est une psychasthénie longue – tout à fait différente de l'état dépressif réactionnel classique dans lequel, relativement rapidement, le patient retrouve de l'énergie. C'est alors beaucoup plus long.

« L'organisme s'apparente à une batterie extrêmement sollicitée, qui a donné toute son électricité. On a du mal à repartir. Les gens, souvent très actifs, voire hyperactifs, ne comprennent pas comment, du jour au lendemain, un rien les épuise.
« Dans une dépression réactionnelle classique, l'asthénie ne va pas durer des mois.
« C'est aussi ce qui parfois décourage les patients. Le traitement de ce type de trouble n'est pas simple. Le patient a l'impression que c'est long, qu'il ne va jamais arriver à sortir du tunnel ; il se décourage parfois, même s'il y a une évolution positive. Celle-ci n'est parfois perçue que par le soignant.
« Lorsqu'ils vont mieux, les patients sont comme après un grave accident de voiture ou un coma. Ils ne vivent plus leur vie de la même manière. Il n'y a jamais retour à l'identique. Il y a des habitudes qui bougent et ils font les choses autrement. Certains vont modifier leur vie professionnelle, l'orienter différemment. D'autres se trouvent des centres d'intérêts divers et n'axent plus toute leur vie sur le professionnel. Il n'y a pas une résolution unique. Mais il y a toujours quelque chose qui change. Les gens font un peu plus attention à eux, prennent plus de temps pour leur vie personnelle et affective. Certains vont écrire, peindre, faire du sport, ou tout autre chose. Ils vont être capables de s'investir autrement, dans des activités qui leur sont essentielles et qui correspondent à leur moi intérieur profond. Les gens « explosent » parce que, à un moment donné, il y a une discordance trop grande entre leur âme, ce qu'ils sont profondément, et ce qu'ils sont devenus dans la vie.
« Beaucoup de gens trouvent spontanément un équilibre dans leur vie et assument celle-ci. Certains vont déclarer un burn out car ils sont face à un point de rupture dans leur vie, l'équilibre est rompu. La frustration existe chez tout le monde. Certains arrivent à la moduler et à la gérer.
« Moins on trouve son équilibre dans sa vie, plus on fonce dans le projet professionnel. C'est ceux-là que je vois en consultation. Le surinvestissement professionnel arrive généralement avec son corollaire, le désinvestissement sur le plan personnel. Cela va souvent ensemble. Quand nous les voyons, tout a explosé. Rien ne va plus ni au travail, ni dans leur couple, ni avec les enfants. La conjonction peut conduire à l'explosion.
« Le burn out survient lorsque les gens sont dans un mode de fonctionnement qui ne leur convient pas. Ils n'arrivent pas à changer. Il y a la force de l'habitude, l'orgueil, ils sont pris dans des obligations. Ils ne se posent souvent même pas la question du sens de leur vie. C'est parce qu'ils s'écroulent qu'ils pourront se demander pourquoi, comment ils en sont arrivés là. Le corps agit comme une sonnette d'alarme, comme un détecteur de fumée d'incendie. Et, à

ce moment là, on peut travailler avec eux sur "comment ne pas être dans la répétition".
« Suite à un burn out, un de mes patients vient de sortir un disque. Il a trouvé une voie qui lui convenait. Il a pris conscience qu'il pouvait le faire, il a osé le faire.
« On peut sortir grandi d'un burn out. »

Les consultations spécialisées dans la souffrance au travail

En France, il existe des unités Souffrance au travail dans certains services de pathologies professionnelles des hôpitaux (voir en annexe V).

Les consultations des Drs Marie-Christine Soula et Marie-Françoise Coudurier à l'unité Souffrance au Travail de l'hôpital Raymond-Poincaré à Garches se déroulent de la manière suivante :

« On fait exprimer à la personne sa relation au travail, son histoire dans le travail, dans son entreprise et par rapport à son métier. Et là on essaye de lui faire dire ce qui s'est passé dans l'entreprise. Puis on lui fait raconter son histoire personnelle, quels sont les événements de santé et de maladie qui lui sont arrivés. Nous juxtaposons les trajets, ce qui nous permet de décrypter les choses différemment et d'ouvrir d'autres perspectives, d'autres niveaux thérapeutiques.
« Cela génère énormément d'arrêts de travail. La première chose c'est qu'il faut que les gens acceptent d'admettre que c'est le travail qui les rend malades. Il faut qu'ils fassent une coupure en arrêt maladie. C'est nous qui le demandons. Ça leur permet de prendre du recul. Quand on arrive à mettre des mots sur les maux, on arrive à leur montrer que ce n'est pas leur faute. Il y a une grande culpabilité sous-jacente. Il faut qu'ils retrouvent un rythme de sommeil, prennent du recul et arrêtent de s'enfoncer. Le burn out est un mot qui parle bien. À partir de là ils peuvent enclencher autre chose. Quand nous voyons les patients, c'est une urgence médicale.
« En moyenne, les arrêts de travail durent. On ne se pose pas de question. Pour envisager le retour, il faut que la santé soit améliorée et que le retour soit réalisé dans des conditions acceptables. Si ces conditions ne sont pas réunies, cela peut durer un ou deux ans, voire indéfiniment. Nous avons même des personnes qui viennent nous voir après deux ou trois ans d'arrêt, ou des gens au chômage

qui n'arrivent pas à redémarrer. Certaines personnes sont terrorisées à l'idée de reprendre le travail. Plus l'arrêt est long – et ça va très, très vite, au bout de deux à trois mois on est déconnecté de l'univers professionnel –, plus la reprise est difficile. Elles doutent alors de leurs capacités et compétences professionnelles. Quand on a fait un vrai diagnostic de burn out, après avoir contacté le médecin du travail, le médecin traitant, voire l'inspecteur du travail et l'entreprise, on évalue les possibilités de retour au travail. Si les conditions ne sont pas réunies, l'amélioration acquise va disparaître et la personne va replonger. On essaye d'envisager d'autres solutions.
« Dans beaucoup de cas, il faut plusieurs consultations successives avant que les gens acceptent de s'arrêter. Ils sont dans la résistance, ne se voient pas comme malades, sont très investis dans leur travail, et ont souvent une éthique professionnelle et personnelle forte. Ils disent fréquemment : « Je vais bientôt prendre une semaine de vacances, je ne suis pas malade, ça ira bien. » Or ce n'est pas suffisant. C'est le fait d'être en arrêt qui fait le déclic. La démarche d'accepter de faire des examens complémentaires, de prendre des médicaments, d'aller voir un psychiatre, cela est souvent très long. Les potentiels peuvent reprendre, après une réflexion sur eux-mêmes, leur vie, leur façon de travailler, en n'investissant plus du tout dans le travail. Ils doivent rééquilibrer leur vie.
« À Garches nous essayons de leur faire trouver leur piste, de les repositionner en positif.
« Il y un a juste milieu à trouver. On pense qu'il est médicalement nécessaire de les arrêter, de les soustraire rapidement du milieu professionnel ; pour autant il ne faut pas les laisser trop longtemps hors de l'entreprise, afin qu'ils ne perdent pas pied. Il y a une désadaptation majeure et on n'arrive plus à les faire redémarrer. Ils doivent s'arrêter pour une prise de conscience. Mais si l'arrêt dure, ils se chronicisent, se victimisent. Le point crucial est de leur faire reprendre confiance dans la vie professionnelle. »

En Belgique, la plupart des services hospitaliers er de consultation ambulatoire de psychiatrie, parfois de médecine interne, ont une bonne connaissance de la relation existante entre stress au travail et problèmes psychosomatiques.

Les psychiatres exerçant en privé sont également sensibles à la détection et au traitement de ces problèmes.

Les centres de santé mentale sont une autre solution et mettent à la disposition du public des consultations tenues par des équipes multidisciplinaires (voir la liste en annexe I).

La médecine du travail

En France, la médecine du travail est réglementairement prévue dans le code du travail pour prévenir toute altération de la santé.

Les médecins inspecteurs régionaux interviennent avec les inspecteurs du travail, soit auprès des médecins du travail, des salariés, des employeurs et vont sur le terrain, dans les entreprises. Ils sont amenés à voir des personnes dans des conditions de souffrance au travail, des situations de harcèlement ou de surcharge. Ils peuvent siéger dans un certain nombre d'instances dont la commission régionale de reconnaissance des maladies professionnelles, où ils rencontrent des cas de burn out (dépressions réactionnelles, tableaux anxieux, problèmes psychosomatiques liés à l'environnement professionnel).

Même si ces maladies ne font pas partie des tableaux de maladies professionnelles, ils peuvent donner leur avis en tant qu'experts.

La médecine du travail demande à ses médecins de relever des indicateurs objectifs de la souffrance au travail : augmentation des demandes spontanées de consultation, variation du temps de consultation par patient, nombre de passages en infirmerie qui ont nécessité une orientation vers le médecin traitant, augmentation des maladies en relation avec le travail, augmentation de prise de psychotropes, somnifères, alcool, drogues. Le rapport global est remis à l'entreprise et au CHSCT*.

Les médecins du travail peuvent être un recours et des « aiguilleurs ». Malheureusement, ils sont rarement formés à ces diagnostics et se trouvent souvent démunis eux-mêmes. Au mieux ils ont un rôle de veille et d'alerte, un rôle de conseiller.

L'implication des médecins du travail est variable, non seulement en fonction de leur sensibilisation, de leur degré de conscience et de connaissance de ces types de souffrances, mais également de la politique de l'entreprise en la matière.

En Belgique, le rôle du médecin du travail ressemble à certains égards à celui de son confrère français.

* Comité d'hygiène de sécurité et des conditions de travail. Institution représentative du personnel dotée de pouvoirs délibératifs pour l'ensemble des questions de santé, de sécurité, de qualité de vie au travail (www.chsct.com).

Sa mission se compose de deux volets : celui de la surveillance et celui de la prévention dans le milieu professionnel.

La surveillance médicale a pour but de dépister précocement toute maladie professionnelle. Le médecin du travail a également la responsabilité de renseigner les travailleurs sur les affections dont ils sont atteints et qui seraient des conséquences des conditions du travail.

Lorsque le médecin du travail constate l'existence d'une maladie professionnelle, il est tenu de le déclarer aux instances supérieures, comme par exemple l'inspection médicale du travail. Il doit également informer le médecin-conseil du Fonds des maladies professionnelles (FMP).

Si l'employé décide d'introduire une demande en réparation en cas de maladie professionnelle, il peut demander l'assistance du médecin du travail pour l'aider à remplir le volet médical de la demande.

Dans le volet préventif de sa mission, le médecin du travail est censé informer régulièrement les employeurs sur tous les cas de maladie professionnelle qui surviennent dans l'entreprise, tout en préservant l'anonymat des travailleurs qui sont concernés.

La démarche a pour but d'informer les dirigeants de l'entreprise afin de leur permettre de prendre les mesures de prévention et d'information nécessaires au sein du personnel et d'éviter ainsi la propagation de nouvelles maladies professionnelles.

Enfin, tout employé peut s'adresser à ce médecin et lui poser les questions qui concernent les conditions de travail, y compris celles relatives au harcèlement.

Dans son rôle, le médecin du travail ne peut ni soigner ni prescrire. S'il estime que des analyses ou des examens médicaux complémentaires sont nécessaires, il suggérera à l'employé de consulter son médecin traitant.

Enfin, tout comme ses autres confrères, le médecin du travail est lié par le secret professionnel. Il lui est ainsi interdit de communiquer à l'employeur une information qui serait consignée dans le dossier médical de l'employé[113].

Le coaching

- **Qu'est-ce que le coaching ?**

Le coaching est un accompagnement qui a pour objet d'aider le client à développer ses compétences et à trouver ses propres réponses et solutions à ses problématiques professionnelles dans une perspective de développement durable avec une efficacité à long terme.

> « Le coaching professionnel se définit comme une relation continue qui permet au client d'obtenir des résultats concrets et mesurables dans sa vie professionnelle et personnelle. À travers le processus de coaching, le client approfondit ses connaissances, améliore ses performances.
> « Grâce à l'interaction qui s'établit avec le coach, le client clarifie ses objectifs et s'engage dans l'action. L'accompagnement permet au client de progresser plus rapidement vers l'atteinte des résultats qu'il vise, car la relation de coaching l'invite à se centrer sur ses priorités et à être conscient de ses choix. Le processus de coaching se concentre sur la situation présente du client et sur ce qu'il est prêt à mettre en œuvre pour atteindre ses objectifs futurs. »
> Définition de l'*International Coach Federation*[114].

- **Coaching et burn out**

Le coach accompagne son client et l'aide à se repositionner dans le milieu du travail, à comprendre en quoi les stratégies professionnelles qui, jusqu'alors, avaient conduit au succès se révèlent aujourd'hui soudain inopérantes, voire destructrices.

Le coach aide à prendre conscience, à décrypter le système, les schémas récurrents, à analyser la situation pour sortir des cercles vicieux.

Les coachs sont des « tuteurs de résilience* ». Ils cheminent à côté de leurs clients et les aident à vaincre l'adversité et les situations à risque, à redevenir humains et à transformer leurs blessures.

* « Un mot permet d'organiser notre manière de comprendre le mystère de ceux qui s'en sont sortis. C'est celui de résilience, qui désigne la capacité de réussir, de vivre, de se développer en dépit de l'adversité. En comprenant cela, nous changerons notre regard sur le malheur et, malgré la souffrance, nous chercherons la merveille. » Boris Cyrulnik, *Un merveilleux malheur*, Paris, Odile Jacob, 1999.

Les coachs permettent à leurs clients de se révéler à eux-mêmes, de faire émerger les forces insoupçonnées dont ils disposent pour se « retricoter ».

• **L'urgence, le moyen et le long terme**

Le coach accompagne la mise en place des stratégies d'urgence pour faire face à la crise et se remettre en phase avec les exigences du milieu professionnel.

Sous stress, nous devenons notre propre caricature. C'est donc un moment privilégié pour aller à l'essentiel, pour travailler le changement en profondeur et donner un sens à cette crise majeure. Il importe à ce stade de sortir de la spirale négative du « plus de la même chose = plus du même résultat ». Si ce cercle vicieux n'est pas rompu et les mécanismes non décortiqués, le risque de répéter la même situation de souffrance se reproduira mécaniquement. Pour retrouver le chemin du cercle vertueux, le coach aide son client à se poser les bonnes questions pour clarifier ses souhaits et ses aspirations, résoudre ses conflits intérieurs, se fixer des objectifs et les atteindre. Le coach sert de miroir, et son écoute active lui permet de pointer les éléments clés qui donnent une nouvelle lecture et une compréhension qui vont aider la personne à retrouver son moi profond, à se reconnecter à ses valeurs et à retrouver le sens de son métier.

Cette réflexion propose d'élargir les horizons, de trouver de nouvelles options. Elle peut aussi conduire à une réorganisation de ses priorités professionnelles, voire à une reconversion.

L'objectif du coach est de permettre au client de se réaligner, de remettre vie personnelle et professionnelle en accord, de retrouver ou de trouver sa cohérence.

C'est ainsi que le burn out pourrait devenir une opportunité et un accélérateur d'apprentissage pour le client, une fois celui-ci sorti de l'œil du cyclone.

Travailler le changement en profondeur implique de reconnaître ses blessures, de pouvoir modifier ses schémas récurrents et de traverser ses peurs, de gagner en sérénité et en estime de soi, d'apprendre à affronter les crises futures et à les aborder autrement.

Cela conduit à décortiquer le mécanisme du processus qui a conduit au burn out et à redessiner les contours d'un nouveau projet professionnel pour permettre aux clients de révéler tous leurs talents, de déployer le meilleur d'eux-mêmes en termes de compétences, d'énergie et de synergie.

• **Sur quels critères faut-il se baser pour choisir son coach ?**

Le profil idéal du coach en mesure d'accompagner un burn out se décline comme suit :

— avoir suivi une formation spécifique et diplômante au coaching ;

— avoir réalisé un travail sur soi ;

— maîtriser des outils de développement professionnel et d'accompagnement reconnus (type approche systémique, analyse transactionnelle, programmation neurolinguistique, *process communication*, etc.) et disposer d'une connaissance de modèles en développement des organisations ;

— pouvoir fournir une liste de clients référents ;

— avoir une expérience opérationnelle en entreprise, de situations de management ;

— avoir une expérience significative d'accompagnement du burn out ;

— disposer d'un lieu permanent de supervision de la pratique d'accompagnement du burn out. Le coach doit avoir régulièrement recours à un superviseur (coach de coachs).

Pour une problématique aussi complexe que celle du burn out, nous recommandons de s'adresser à des coachs expérimentés, avec un minimum d'années d'exercice professionnel.

La supervision répond à trois objectifs :

— aider le coach à aborder des cas de clients qui lui posent problème et qui peuvent le renvoyer à ses propres difficultés, à une zone d'ombre insuffisamment traitée en développement personnel ;

— travailler son propre développement professionnel, c'est-à-dire les enseignements théoriques, les cas pratiques, l'identité professionnelle du coach, les questionnements sur les diagnostics, interventions, processus, etc. ;

— justifier d'un engagement à des règles déontologiques relevant de la profession de coach (appartenance à une fédération de coaching reconnue, voir liste en annexe III).

• **La méthode et le premier rendez-vous**

La posture de coach implique qu'il est à même au cours des premiers rendez-vous de préciser clairement ses zones d'intervention et de compétences.

Le cadre de travail devra être clairement posé. Les objectifs du coaching seront explicitement définis ainsi que les modalités pratiques du travail (durée, nombre de sessions, coût) dans le cadre d'un contrat.

Si, au décours des sessions, le coach perçoit des symptômes ou des demandes qui ne sont pas de son champ de compétences, il doit pouvoir conseiller efficacement son client et le diriger vers le professionnel compétent (psychiatre, psychothérapeute, etc.).

- **La différence entre coach et formateur**

Le travail du formateur vise à apporter des connaissances, des techniques pour améliorer un savoir-faire, une expertise.

Le rôle du coach consiste à aider l'individu et l'entreprise à optimiser les ressources d'un capital humain. Le coach aide son client à trouver ses propres solutions. Il travaille avec le « savoir-être » qui lui-même influencera le « savoir-faire ».

- **La différence entre coach et psychothérapeute**

Le psychothérapeute aide le patient à prendre conscience des mécanismes psychologiques inconscients à l'origine de la souffrance psychique qui participe à l'éclosion de certaines maladies psychosomatiques.

Le thérapeute aide le patient à détecter et à comprendre les défenses psychologiques mises en place pour construire un équilibre intérieur. Le jour où ces stratégies et la répétition des comportements qui en découlent deviennent insupportables parce que source de souffrance, le patient consulte.

Il prend rendez-vous avec l'intention de reprendre pied, de discerner le sens de son symptôme et celui de son histoire intime, de renouer avec ses désirs et ses choix vitaux et de s'extraire de la fatalité qui entraînait son existence.

Le coaching, de son côté, prend place dans un contexte où le client consulte pour un problème précis, dans un contexte identifié et des circonstances définies, avec des objectifs relativement clairs. La demande est conjoncturelle : elle est le résultat d'un concours d'événements relativement récents et qui poussent le client à consulter.

Quoiqu'il sera parfois opportun de se référer au passé pour comprendre les situations professionnelles contemporaines dans lesquelles le client se trouve impliqué, la démarche du coach ne consiste pas à investiguer d'emblée et systématiquement l'histoire intime de son client pour l'aider à prendre conscience des blessures affectives anciennes et à les cicatriser.

C'est alors que le travail du psychothérapeute et celui du coach deviennent complémentaires.

Le premier peut adresser son patient confronté au burn out au coach lorsque, en cours de psychothérapie, les problèmes abordés dépassent le contexte de la vie psychique intime et exigent un repositionnement professionnel.

À l'inverse, il serait pertinent qu'un coach adresse son client à un psychothérapeute lorsqu'il détecte que la problématique professionnelle renvoie à des conflits ou traumatismes psychologiques intimes liés à l'histoire affective du client.

• **La différence des contextes dans lesquels s'exercent coaching et psychothérapie marque la différence entre les disciplines.**

Donc, si le coach détecte que le mal de vivre est régulièrement évoqué et déborde visiblement le contexte professionnel dans lequel le burn out a pris racine, il est pertinent de se référer à un psychothérapeute.

Quelques indications possibles de différents types de psychothérapies :

— Thérapie comportementale de désensibilisation aux crises d'angoisse :

Le client connaît des états de panique au cours desquels il perd tous ses moyens dès lors qu'il se retrouve dans des situations où il doit négocier avec des représentants de l'autorité.

— Thérapie de type psychanalytique :

Le client se rend compte que les raisons du burn out trouvent leurs origines dans le désir de parents qui ont rêvé de voir leur enfant embrasser une carrière qu'eux-mêmes auraient voulu exercer et qu'ils n'ont pu entamer, faute de moyens. Le client prend conscience de la tension permanente qui existe entre son propre désir, (par exemple celui de devenir aviateur) et celui de ses parents (celui de le voir devenir ambassadeur). Il réalise que cette tension l'a conduit à un si profond mal-être que le sens de sa vie et ses choix personnels sont remis en question.

Le client mentionne un comportement récurrent au cours duquel il adopte systématiquement une position de sauveur dans le but de se faire accepter, et qui le conduit à l'épuisement et perturbe sa vie professionnelle, affective et sociale.

— Indication théorique de thérapie systémique et familiale :

Le burn out a induit un tel stress dans la famille, que celle-ci est sur le point d'éclater. L'épouse développe des problèmes de santé et menace son mari de séparation. Les enfants décrochent à l'école.

Psychothérapie ou coaching professionnel ?

La demande concerne une situation qui :

- Est une difficulté d'évoluer dans le monde en général (une façon d'« être au monde »).
- Couvre plusieurs secteurs de la vie : personnel familial, de couple, professionnel, social (ex. : anxiété sociale, agoraphobie).
- Tourne autour d'une difficulté « de vie » et non pas « de la vie » professionnelle.
- Bute sur des problèmes récurrents dans différents contextes (ex. un sentiment d'abandon lors du divorce des parents).

La demande concerne une situation conjoncturelle :

- Qui concerne une difficulté « avec le monde » professionnel.
- Qui se concentre avant tout sur le secteur professionnel.
- Dont la difficulté est identifiée (ex. burn out).
- Dont les circonstances sont précises.
- Dont le contexte est précis.
- Dont l'objectif est précis (ex. : sortir d'un burn out, repositionnement professionnel, etc.).

Complémentarités

Psychothérapie ⇄ **Coaching**

Comment réagir face au harcèlement ?

Quel comportement et mesures la victime de harcèlement doit-elle adopter face au harceleur ?

Préalablement aux démarches proposées par la loi et qui varient d'un pays à l'autre, la stratégie doit s'organiser en plusieurs phases.

• **Reconnaître le harcèlement moral au travail et accepter son existence**

Détecter les symptômes est parfois compliqué car la « victime » a généralement de sérieuses difficultés à réaliser qu'un tel comportement et qu'une telle mauvaise foi puissent réellement exister. La victime « n'en croit pas ses yeux » ni son jugement et elle doit se faire violence, d'autant plus que, le temps aidant, le harceleur tisse sa toile en silence et l'anesthésie. L'aide d'un proche ou d'une personne de confiance, extérieure au problème est souvent nécessaire pour prendre conscience de la situation et l'accepter comme telle. Une des difficultés consiste aussi à disposer de preuves flagrantes, puisque le jeu de l'agresseur ne laisse pas de traces et se déroule sans témoins.

Recommandations :

— Collecter toute trace, tout indice qui pourra servir plus tard ;

— noter le nom des éventuels témoins et circonstances ;

— noter les injures et menaces (intitulé, date et heure) ;

— faire des photocopies de tout ce qui pourrait à un moment ou à un autre constituer une preuve pour la défense de la victime ;

— s'efforcer d'arrêter de chercher une raison ou une logique qui expliquerait la situation. Il n'y a pas de réponse. La situation existe et il est urgent de comprendre comment agir vite, pour se protéger et mettre en place une stratégie de défense ;

— Collecter les témoignages. Souvent, le harceleur n'en est pas à sa première tentative de déstabilisation, puisque c'est une façon habituelle de se conduire. D'autres sont ou ont probablement été victimes de son comportement, mais se taisent par peur de représailles ou par crainte de ne pas être entendus ou compris ;

— parler casse l'isolement que recherche le harceleur.

- **La résistance psychologique**

Accepter l'arrêt de travail permet de se soustraire à la politique de tension et de terreur, car le harceleur n'a qu'une seule idée : anéantir l'employé en le poussant à la faute. S'éloigner du champ de bataille permet d'éviter de « craquer » et de se protéger de réactions excessives qui donneraient raison au harceleur.

Un accompagnement par un psychothérapeute ou un coach est souvent utile pour prendre de la distance et comprendre la part éventuelle de responsabilité personnelle dans le processus en cours.

Le but est de récupérer rapidement l'estime de soi et d'acquérir des stratégies de comportements efficaces. Il faut d'urgence sortir du rôle de victime et se réapproprier son destin.

Si « la victime » prend la décision d'arrêter de travailler après concertation avec son médecin, elle doit se plier consciencieusement à toutes les formalités administratives afin de ne pas être prise en défaut. Garder une copie de tous les documents certificats, lettres, accusés de réception et une trace (compte rendu) écrite de toutes les communications avec quiconque est une sage initiative.

Il arrive que, devant de tels faits, médecins, psychothérapeutes, responsables des ressources humaines, conseillers, représentants syndicaux n'en croient pas leurs oreilles et banalisent le sérieux et le danger de la situation, par manque d'information, de courage ou de compétence. Certains tentent de rassurer l'employé, mettant ses plaintes sur le compte d'un épuisement passager ou d'antécédents psychologiques difficiles. D'autres argumenteront que le jeu n'en vaut pas la chandelle et tenteront de minimiser la gravité de la situation.

Si la « victime » a l'impression de ne pas être entendue, elle doit changer d'interlocuteur.

Agir pour anticiper le harcèlement

Avec le harcèlement, il faut garder calme et sang-froid en toutes circonstances, ne jamais réagir sous le coup de l'émotion. Reportez les réponses urgentes au lendemain : la nuit porte conseil, restez impassible et souriant. Aucune émotion ne doit transpirer même devant l'injustice et l'incohérence. Le harceleur n'attend qu'une chose : voir l'employé perdre ses moyens, l'acculer à l'erreur, récoltant ainsi la preuve que son jeu abusif était justifié.

S'en tenir aux faits et devenir inattaquable

Stratégies au travail

— Vérifier les instructions reçues. Si celles-ci ne sont pas claires, demander des explications, de préférence par écrit.

— Au terme des réunions, s'assurer que le harceleur est d'accord sur les conclusions, plans d'actions et délais, responsabilités.

— Si les informations et les directives sont imprécises, demander un entretien, éventuellement par écrit. Le recours au recommandé peut être envisagé dans les cas extrêmes. Ce seront autant de preuves pour l'avenir.

— Respecter les instructions au pied de la lettre, les consignes, les règles.

— Refuser d'entendre les sous-entendus présents dans le discours du harceleur et se cantonner aux faits et à ce qui est stipulé par écrit.

— Le travailleur harcelé doit rester sur ses gardes afin de ne pas se voir mis en cause.

Recommandations : l'employé doit veiller à la sauvegarde de son territoire personnel au sein de l'entreprise. Il doit veiller à :

— conserver sur lui son agenda professionnel ;

— ne pas laisser traîner les dossiers importants, les garder sous clé ;

— ne rien laisser de compromettant dans les bureaux (et surtout pas le dossier qui contient les preuves du harcèlement) ;

— éviter d'utiliser l'ordinateur de la société à des fins personnelles (comme par exemple envoyer des mails) ;

— ne pas laisser son ordinateur portable en vue, le fermer ; l'emporter chez soi, sauvegarder les documents importants et en garder une copie ;

— verrouiller les ordinateurs au moyen de mots de passe pour en bloquer l'accès ;

— ne parler de la situation qu'aux proches en qui la confiance est absolue ;

— éviter de se plaindre. Dans ces moments difficiles ou la désolidarisation risque d'être la règle, la victime peut être entourée de rivaux qui pourraient se réjouir que le vent tourne et profiter ainsi des occasions qui s'offrent, profitant de la faiblesse passagère de la « victime[115] ».

Trouver de l'aide à l'extérieur

• **La législation et les recours en France**

Le cadre juridique

Le harcèlement moral au travail a été défini comme un ensemble d'agissements répétés « qui ont pour objet ou pour effet une dégradation des conditions de travail susceptible de porter atteinte aux droits du salarié et à sa dignité, d'altérer sa santé physique ou mentale ou de compromettre son avenir ». Introduits dans le Code du travail par la loi nº 2002-73 de Modernisation sociale du 17 janvier 2002, de nouveaux articles visent « les agissements répétés de harcèlement moral qui ont pour objet ou pour effet une dégradation des conditions de travail susceptible de porter atteinte aux droits du salarié et à sa dignité, d'altérer sa santé physique ou mentale ou de compromettre son avenir professionnel « (articles L.122-49 à L.122-54). Ces dispositions précisent qu'aucun salarié ne doit subir de tels agissements, ni être sanctionné pour en avoir témoigné ou les avoir relatés.

Il appartient au chef d'établissement de prendre toutes les mesures nécessaires à la prévention du harcèlement moral.

En outre, une procédure de médiation peut être engagée par toute personne s'estimant victime de harcèlement moral (article L.122-54).

La loi précise aussi les conditions relatives à la charge de la preuve des agissements constitutifs de harcèlement moral : il appartient au salarié d'établir des faits permettant de présumer qu'il est victime de harcèlement, tandis que le défendeur, au vu de ces éléments, devra apporter la preuve que les agissements en cause ne constituent pas un harcèlement moral (article L.122-52).

D'autre part, les organisations syndicales représentatives dans l'entreprise peuvent exercer, en faveur du salarié concerné, toutes les actions en justice consécutives à des faits de harcèlement moral, sous réserve de justifier, pour ce faire, de l'accord du salarié (article L.122-53).

Par ailleurs, cette même loi a introduit la répression du harcèlement moral dans le Code pénal (article 222-33-2). Défini dans les mêmes termes que les agissements visés à l'article L.122-49 du Code du travail, le harcèlement est passible d'une peine d'un an d'emprisonnement et d'une amende de 15 000 euros (loi nº 2002-73 du 17 janvier 2002).

L'arrêt de la Cour de cassation du 22 juin 2006 impose aux employeurs une quasi-obligation de résultat en matière de harcèlement moral. L'employeur « est tenu envers ses salariés d'une obligation de sécurité de résultat en matière de protection de la santé et de la sécurité des travailleurs dans l'entreprise, notamment en matière de harcèlement moral, et l'absence de faute de sa part ne peut l'exonérer de sa responsabilité », précise un des attendus de l'arrêt. La protection concerne le salarié qui a subi ou refusé de subir des agissements constitutifs de harcèlement moral, ainsi que celui qui a témoigné de tels agissements ou les a relatés. Est interdite toute mesure discriminatoire, toute sanction ou tout licenciement prononcé à l'encontre du salarié victime ou témoin. Sont visées les mesures discriminatoires directes ou indirectes concernant le reclassement, le renouvellement du contrat de travail, la rémunération, la formation, l'affectation, la qualification, la classification, la promotion professionnelle, la mutation. Toute rupture du contrat qui en résulterait, toute disposition ou tout acte contraire est nul de plein droit. Tous les salariés bénéficient de cette protection.

Quelles sanctions à l'encontre de l'auteur de harcèlement moral ?

Outre une condamnation pénale (emprisonnement et amendes), tout salarié ayant procédé à des agissements constitutifs de harcèlement moral est passible d'une sanction disciplinaire.

Qui organise la prévention en matière de harcèlement moral ?

L'employeur doit organiser la prévention dans son entreprise. Il a, pour cela, une totale liberté dans le choix des moyens à mettre en œuvre. Dans les entreprises et les établissements de vingt salariés et plus, les dispositions relatives à l'interdiction de toute pratique de harcèlement moral doivent figurer dans le règlement intérieur. Ces dispositions doivent être affichées sur le lieu de travail. Le comité d'hygiène, de sécurité et des conditions de travail peut proposer à l'employeur des mesures de prévention. Les délégués du personnel disposent d'un droit d'alerte en cas d'agissements constitutifs de harcèlement moral. Ils peuvent saisir l'employeur qui doit procéder sans délai à une enquête et mettre fin à cette situation. À défaut, le salarié ou le délégué, avec son accord, peut saisir le référé prud'hommal. Le médecin du travail peut proposer des mesures individuelles lorsqu'il constate une altération de l'état de santé physique et mentale du salarié.

La médiation : dans quelles conditions ?

Avant tout contentieux, la victime de harcèlement moral ou la personne mise en cause peut engager une procédure de médiation. Le médiateur est choisi d'un commun accord entre les parties. Il peut s'agir d'une personne appartenant à l'entreprise. Le médiateur s'informe de l'état des relations entre les parties et tente de les concilier. Si la conciliation échoue, il les informe des éventuelles sanctions encourues et des garanties procédurales prévues en faveur de la victime.

Victime ou témoin de harcèlement moral, quel recours ?

Les salariés victimes ou témoins de harcèlement moral peuvent intenter une action en justice auprès du conseil de prud'hommes pour faire cesser ces agissements et demander réparation du préjudice subi. Le salarié doit alors établir les éléments de fait laissant supposer l'existence d'un harcèlement. Au vu de ces éléments, la personne ainsi poursuivie doit prouver que ses agissements ne sont pas constitutifs d'un harcèlement ou que ses actes sont justifiés par des motifs étrangers à tout harcèlement. Il appartient néanmoins au juge de former sa conviction après avoir ordonné, en cas de besoin, toutes les mesures d'instructions qu'il estime utiles.

Toute organisation syndicale représentative dans l'entreprise, avec l'accord écrit du salarié, peut engager à sa place une action devant le conseil de prud'hommes et se porter partie civile devant le juge pénal. Le salarié peut toujours intervenir à l'instance ainsi engagée et y mettre fin.

Prévention

Aujourd'hui, en France, si la reconnaissance du harcèlement moral au niveau individuel apparaît déjà difficile, le passage de la réparation à la prévention l'est encore davantage. En effet, à ce jour, les données publiées relèvent essentiellement d'argumentations juridiques afin que le salarié victime de telles pratiques obtienne réparation des dommages ou préjudices subis. Seules des situations entraînant des dysfonctionnements majeurs donnent lieu à des interventions ou à des tentatives de prévention de situations futures. Mais, pour les victimes, les conséquences peuvent être déjà dramatiques. La priorité doit être donnée à une démarche préventive. La loi de modernisation sociale du 17 janvier 2002, qui a introduit le concept de harcèlement moral au travail, précise qu'il appartient au chef d'établissement de prendre toutes les mesures nécessaires à la prévention du harcèlement moral.

Les causes profondes des phénomènes d'exclusion et de harcèlement sur le lieu de travail semblent être (toujours selon Heinz Leymann) :

— l'absence de concertation dans l'organisation du travail et la conception des tâches ;

— le style de gestion du personnel.

La prévention du harcèlement devra donc comporter une réflexion et un travail sur ces deux points. Il s'agira pour l'entreprise d'informer le personnel et de veiller à ce que l'encadrement soit en capacité de gérer les conflits pouvant survenir dans les équipes et, notamment, de déceler très tôt les prémices de harcèlement. Pour maîtriser de telles situations, la mise en place de structures de concertation au niveau collectif a une grande importance. Elles peuvent se composer du directeur des ressources humaines (s'il existe), d'un ou plusieurs responsables de service, du médecin du travail, d'un consultant spécialisé en psychologie au travail, du chargé de sécurité (s'il existe), d'un membre du CHSCT (ou d'un délégué du personnel en l'absence de CHSCT), etc.[116].

• La législation et les recours disponibles en Belgique

La loi

En Belgique, la loi protège l'employé soumis au harcèlement (loi du 11 juin 2002, parue au *Moniteur belge* du 22 juin 2002). Des arrêtés d'exécution ont été promulgués le 11 juillet 2002 (*Le Moniteur* du 18 juillet 2002).

Ces lois ont pour objet la protection des employés à l'encontre des comportements de violence et de harcèlement moral ou sexuel perpétrés. Sont pris en compte la menace et l'agression tant physique que psychique (humiliations, injures, insultes).

L'objectif de ces lois est de régler les tensions le plus rapidement possible et d'éviter les actions en justice.

Le conseiller en prévention et la personne de confiance sont les deux personnes ressources nommées au sein de l'entreprise dont le rôle est d'assurer une écoute auprès des « victimes ».

Le conseiller en prévention

Il est spécialisé notamment dans le harcèlement sexuel et moral.

Sa désignation se fait après accord de l'ensemble des membres représentant les travailleurs au sein des comités pour la prévention de la protection du travail.

Si l'entreprise compte plus de cinquante employés, l'employeur peut choisir un conseiller en prévention qui vient de l'intérieur de l'entreprise ou qui vient d'un service externe à l'entreprise comme le Cesi (http//www.cesi.be).

Si l'entreprise compte moins de cinquante employés, l'entreprise est tenue de faire appel aux services d'un conseiller venant d'un service externe spécialisé.

Sa mission consiste à :

— assister l'employeur et les employés dans l'application des mesures relatives à la violence et au harcèlement en général ;

— examiner les plaintes motivées ;

— proposer à l'employeur des mesures pour mettre fin aux violences ;

— ouvrir un dossier individuel des plaintes.

La personne de confiance

La loi prévoit de faire nommer au sein de l'entreprise des personnes de confiance pour assister le conseiller en prévention.

Cette personne, formée à la relation et à l'écoute, est la première personne ressource à contacter en cas de problèmes.

Sa mission consiste à :

— participer à l'élaboration des procédures, à suivre, à aider, à prêter assistance aux victimes et à assurer leur accueil, à recevoir leurs plaintes fondées et à transmettre ces plaintes au conseiller en prévention ;

— désamorcer les conflits et limiter l'extension de ceux-ci.

L'employeur et le service des ressources humaines

Lorsque l'employeur est informé d'une situation de harcèlement moral, il doit prendre des mesures pour la faire cesser. Si la situation perdure, ou que l'employeur ne prend aucune mesure, l'inspection médicale peut être saisie. Enfin, dès qu'elle a déposé plainte, la victime est protégée contre le licenciement durant toute la durée de la procédure.

Le médecin du travail

Le médecin du travail peut aider la victime, jouer le rôle de médiateur et intervenir auprès de la direction après avoir été contacté par l'employé, une fois que les autres recours ont été préalablement épuisés ou n'ont pas répondu aux appels de l'employé.

Le médecin du travail peut aussi proposer un arrêt de travail et conseiller une prise en charge médicale.

Enfin, en cas d'échec des démarches, une consultation auprès d'un avocat, spécialiste dans le domaine, libre de toute relation qui, de près ou de loin, le lie à l'entreprise et les syndicats, est parfois intéressante pour être informé de ses droits.

En pratique

Lorsqu'un travailleur rencontre sur le lieu du travail des difficultés relationnelles graves avec un autre travailleur, après avoir tenté sans succès le dialogue avec la personne mise en cause, il peut :

— interpeller son supérieur ;

— si le supérieur est le harceleur, il vaut mieux éventuellement s'adresser à la personne de confiance ou au conseiller en prévention ;

— le travailleur en difficulté peut également s'adresser directement à la personne de confiance ou au conseiller en prévention pour un rendez-vous informel. La personne de confiance ou le conseiller en prévention n'entamera aucune démarche sans l'accord du travailleur en difficulté ;

— avec l'accord de la victime, la personne de confiance ou le conseiller en prévention psychologue peut prendre contact avec la personne mise en cause et organiser une conciliation, de façon informelle. Dans ce cas, il n'y a pas de rapport à l'employeur, pas de protection contre le licenciement ou contre tout changement unilatéral des conditions de travail. L'objectif est de se parler sincèrement, de renouer le dialogue et de trouver ensemble un nouveau *modus vivendi*.

Si la conciliation échoue, le travailleur en difficulté peut déposer une plainte formelle auprès du conseiller en prévention psychologue, au moyen du formulaire du Cesi (http//www.cesi.be).

— Dans ce cas, le conseiller psychologue envoie la copie de ce document à l'employeur, le prévient de la protection particulière du plaignant contre tout licenciement ou changement unilatéral des conditions de travail, sauf pour un motif étranger à cette plainte.

— Le conseiller psychologue organise des entretiens individuels avec les personnes concernées, et avec les témoins que le conseiller psychologue jugera nécessaire de contacter. Bien qu'une plainte formelle ait été déposée, une tentative de conciliation sera proposée aux parties, avec leur accord.

— Le conseiller psychologue propose à l'employeur des mesures dans un rapport d'intervention. Un travailleur peut déposer une plainte formelle sans avoir tenté préalablement une conciliation informelle.

2
Prévenir

La personne

Le burn out évolue comme un ennemi sournois, à bas bruit. Son feu couve longtemps. La meilleure prévention est de préserver ses équilibres de vie, d'être attentif à soi-même et conscient de ses comportements, de s'attacher à agir en fonction de ses valeurs.

Préserver l'équilibre entre vie privée et professionnelle

Le burn out est le résultat d'un déséquilibre entre vie professionnelle et vie privée. Il est donc urgent de prendre action et de rétablir l'harmonie entre les deux pôles.

Je me souviens d'un cadre supérieur de retour de vacances qui me racontait combien les moments passés en famille en Toscane dans une belle villa de location avaient été fantastiques.

« L'endroit était merveilleux et mes enfants ont pu faire le plein de soleil autour de la piscine. Le paysage était tellement enchanteur que nous n'avons pas éprouvé le besoin de rayonner autour de la propriété. En plus, j'ai pu boucler une série de dossiers en retard. »

Et le manager d'avouer qu'il avait, en fait, passé les quinze jours de vacances sur la terrasse de la maison, en face de son ordinateur, relevant de temps en temps la tête pour applaudir (du regard) les prouesses de ses enfants évoluant au bord de la piscine. Ce furent là ses vacances.

Préserver la santé

L'activité physique

L'activité adaptée en fonction de l'âge et de votre condition physique vous protège des ennuis de santé en renforçant la résistance de l'organisme à l'égard notamment des maladies cardiaques et des troubles immunitaires. Durant l'exercice, le corps libère des substances de type endorphiniques aux vertus antistress et antidépressives. La pratique de sports d'endurance (vélo, jogging, marche, natation) régule l'activité de ce tueur qu'est le cortisol évoqué plus haut. Et si finalement vous optez pour les sports de compétition, laissez votre rage de vaincre au vestiaire. L'équipe adverse n'est pas le concurrent qui veut vous rafler le marché du siècle[117] !

Les besoins alimentaires

Une alimentation équilibrée comprend :

— un régime diversifié en sucre (glucides), protéines et lipides (graisses) ;

— un apport en vitamines et minéraux (jus de fruits frais, légumes et salades de céréales germées : blé, soja, lentilles, orge, etc.) ;

— 3 repas principaux, ce qui suppose d'éviter de sauter le petit déjeuner qui doit être composé de sucres à absorption lente (pas de pain blanc), de protéines (laitage, œuf) ;

— 2 collations entre les repas (fruit, jus, biscuits secs) ;

— un apport limité en sel et sucres blancs à absorption rapide ;

— une consommation de fruits et légumes pour assurer un apport conséquent en fibres ;

— des repas préparés à l'étuvée et à la vapeur.

Le glucose ou sucre

Le sucre blanc est à absorption rapide. En consommation excessive, il est dangereux pour l'organisme. On le retrouve dans les pâtisseries, les biscuits, les barres chocolatées. Ce type de sucre épuise l'organisme et provoque de la fatigue.

À chaque ingestion de sucre rapide, le pancréas libère des doses massives d'insuline, l'hormone qui permet aux cellules d'absorber le sucre véhiculé par le sang.

Le phénomène d'absorption provoque une diminution brutale

de la concentration sanguine de sucre. L'organisme interprète, à tort, cette baisse de sucre comme une pénurie, ce qui entraîne un nouvel appel à la consommation de sucreries auquel le pancréas répond à nouveau par une nouvelle libération massive d'insuline, qui diminue à nouveau la glycémie. Et ainsi de suite.

Ce jeu de « yo-yo » peut continuer à l'infini et dérègle le système.

Les cellules deviennent progressivement insensibles à l'action de l'insuline et imperméables au sucre qu'elles n'absorbent plus. Celui-ci circule librement dans le sang à des concentrations toxiques pour l'organisme. C'est le début du diabète.

Il est donc recommandé d'arrêter de « grignoter » entre les repas, d'arrêter la consommation de sucres rapides que contiennent les « snacks », pains blancs, boissons gazeuses sucrées, pâtisseries, confitures, friandises, « fast food », croissants, etc.

Préférez le sucre à absorption lente que contiennent les fruits, pâtes, pommes de terre.

Les graisses

Éviter les graisses animales (acides gras saturés) contenues dans les viandes « rouges », charcuterie, lard, ainsi que les sauces (mayonnaises), laitages en excès, fritures (dont les « chips »).

Préférer les viandes « blanches » (ex. le filet de dinde), le poisson, les huiles végétales qui contiennent des acides gras polyinsaturés (la « bonne graisse »). L'huile d'arachide est celle qui résiste le mieux à la chaleur et est à préférer pour les cuissons.

Les protéines

Le corps a besoin d'une quantité limitée de protéines par jour. Vous trouverez les protéines dans les viandes, œufs, poissons, produits laitiers.

L'alcool

L'alcool est un produit largement utilisé pour ses vertus calmantes en cas de stress. Le « hic » est que personne n'est égal face à ce produit. Le risque de développer des problèmes de dépendance et de toxicité pour l'organisme (foie, œsophage, intestin, cellules nerveuses) est imprévisible et variable d'une personne à l'autre. Certains résistent bien, d'autres moins.

Il n'existe pas de règle formelle en termes de limites de

consommation. Deux verres de vin par jour au maximum pour les hommes et un à deux verres pour les femmes semblent être des quantités raisonnables acceptées par la Faculté.

On distingue deux types de dépendance : la dépendance psychologique et la dépendance physique.

La dépendance psychologique est le réflexe qui fait appel à l'alcool pour fonctionner, gérer les situations stressantes, supporter la lassitude, la fatigue, mener à bien des tâches pénibles.

La dépendance physique se caractérise par l'apparition de signes liés au sevrage et la présence d'un manque. Les symptômes sont faits de tremblements, d'inconfort, de malaises, d'une légère sudation, d'une irritabilité et sont calmés par l'ingestion d'alcool.

N'hésitez pas à en parler à votre médecin, avec un membre des Alcooliques anonymes (AA), un psychothérapeute spécialisé dans les problèmes de dépendance ou encore avec un médecin (souvent psychiatre) spécialisé en alcoologie.

Le café

Préférez le décaféiné, traité à l'eau : il contiendrait moins de produits cancérigènes.

La caféine en excès excite le cerveau, perturbe le sommeil, stimule le pancréas et la libération d'insuline inopportune.

En quantité excessive, il peut « mimer » une certaine forme de crises d'anxiété de type « attaques de panique » (crises de palpitations, de vertiges, sensations de chute, de mort imminente, de perte de contrôle, douleurs au niveau de la poitrine, etc.)

La recommandation : ne pas dépasser plus de trois tasses de café par jour[118].

Le retour à la cohérence et aux valeurs

« — Y a-t-il vraiment un monde nouveau ?
— Seulement si vous savez où le trouver.
— Dans quelle direction devrai-je aller ?
— Regardez en vous-même. »

Guy Finley

Le burn out conduit aux frontières de la dépersonnalisation. La personne est là, tout en étant absente.

Le travail de reconstruction consistera à réaligner tête, cœur, esprit et corps en tenant compte à nouveau des valeurs et des priorités perdues de vue durant le périple professionnel.

C'est l'occasion de faire remarquer que le processus d'épuisement sous forme de burn out peut également survenir dans la vie privée et trouver une origine dans certaines relations situations affectives où l'un des membres s'inquiète et prend en charge un problème à un point tel qu'il en sort épuisé, ne recevant pas en retour les signes de reconnaissance proportionnels à son dévouement et à son investissement de la part de l'entourage.

« La victime » présentera les mêmes symptômes que ceux que l'on décrit dans le contexte professionnel.

Quelles que soient les circonstances, il s'agira de s'extraire d'urgence du rôle de victime, d'assumer sa part de responsabilité, de calmer les tempêtes intérieures et de laisser refroidir le ressentiment.

C'est dans cette démarche de repositionnement personnel qu'un accompagnement par un professionnel trouve toute son utilité.

Retrouver le sens

Le burn out fait irruption dans une vie où le sens du métier exercé a disparu ou a été perdu de vue. « On ne sait plus pourquoi on travaille. »

Le désarroi est amplifié lorsque l'entreprise ou l'organisation défend des valeurs en contradiction avec celles de l'employé, lequel entre en rupture et en dissonance intérieures.

Il sera donc important d'être progressivement en mesure de répondre aux questions suivantes :

— Qu'est-ce qui est important dans ma vie ?

— Quelles sont les valeurs qui me donnent le plein sentiment de me respecter et de prendre en considération les personnes qui m'entourent ?

— Quelles sont les situations professionnelles qui me mettent en porte-à-faux avec ces valeurs et qui sont sources de ruptures intérieures ?

— Quel est le prix psychologique et physique personnel que je paie pour maintenir l'illusion de la cohérence ?

— Quel est le prix que je fais payer aujourd'hui à mon entourage dans la poursuite de ce même but ?

— Pour quoi suis-je (étais-je) prêt à me battre ?
— Que dois-je changer dans mes priorités professionnelles pour être en accord avec mes valeurs ?
— Quelles sont les croyances qui m'éloignent de mes valeurs et qui m'ont précipité dans le burn out ?

Dire « non »

Apprendre à dire non permet de dire un oui « franc et massif » aux vraies priorités.

Se mettre des limites permet de se respecter, de maintenir sa cohérence intérieure et celle de ses projets.

Dire non à bon escient permet d'éliminer le stress intérieur, conséquence de la dissonance entre ce qu'on ressent (je n'ai pas envie d'accepter) et ce que l'on fait réellement (j'accepte pour faire plaisir, parce qu'il le faut bien).

Dire non deviendra d'autant plus facile que les valeurs et priorités de vie personnelle et professionnelle ainsi que les plans d'action pour y accéder seront mieux définis et feront partie intrinsèque du projet général de vie.

Quelques conditions nécessaires pour être en mesure d'exprimer ses limites

• Renouer avec l'estime de soi

Dire « oui » et « non » au moment où on l'a décidé exige une assurance ancrée dans l'estime de soi. L'image de nous-même que nous portons en nous est le résultat du regard et de l'attention que parents et éducateurs ont porté sur nous et de l'image que la société et les proches nous renvoient. L'estime de soi est d'autant plus ancrée que la personne est convaincue de sa valeur.

Or le burn out rassemble toutes les conditions pour saper les fondations les plus solides des édifices de confiance personnelle.

Ce travail de sape sera d'autant plus désastreux qu'il aura éventuellement réveillé des peurs et des doutes hérités de l'enfance.

• La gestion du temps et les fuites énergétiques

Le sujet enclin au burn out vit généralement en dehors du temps et se dépense sans compter.

Lors de l'engagement sur le chemin de l'équilibre personnel, le rapport au temps doit être reconsidéré car il devient urgent de se concentrer sur l'essentiel. Tout ce qui détourne l'attention, donc l'énergie, et qui empêche d'être totalement présent à soi, à l'autre ou concentré sur l'objectif du moment doit être écarté.

Sont considérées comme essentielles les activités qui contribuent à la réalisation des priorités vitales de la personne.

Les priorités vitales sont celles qui respectent les valeurs et la cohésion intérieure de l'individu dans l'exercice de sa profession[119].

L'entreprise

La part de responsabilité de l'entreprise et le rôle qu'elle doit ou ne doit pas jouer auprès de ses salariés suscite aujourd'hui un débat de société dont médias, publications, colloques, etc. se font l'écho.

Les attentes vis-à-vis de l'entreprise sont à la hauteur de celles de l'entreprise envers ses salariés.

À quoi attribuer l'accroissement du mal-être et de la souffrance en entreprise, la hausse constante de l'absentéisme ?

Les causes invoquées par les différentes études et enquêtes auprès de salariés sont multiples et évoquent une liste à la Prévert : environnement économique concurrentiel, augmentation de la pression, multiplication des contraintes, obligation de compétitivité et rentabilité, restructurations et complexités organisationnelles et notamment matricielles, organisation du travail avec les trente-cinq heures, précarité de l'emploi et incertitudes, absence de reconnaissance du travail accompli ou du droit à l'erreur, vieillissement de la population salariée, etc.

Les attentes des salariés sont devenues de plus en plus importantes au fil de l'évolution de la société qui a vu le recul des structures religieuses, politiques et sociales, au profit de l'entreprise, seul lieu collectif. Cet état de fait est paradoxal si on considère la montée de l'individualisation au sein de l'entreprise, le recul du syndicalisme, le jeu de la performance individuelle et de la compétition par objectifs.

Devant les maux développés par ses salariés, l'entreprise répond le plus souvent par le traitement individuel des symptômes.

En effet, la prise de conscience n'est que partielle, et rares sont les organisations qui envisagent une réponse structurelle par la réorganisation du travail.

Il existe aujourd'hui des solutions pour prévenir le burn out dès les premiers symptômes. Une seule réalité : il n'existe pas de recette miracle unique. Les réponses sont à créer sur mesure en fonction de chaque entreprise, de son secteur d'activité, de sa culture, de ses problèmes particuliers.

On peut distinguer trois niveaux de réponses :

— Individuel. Le traitement individuel lié au bien-être des salariés dans l'entreprise et à la prise en charge des symptômes constitue aujourd'hui la forme de réponse la plus courante.

— Collectif. Le regard n'est plus seulement individuel mais concerne l'entreprise dans son ensemble, la place de l'individu au sein de son métier et dans la hiérarchie, une forme de management plus participative que directive. L'enjeu est de favoriser le processus de développement de l'autonomie.

— Organisationnel. Ce type de changement touche à la structure de l'entreprise, à sa culture même.

Les réponses individuelles

Elles sont de plus en plus nombreuses.

— amélioration du cadre de travail : bureaux paysagés, aménagement d'espaces de repos ;

— mise à disposition de services étendus : crèche, service de teinturerie, etc. ;

— favoriser le bien-être sur le lieu de travail : menus diététiques à la cantine, salles de gymnastique, massages, programmes de relaxation ;

— prévention dans le domaine de la santé : journées d'information sur différents types de pathologie, campagnes antitabac avec différents programmes d'aide ;

— formations antistress, gestion du temps, etc. ;

— assistance psychologique : recours possible à un psychologue ;

— aide au sevrage des différentes formes de dépendance (tabac, alcool, drogue) ;

— accompagnement individuel (coaching).

Quelques exemples de prévention en entreprise

Les salariés malades préoccupent leurs employeurs

« [...] Ergonomie sur les postes de travail, vaccination systématique contre certains virus, lutte contre l'alcoolisme ou le tabagisme... Au sein du groupe Bouygues, tandis que les restaurants d'entreprise proposent des menus diététiques, une salle de sport est mise à disposition des salariés du siège. Enfin, chaque année, une campagne d'information décrivant une pathologie est lancée en interne.
« D'autres sociétés agissent sur l'équilibre personnel de leurs salariés. L'entreprise Chronopost a ainsi mis en place une *hot-line* accessible à son personnel. Au bout du fil, des consultants écoutent tous types de problèmes privés ou professionnels. Disposant de douze heures de crédit par an, le salarié se confie en toute confidentialité. Le résultat ne s'est pas fait attendre : entre 2003 et 2004, le taux d'absentéisme a diminué de 30 %. Pour Florence Boulier, responsable de projet chez Chronopost, l'intérêt est réel : "En agissant avant que les problèmes n'éclatent, on s'évite de futurs arrêts de travail", relève-t-elle. Au sein de la société de télécommunications 3 M France, le même dispositif a été étendu aux familles des salariés[120]. »

Le stress, une nuisance trop souvent ignorée

« Un accord-cadre sur la lutte contre le stress au travail assorti d'une méthode d'identification et de gestion des problèmes a été signé le 8 octobre 2004 à l'échelle européenne. En France, il n'existe pas de réglementation spécifique à la prévention du stress au travail. Des discussions interprofessionnelles en cours laissent entrevoir l'espoir d'une solution quant à la question du financement de la pénibilité au travail mais elles restent insuffisantes à régler le vaste problème de la souffrance en entreprise.
« "Notre retard sur les pays anglo-saxons et nordiques est considérable. En France, on n'en est qu'au diagnostic de la situation. Et après ? Quand parlera-t-on du stress comme d'une nuisance au même titre que le bruit ?" interroge Bernard Salengro (CGC), président du Syndicat de la médecine du travail et auteur du *Stress des cadres*[121].
[...]
« Les incertitudes économiques et la peur du chômage accentuent la crainte de dire non, l'effacement des solidarités et le surinvestissement dans le travail jusqu'à épuisement professionnel (le fameux

“burn out” anglo-saxon). Résultat ? Plus d’un quart des salariés français s’estiment trop stressés. Ce qui, dans la dernière enquête Kelly Services, correspond à la moyenne européenne (27 %).
[...]
« Face à cette situation, quelques entreprises (Arcelor, Michelin, la Caisse des dépôts et consignations) tentent d’enrayer le malaise. Une tâche guère facile à mener. Entraînement des managers à la détection du stress, meilleure communication (information sur la stratégie), subtilités de rémunération (actionnariat des salariés, stock-options, individualisation salariale) figurent au nombre des quelques solutions avancées. Parallèlement, ces dernières années, des associations (Psya, Bipol...) se sont créées pour épauler les entreprises. Il faut aussi compter avec les consultations en hôpital, comme à Nanterre, où est mobilisé un réseau de professionnels (ergonomes, psychiatres, médecins du travail, de la douleur, juristes). Les plus jeunes générations d’actifs semblent en tout cas plus soucieuses d’équilibre que leurs aînés[122]. »

Renault, un pionnier du dépistage

Au siège de Boulogne, à l’usine de Sandouville ou au technocentre de Guyancourt, la pratique est quasiment entrée dans les mœurs. Lorsqu’un « Renault » salarié sur l’un de ces sites se présente à la visite médicale annuelle, il se voit proposer par l’infirmière, entre l’analyse d’urine et la mesure de l’acuité visuelle, un test confidentiel sur son niveau de stress. S’il accepte (c’est le cas dans 97 % des cas), il s’installe alors devant l’ordinateur et répond tout simplement à une batterie de 25 questions : se sent-il capable de maîtriser son énervement ? Est-il souvent – ou au contraire presque jamais – de bonne humeur ? A-t-il été dérangé par un événement inattendu ? À l’issue du test, il obtient un score chiffré, qu’il communique s’il le souhaite au médecin du travail. Celui-ci va approfondir l’examen si le résultat dépasse un certain seuil. En 2003, plus de 8 000 des 48 000 salariés de l’ex-Régie, qu’ils soient ouvriers, employés ou cadres, se sont ainsi prêtés aux tests effectués par l’Observatoire médical du stress, de l’anxiété et de la dépression (Omsad). Une démarche qui fait du constructeur automobile l’un des pionniers français du dépistage et de l’étude du stress.
Dès le début des années 1990, Renault place ce problème parmi les priorités de sa politique de santé au travail. La transformation de l’entreprise (les salariés affectés à la production en usine ne représentent plus que la moitié des effectifs), associée à l’accroissement

de la pression concurrentielle a entraîné une évolution des pathologies à traiter. La mise en place d'un groupe de réflexion sur le stress en 1993 sera suivie par la **création de formations spécifiques pour les 33 médecins comme pour les infirmières employés par le groupe**. « Ensuite, nous avons eu besoin de quantifier le phénomène, le préalable à toute démarche de prévention », explique Philippe Jarriault, le médecin coordonnateur du groupe. L'entreprise sollicite donc l'Institut français de l'anxiété et du stress (Ifas) pour mettre sur pied un « observatoire du stress ». Le cahier des charges est précis : le « testé » doit rester anonyme et ne doit pas consacrer plus de dix minutes à l'exercice, afin de ne pas trop rallonger la visite médicale annuelle. Au final, le questionnaire, qui associe deux échelles validées en milieu médical, dépiste l'anxiété, la dépression et mesure le stress perçu. Les premiers tests ont débuté en avril 1998, et Renault n'a cessé depuis d'élargir le dispositif. Cette année, les médecins des sites de Cléon et de Flins devraient être à leur tour formés et équipés, afin de tester 9 000 salariés supplémentaires pour l'échantillon de l'Omsad.

Et les résultats ? En 2002, selon les dernières statistiques rendues publiques par l'entreprise, 23,1 % des salariés interrogés dépassent le niveau de stress au-delà duquel celui-ci devient un facteur de risque pour leur santé, 4 % sont dépressifs et 12,8 % donnent des signes d'anxiété pathologique. Des chiffres que la direction s'empresse de remettre en perspective. Ces taux, précise-t-on à Boulogne, restent en deçà de ceux observés sur l'ensemble de la population. La tendance est de surcroît orientée à la baisse, grâce au dépistage permis par les tests, et donc au traitement des cas observés. « L'observatoire dresse un constat, mais il ne fait pas la part entre les facteurs personnels et professionnels », souligne Philippe Jarriault. **Pour lutter contre ces derniers, des réunions de sensibilisation, concernant aussi bien le comité de direction que les chefs d'atelier, ont été menées sur les différents sites. Renault vient aussi de lancer un appel d'offres pour mettre en place des formations de maîtrise du stress. « Nous proposons d'ores et déjà des modules sur la gestion du temps, l'efficacité des réunions ou encore prochainement l'utilisation des e-mails, autant d'outils qui aident à la prévention du stress »**, plaide Jean-Jacques Ferchal, chef du département conditions de travail. Au-delà des solutions individuelles, la direction accepterait-elle de modifier l'organisation si celle-ci se révélait être un puissant facteur de stress ? « Sur le plan collectif, les chiffres de l'Omsad ne sont pas significatifs en terme d'organisation, répond Jean-Jacques Ferchal. L'entreprise est structurée en petites équipes. Si une organisation ne convenait pas, l'information parviendrait directement des salariés à la hiérarchie. »

La mise en place de l'observatoire a en tout cas permis de dépassionner un sujet potentiellement explosif. Désormais, la communication des résultats annuels en comité central d'entreprise relève presque de la routine ! Cela n'empêche pas les partenaires sociaux, même s'ils apprécient la démarche, de rester critiques. « Sur le principe, nous étions demandeurs, admet Philippe Martinez, délégué central CGT. Mais l'enquête ne prend pas suffisamment en compte les situations particulières, notamment celle des salariés qui travaillent par objectifs, sur la conception d'un nouveau modèle par exemple. » De la même manière, Gérard Blondel, délégué central CGC, déplore le caractère souvent trop général des chiffres communiqués : « On nous donne les résultats globaux, sans décomposition fine, selon la fonction par exemple, ou sur les équipes projets, qui sont sans doute plus stressées que la moyenne. » Cela supposerait que les salariés testés dévoilent leur fonction ou leur service, ce qui finirait, estime la direction, par compromettre leur anonymat.
Si les travaux de l'observatoire facilitent indéniablement la connaissance du stress chez Renault, ils n'ont pas suffi à calmer toutes les interrogations des salariés sur le sujet[123] ».

Les réponses du laboratoire pharmaceutique Pfizer

Un observatoire du stress, de l'anxiété et de la dépression

Depuis quatre ans, Pfizer s'est doté d'un observatoire du stress, de l'anxiété et de la dépression.
Les collaborateurs remplissent dans le cadre de la visite médicale du travail un questionnaire confidentiel sur ces trois aspects. Si les scores ne sont pas ce qu'on est en droit d'attendre, le médecin du travail ainsi alerté peut intervenir auprès du salarié. Le questionnaire peut également être rempli hors visite médicale, à la demande du salarié.

Quelles réponses pour répondre aux problèmes détectés ?

— Mise en place d'une cellule d'écoute ouverte aux collaborateurs (siège et terrain) à leur demande, aux frais de l'entreprise, et sur leur temps de travail.
Les séances ne sont pas limitées dans le temps. Elles sont à la discrétion de la psychologue et durent jusqu'à ce que le collaborateur aille mieux.

— Mise à disposition au siège d'un fauteuil relaxant japonais. Il pratique mécaniquement un massage sur les points d'acupuncture.
— Mise à disposition d'un système audiovisuel qui permet de pratiquer des autoséances de relaxation de trente minutes.
Ces deux outils sont à disposition sur le temps de travail. Il suffit de s'inscrire et d'aller prendre ses séances.
— Une salle gratuite de fitness, avec des cours de sport et un préparateur physique, ainsi que des cours de yoga.
— Pfizer a été parmi les premiers à signer la charte « entreprise sans tabac » grâce à un programme de six mois de prise en charge au sevrage et la fourniture de trois mois de substituts nicotiniques.
— Le recours aisé au médecin du travail en lien étroit avec l'infirmière de la société.

Quand les salariés se droguent pour travailler

« "[...] Pendant longtemps, les entreprises nous ont appelés après un accident de travail pour venir faire un peu d'information, histoire de pouvoir se dédouaner en cas de récidive. Désormais, nous nous efforçons de mettre en place systématiquement un plan de prévention, affirme Annie Le Fessant, animatrice de l'Association nationale de prévention en alcoologie et addictologie (Anpaa). Mais surtout, nous élargissons nos actions à l'ensemble des populations de l'entreprise." L'enjeu consiste en effet à impliquer les cadres car la plupart ont encore un peu de mal à se sentir personnellement concernés : "Ils veulent bien qu'on leur apprenne comment se comporter face à un subordonné alcoolique, mais de là à les amener à s'interroger sur leur consommation, il y a une marge...", regrette-t-elle.

« Toutes les catégories socioprofessionnelles sont pourtant représentées dans les 8 % à 10 % de Français dépendants à l'alcool. "Je soigne des cadres de haut niveau que leur entourage croit tout à fait opérationnels mais qui sont en fait sérieusement déficitaires", précise Éric Hispard, médecin alcoologue.

« Les plans de prévention mis en place par les entreprises concernent donc essentiellement les populations d'employés et d'ouvriers. Des programmes visent à organiser dans l'entreprise même un réseau de volontaires formés pour écouter puis orienter les personnes dépendantes de l'alcool sur un centre de soins. [...]

« Les résultats obtenus par les plans de prévention plaident aussi en faveur de leur diffusion dans les entreprises. Depuis 1998, date à laquelle le dispositif a été initié dans le département maintenance des équipements et des espaces de la RATP, 60 personnes ont été prises en charge. “Sans compter les individus à risques qui, grâce à ce dispositif, n'ont peut-être pas basculé dans la dépendance”, précise Michel Garçon, animateur du plan de prévention[124]. »

« Œuvrez pour une entreprise sans tabac, vous participerez à réduire toutes les autres dépendances ! » Animateur du réseau Toxicomanies et Travail à l'Institut de la santé du travail du nord de la France, Bernard Fontaine fonde son raisonnement sur des chiffres précis : 85 % des alcooliques, 96 % des consommateurs de cannabis et 99 % des héroïnomanes sont aussi des fumeurs.
« Le tabac ouvre un interrupteur du plaisir dans le système cérébral qui favorise l'addiction à d'autres substances psychoactives », soutient-il. Ce n'est toutefois pas la raison pour laquelle les DRH s'attaquent de plus en plus volontiers au problème de la cigarette au travail. Ni, d'ailleurs, parce qu'ils reconnaissent une soudaine recrudescence de la consommation de tabac liée à un durcissement des conditions de travail. Plus prosaïquement, ils sont surtout motivés par la multiplication des conflits entre fumeurs et non-fumeurs, voire par la crainte d'être attaqués pour tabagisme passif.
« Ils hésitent d'autant moins à se lancer que 70 % des salariés sont désormais favorables à une entreprise sans tabac », précise Aline Moreau, directrice des programmes à l'Office français de prévention du tabagisme (OFT). Même les fumeurs font partie du lot ! Beaucoup aimeraient au fond que leur employeur les aide à arrêter. Fort de ce constat, au siège de Total à La Défense, on a opté pour une interdiction totale à partir de janvier 2005. Mais le management a décidé d'accompagner l'aide au sevrage en cofinançant un stage à tous les volontaires. Et, pour promouvoir l'opération, le DRH n'a pas hésité à faire appel à une agence de communication qui a présenté une série de films en interne. En septembre dernier, 250 salariés sur les 1 000 fumeurs s'étaient déjà inscrits. Mais Total espère faire encore mieux dans un contexte général favorable. Signe des temps : l'OFT qui est intervenu l'an dernier dans 35 entreprises s'est brutalement retrouvé à court de “tabacologues”. Un nouveau métier d'avenir[125] ? »

Les réponses collectives

Aller au-delà des symptômes implique de s'attaquer à l'organisation du travail. Chaque individu doit pouvoir identifier clairement sa contribution aux enjeux et à la finalité de l'entreprise. En ayant la possibilité de gérer son temps et sa mission, il pourra à son tour favoriser la délégation à ses collaborateurs et développer leur autonomie.

Parmi l'éventail des solutions, citons :

— l'amélioration des conditions de travail ;

— les conférences de sensibilisation au burn out ;

— les groupes de paroles ;

— l'émergence collective de la communication, de la parole et de l'échange dans un contexte professionnel ;

— le coaching d'équipes ;

— la prise de conscience des dirigeants et managers, et la formation au management participatif type manager coach.

Nous avons expérimenté avec succès la pratique de « groupes de pairs » orientés vers des solutions de type Elusis Solution Tank®* qui rassemblent des participants, toujours les mêmes, lesquels se retrouvent régulièrement pour travailler ensemble. Le travail étant centré sur les problématiques apportées par les participants, l'essentiel de chaque rencontre est consacré à développer une pratique collective réflexive et à chercher ensemble des moyens spécifiques de compréhension et d'action. Ce processus encadré par le coach consultant permet aux participants d'accroître leur potentiel d'options, de solutions et d'actions. En tant que « communauté d'apprentissage », il leur permet d'explorer la pertinence de l'intelligence collective. Le partage et la recherche commune de solutions entre pairs constituent une manière efficace de ne pas laisser s'enkyster les problèmes et de rompre l'isolement.

Quelques pistes de réflexions

[...] L'Anact (Agence nationale pour l'amélioration des conditions de travail) promeut aussi les démarches participatives, comme à

* Modèle de coaching de pairs développé par Sabine Henrichfreise et Suzanne Peters, présenté au Congrès européen ICF à Bruxelles en mai 2006

l'hôpital de Blois (Loir-et-Cher), au service de pneumologie, qui a reçu le trophée de l'Agence de la qualité de vie au travail en 2004. Face à l'ampleur de l'absentéisme, le service a décidé d'agir. « Nous sommes partis de l'hypothèse, qui s'est vérifiée, que les causes étaient à rechercher dans les conditions de travail », indique Saïd Arezki, chargé de mission à l'Agence régionale pour l'amélioration des conditions de travail (Aract) Centre. Pénibilité du travail et des horaires des infirmières, port de charges lourdes, souffrances psychiques dans un service où les décès sont fréquents, etc., ces causes sont nombreuses. « À un moment, l'ensemble de ces phénomènes n'est plus supportable, explique M. Arezki. Certains craquent psychologiquement, ou ont des problèmes de dos, ou bien les deux, et c'est l'arrêt de travail. » Une formation-action, où chaque corps de métier était représenté ainsi que les syndicats, a débouché sur trente propositions, comme l'organisation chaque matin d'un briefing afin d'améliorer la connaissance mutuelle des différentes tâches de chacun, « ce qui a fait diminuer le stress, les incompréhensions entre collègues, observe M. Arezki. Des petites choses, qui, additionnées, ont considérablement amélioré la vie au travail, l'esprit d'équipe, l'écoute. Résultat : l'absentéisme a connu une diminution spectaculaire. »

Dans les entreprises qui travaillent en flux tendu, l'absentéisme est encore plus mal vécu par le management, voire par les salariés qui se retrouvent avec un surcroît de charge. « La marge de manœuvre est limitée, admet M. Rousseau, mais elle existe : augmenter les stocks, accroître légèrement les effectifs, etc. » Un retour en arrière ? « C'est plutôt une recherche de compromis, de régulations collectives, répond-il. Il faut mettre cette question dans le débat social. » Et lever le tabou. Le chemin sera long. Même si leur nombre augmente, seules sept ou huit entreprises ont contacté, depuis deux ans, le réseau de l'Anact pour un problème d'absentéisme[126].

Une étude inédite de l'Ifas montre que, à l'encontre de l'idée reçue, l'épanouissement professionnel n'est pas un gage de sérénité. La satisfaction au travail, antidote au stress ?

Pour de nombreux DRH, la cause est entendue : l'épanouissement professionnel fait figure d'antidote infaillible contre le stress. Travailler dans un cadre agréable, être salarié d'une entreprise reconnue et surtout avoir du goût pour son activité constitueraient autant d'éléments tendant à réduire, voire à annihiler le stress. La réalité est hélas plus contrastée, comme le montre une étude inédite

de l'Institut français d'action contre le stress (Ifas). Dans le cadre de ses services aux entreprises, cet institut mesure le niveau de stress et de « surstress* » des salariés, grâce à un test pratiqué lors de la visite médicale annuelle et validé en milieu médical.
Chez un de ses clients, l'Ifas a soumis aux 800 salariés un questionnaire portant sur leur satisfaction au travail. La moitié d'entre eux ont accepté de répondre. Les taux de surstress observé y sont élevés : 41 % des hommes et 55 % des femmes en sont victimes. À première vue, ils ne semblent pourtant pas à plaindre. Moyenne d'âge jeune, bons salaires, locaux agréables, employeur high-tech prestigieux... D'ailleurs, 59 % des surstressés estiment que leur travail leur procure des satisfactions. « On peut s'estimer satisfait de son travail et souffrir tout de même d'un excès de stress pénalisant pour la santé comme pour l'efficacité professionnelle », résume Matthieu Poirot, responsable du pôle santé à l'Ifas. **De bonnes conditions de travail ne compensent pas, sur le plan du stress, une charge de travail excessive ou un management déficient. Une leçon à méditer pour les entreprises qui seraient tentées de se reposer sur de bons scores de satisfaction dans leurs baromètres internes pour mieux évacuer le débat**[127].

Interview de Jean-François Vallette,
directeur de la structure addictologie Aides alcool à Lyon

— Peut-on lier la consommation excessive de certains salariés à leurs conditions de travail ?
— Le rapport problématique à l'alcool dans le monde du travail est indicateur de quelque chose qui dysfonctionne dans l'entreprise, que ce soit en termes d'organisation, de conditions de travail ou de clarté du management. Cela peut-être par exemple la pénibilité physique ou psychique, le stress, la pression, mais aussi l'ennui ou au contraire la surcharge de travail. Il peut y avoir aussi des phénomènes de groupe qui relèvent de la pathologie de la relation par le harcèlement ou la maltraitance.
— Comment faire de la prévention dans l'entreprise ?
— L'enjeu de l'intervention dans l'entreprise est d'arriver à faire prendre conscience de la réalité alcool, avec ses composantes problématiques, mais aussi satisfaisantes. La question est : comment les salariés gèrent cet équilibre compliqué entre recherche d'épanouissement et de bien-être et résistance à des facteurs de risque

* C'est-à-dire dont le niveau de stress représente un facteur de risque pour la santé physique ou mentale (dépression, anxiété...).

qui expliquent le recours à une alcoolisation excessive. L'information sur le produit est nécessaire, mais elle n'est pas suffisante. Il faut tenir compte de la singularité de l'entreprise et de son histoire en mettant en place des stratégies pour limiter les facteurs de risque et en jouant à la fois sur les représentations et sur les techniques de management[128].

Quand les salariés se droguent pour travailler

[...] Pourquoi tant de salariés professionnellement – et souvent socialement – parfaitement intégrés sont-ils ainsi tombés dans le piège de l'addiction, au point de devenir « accro » aux tranquillisants et/ou aux amphétamines ? Tous invoquent à peu près les mêmes raisons : une rapide dégradation de leurs conditions de travail et le sentiment d'évoluer dans un environnement de plus en plus dur. Sur les personnes interrogées par la CGC pour l'enquête Stress au travail (mars 2004), 68 % affirment souffrir de troubles psychiques ou physiques provoqués par leur emploi. Au point que la question mérite qu'on s'y arrête. L'entreprise est-elle en train de fabriquer une nouvelle catégorie de « drogués » cherchant dans les substances psychotropes un moyen de surmonter l'angoisse professionnelle ? « Bien sûr, l'entreprise ne peut être tenue pour seule responsable de ces comportements, nuance le médecin alcoologue Éric Hispard, elle n'a pas non plus vocation à devenir un centre de soin. En revanche, elle doit se sentir concernée par les cassures psychiques qu'elle peut susciter chez un individu en raison des conditions de travail qu'elle lui impose. » Sur le terrain, tout reste à faire car l'entreprise a encore beaucoup de mal à reconnaître sa responsabilité dans ce domaine. C'est sans aucun doute face à la consommation des substances psychotropes que le malaise, et donc le retard, est le plus grand. « Nous sommes dans la même situation que face à l'alcool, il y a une vingtaine d'années », précise Annie Le Fessant. Autrement dit, dans le déni le plus total. Il est vrai qu'à l'inverse de l'alcool, la prise de médicaments psychotropes (anxiolytiques, antidépresseurs, hypnotiques) ou de produits dopants (amphétamines, cannabis, cocaïne...), n'est pas facilement détectable par l'entourage du salarié. « Ceux qui viennent nous consulter souffrent d'autant plus qu'ils ont l'impression d'êtres seuls à avoir recours à ce type de “béquilles” », précise Michel Hautefeuille. Malheureusement, il n'en est rien. [...]
« Plus question d'aller mal, même momentanément, confirme Michel Hautefeuille ; quant à la déprime, elle est devenue carrément obscène. » Pas étonnant que les cadres soient de plus en

plus nombreux à se réfugier dans la pharmacologie pour tenter de sauver les apparences. « L'entreprise n'est d'ailleurs pas toujours dupe, assure le psychiatre du centre Marmottan, auteur de l'ouvrage *Drogues à la carte**. Un de mes patients accro à la coke et aux amphétamines achetait sa "marchandise" dans les locaux de la cafétéria ! » À l'instar de ce qui se passe dans les milieux sportifs, l'hypocrisie règne le plus souvent. Dans un premier temps, le salarié « dopé » apparaît plus performant et l'entreprise a tendance à se retrancher derrière le respect de la vie privée... Le malaise éclate lorsque les premiers troubles apparaissent. C'est le moment pour le management d'offrir à son cadre méritant les services d'un cabinet spécialisé. « La direction intervient lorsqu'elle constate chez un de ses collaborateurs un changement brutal de comportement, confirme Patrice de Dompsure, cofondateur de Discerner. En creusant un peu, on découvre souvent une voire plusieurs conduites de dépendance. »

À l'heure actuelle, la réponse de l'entreprise à la consommation de produits stupéfiants se limite donc au mieux au traitement du symptôme. Et toujours de manière individuelle, ce qui lui évite soigneusement de remettre l'organisation en cause. « Les entreprises dépensent des fortunes en prises en charge individuelles – séances de relaxation, coaching, etc. – pour traiter le malaise de leurs cadres. Mais c'est aussi une manière de les culpabiliser en suggérant du même coup qu'ils ne savent pas encaisser. « Il faudrait que ces dépendances aient un coût pour l'entreprise, affirme Bernard Salengro, responsable de la médecine du travail à la CGC. Autrement dit, qu'elles soient considérées comme le symptôme d'une maladie professionnelle qui a le stress pour origine. »

En attendant, certaines dispositions réglementaires contribuent à briser le tabou. « Après y avoir été longtemps opposée, la France commence à accepter l'usage des tests d'urine pour dépister les éventuelles addictions ; en particulier pour les salariés évoluant sur des postes de sûreté sécurité (PSS) », explique Astrid Fontaine. « Une pratique qui touche déjà près d'un employé sur deux aux États-Unis. » Ainsi, à la suite d'un décret publié par le ministère des Transports, la SNCF, au début de l'année, a mis en place ce type de dépistage pour ses salariés employés sur les PSS. « Mais ces tests ne s'appliquent encore qu'aux substances illicites sans faire le distinguo entre le cannabis, dont on peut retrouver trace deux mois après la consommation, et la cocaïne qui peut disparaître en deux heures[129] », regrette l'ethnologue.

* Paris, Payot, 2002.

Les réponses organisationnelles

Si les réponses individuelles et collectives répondent à la question du « comment », les réponses organisationnelles touchent notamment la question du « pourquoi », du sens et de la vision partagée.

Quelques pistes de réflexion

Qu'est-ce qui donne un sens à ma vie ?

« Je rencontre un homme qui creuse un trou au bord du chemin et je lui demande :

— Que faites-vous là ?

— Vous voyez bien, je creuse un trou.

« Je poursuis mon chemin et je rencontre un autre homme qui creuse un autre trou à qui je demande :

— Que faites-vous là ?

— Vous voyez bien, je construis une cathédrale. »

L'absentéisme des salariés inquiète l'entreprise

[...] « Un colloque organisé par l'Anact sur le thème « Présent, absent : quels regards sur le travail », qui s'est tenu le 18 mai 2006, témoigne de l'inquiétude des entreprises face à l'absentéisme.
Comment agir ? « Plutôt que de punir, comme le dit Thierry Rousseau, chargé de mission à l'Anact, nous privilégions une démarche reposant sur l'analyse des conditions de travail ainsi que sur les facteurs d'"engagement du salarié", ou plutôt de désengagement. L'arrêt peut traduire une contestation du travail par le salarié, liée à l'impossibilité de réguler sa charge, choix qui n'appartient qu'au manager », estime M. Rousseau. Un discours que les dirigeants auraient du mal à entendre.
« Au sein de l'entreprise, des responsables disent que l'absentéisme, c'est la faute des médecins, trop complaisants. D'autres, que c'est la faute des salariés qui s'arrêtent à la moindre insatisfaction. Certains mettent en cause le management qui, face à des difficultés, laisse les salariés aller dans le mur », rapporte Vincent Merle, chargé de la prospective sociale chez Veolia Environnement, qui a pris contact avec l'Anact « pour comprendre le phénomène de l'absentéisme » et le prévenir, même s'il est en régression dans

l'entreprise (6,12 % en 2003, 5,93 % en 2004, avec un objectif de 4,5 % en 2006).
Dans certains cas, les syndicats renvoient la balle aux entreprises en pointant du doigt les mauvaises conditions de travail. « Nous sommes typiquement dans un dialogue de sourds où chacun juge selon son propre système de valeurs », note Pascal Gallois, dans son livre *L'Absentéisme. Comprendre et agir* (Éditions Liaisons). « Notre idée n'est pas de stigmatiser un salarié en lui disant qu'il est trop souvent absent, précise M. Merle. Les abus sont beaucoup plus rares qu'on ne le croit. Mais, quand l'absentéisme est élevé, c'est le signe que quelque chose fonctionne mal dans l'organisation du travail. Et tout le monde doit se sentir concerné par cette question[130]. »

Repenser l'organisation

Atteintes psychiques, pathologies physiques... Le diagnostic est préoccupant, mais il n'a jusqu'à présent provoqué qu'une faible mobilisation tant chez les salariés que dans les syndicats. Avec un taux de chômage proche des 10 %, les conditions de travail passent au second plan. La dégradation des rapports de travail n'est pas due à une prolifération de managers pervers, mais une pression toujours accrue incite à un recul des solidarités entre salariés. « Faute de temps, on peut devenir odieux par inadvertance », estime Jean-Pierre Le Goff. Et lorsqu'elles se décident à mettre en place des mesures de prévention, les entreprises ne sont pas plus clairvoyantes. Pour préserver les lombaires des aides-soignantes, certains hôpitaux ont par exemple financé l'installation de soulève-malades. En négligeant toutefois un détail : le personnel n'a pas le temps de les utiliser car ils ont trop de patients à traiter dans la journée... « Améliorer un poste de travail ne suffit pas, commente Sophie Prunier-Poulmaire, maître de conférences en ergonomie à l'université Paris-X. Si on veut être efficace, il faut prendre en compte l'organisation dans son ensemble. Et ce n'est pas incompatible avec la performance économique. » Limiter l'apparition de troubles musculo-squelettiques (TMS) chez les caissières, par exemple, suppose de perfectionner le matériel de caisse, mais aussi de repenser la gestion des horaires et des pauses, la polyvalence, le déroulement des carrières, voire de travailler avec les sous-traitants : si les sacs en plastique que ceux-ci fournissent sont trop collés entre eux, les détacher devient extrêmement pénible. La prévention peut intervenir plus en amont, comme chez PSA, où une soixantaine d'ergonomes travaillent à supprimer les postes physiquement éprouvants dès la conception des chaînes de production de nouveaux modèles. Ce discours reste cependant inaudible pour l'immense majorité des entreprises. En mutualisant largement les coûts liés à la dégradation des conditions de travail, le système français ne les encourage pas, il est vrai, à développer la prévention. « Les comportements vertueux ou mauvais ne sont ni récompensés ni sanctionnés », déplore Rémi Jouan, de la CFDT. Pourtant, il devient urgent d'agir. Plusieurs secteurs ont déjà atteint la cote d'alerte. « Dans certains ateliers de découpe de viande, 15 à 20 % des salariés ont des restrictions d'aptitude décidées par la médecine du travail à cause des TMS, rapporte Philippe Douillet*. Pour les contremaîtres, cela devient ingérable. » La situation est d'autant plus préoccupante qu'avec la réforme des retraites, les carrières vont nécessairement s'allonger. Le « deal » implicite qui a longtemps prévalu (intensification du travail contre départ anticipé grâce aux préretraites) est caduc.

Il n'y a pas toutefois de fatalité : il est tout à fait possible de combiner gains de productivité et santé au travail, comme le montre l'exemple des États-Unis rapporté par Philippe Askenazy**. Le plan annoncé par le gouvernement sera-t-il l'occasion d'aborder enfin le problème de front ? À côté d'un important volet sur les risques chimiques, on se dit prêt, dans l'entourage du ministre Gérard Larcher, à réfléchir à une plus grande individualisation des taux de cotisation des entreprises. Une mesure qui les responsabiliserait enfin. Reste à savoir si la volonté politique sera à la hauteur[131].

Philippe Askenazy :**
« Aux États-Unis, accidents et maladies ont chuté »

Enjeux*** – *La course à la productivité menée par les entreprises a-t-elle nécessairement des conséquences néfastes sur la santé des salariés ?*

Philippe Askenazy – L'exemple des États-Unis montre qu'il n'y a pas de fatalité. L'économie américaine a été confrontée au début des années 1990 à une situation identique à la nôtre aujourd'hui : hausse des accidents du travail, explosion des TMS... Or la tendance s'est inversée à partir de 1994.

* Auteur notamment de *La Démocratie post-totalitaire*, Paris, La Découverte, 2003.

** Économiste au CNRS-Cepremap, auteur de *Les Désordres du travail, enquête sur le nouveau productivisme*, Paris, Le Seuil, 2004.

*** *Revue Enjeux-Les Échos.*

Comment expliquez-vous cela ?

Ph. A. – Les entreprises ont été incitées à réagir à cause du coût que cela représentait : la dégradation des conditions de travail a entraîné une augmentation de l'absentéisme et une hausse des primes d'assurance couvrant les maladies professionnelles et les accidents du travail. En 1994, ces primes sont montées jusqu'à 2,5 % du coût du travail total et 5 % des profits ! L'impact sur les comptes était donc bien réel. Surtout, les entreprises les moins soucieuses de la santé de leurs salariés étaient les plus pénalisées puisque, contrairement à la France, le système américain est individualisé : les primes sont fixées en fonction de la situation dans chaque société.

Les entreprises ont commencé à placer la santé des salariés au cœur de leur pensée organisationnelle. Les assureurs ont appuyé le mouvement, puisque leurs marges se dégradaient en dépit de l'augmentation des primes. Ils ont développé une activité de consultant en sécurité, secteur dans lequel les marges sont meilleures, ce qui leur permettait de faire baisser le coût des primes à leurs clients. Autre facteur favorable : les rapports des contrôles de sécurité effectués par l'administration sont consultables sur Internet. Ce qui pousse les entreprises redoutant la mauvaise publicité à faire le choix de la prévention. Quand un hôtel ou un magasin de meubles est montré du doigt parce qu'il n'a pas installé suffisamment d'extincteurs, cela fait réfléchir les clients...

La prise de conscience n'est toutefois pas encore généralisée : la moitié environ des firmes américaines n'ont rien changé à leurs pratiques. Les usines d'embouteillage de Coca-Cola et de Pepsi-Cola par exemple, restent citées parmi les sites les plus dangereux du pays. Mais, globalement, l'amélioration a été spectaculaire : de 1994 à 2002, les accidents du travail et les maladies professionnelles ont diminué de 40 %, l'absentéisme chutant dans les mêmes proportions. En l'espace de deux ou trois ans, la mise en œuvre d'une politique de prévention s'est révélée payante pour les entreprises, tant sur le plan financier que sur celui de la compétitivité.

Quels sont les enseignements que l'on peut tirer pour la France ?

Ph. A. – Nous devons imaginer les outils qui encouragent les entreprises à faire le choix de la prévention, ce qui n'est pas le cas aujourd'hui. La France peut s'inspirer des États-Unis, mais aussi de l'Espagne et de la Belgique. Ces pays réfléchissent à rendre les entreprises individuellement responsables de leur dangerosité, en repensant le système de cotisations. Il faut revoir le rôle d'expertise de l'État : par exemple, la grande majorité des produits chimiques utilisés en milieu professionnel n'a donné lieu à aucune évaluation. En s'engageant dans ces réformes, nos partenaires européens nous montrent la voie[132].

Un exemple de réponse globale dans la prise en charge et de prévention du burn out chez TeliaSonera/Suède

TeliaSonera (TS) est une société de plus de 29 000 salariés spécialisée dans les télécoms et l'informatique. L'interview qui suit reprend les propos de Ulla Rosquist-Johnson, une spécialiste de la santé et du travail, rattachée à la DRH du siège.

Le burn out est-il un phénomène connu dans votre entreprise ?
C'est venu lentement... petit à petit. Avant on le cachait, mais maintenant c'est socialement admis d'être « rentré dans le mur » ! Le monde de l'entreprise ainsi que la société civile suédoise ont davantage d'ouverture sur ce sujet aujourd'hui.
Aujourd'hui il est courant, voire à la mode, de consulter un thérapeute, de travailler à son développement personnel. C'est un nouveau comportement, surtout chez les jeunes.

Depuis quand ?
À peu près sept-huit ans.

Comment se révèle un burn out (diagnostic/signes d'alerte ?)
Parfois on ne le voit pas ! Les gens le cachent. C'est très variable suivant chaque personne. Parfois la personne s'écroule et tombe en pleurs, a du mal à fonctionner physiquement... parfois les personnes qui sont davantage à l'écoute d'elles-mêmes arrivent à détecter les signes précurseurs. Elles peuvent donc recourir à une aide extérieure, à une prise en charge bien plus tôt que d'autres. La personne qui est acteur de son burn out et qui accepte sa responsabilité dans ce qui lui arrive s'en sort plus rapidement.
D'autres au contraire rendent leur environnement responsable de leur état. La guérison est alors plus lente.
Toute la prise en charge est basée sur la reconnaissance par la personne de son état.

Quel programme avez-vous mis en place ?
Notre programme a été articulé autour de trois stades (promotif, préventif et réactif) chacun décliné en trois niveaux (l'organisation, les équipes, les individus).
Les deux premiers stades se situent en amont :
— « promotif » : ce sont les actions collectives qui comprennent l'information via l'intranet, des séminaires, des conférences, et le cursus de formation des managers ;
— « préventif » : il s'agit des programmes individuels comme par exemple le sevrage tabagique, la prise en charge de l'obésité, l'encouragement à la pratique du sport et des loisirs, etc. ;
— Le stade « réactif » ou curatif concerne l'ensemble des mesures mises en place après le burn out, jusqu'à la guérison.

Pouvez-vous nous donner un aperçu concret des mesures mises en place ?
Nous avons développé une formation avec certification de tous les managers sur trois volets :
— Le premier traite de ce qui est physiquement mesurable (lumière, air, ergonomie, etc.). Mais aujourd'hui nous avons fait tellement de progrès qu'il est difficile d'améliorer davantage ce domaine et ce n'est donc plus un facteur important dans la prévention.
— Le volet légal aborde la connaissance des lois sociales et du Code du travail.
Ces deux volets sont diffusés par l'intranet et complétés par des livres. Ensuite, quand le manager a franchi ces deux étapes, il passe au troisième volet :
— Le volet psychosocial comprend, outre des lectures à faire en amont, une journée avec un intervenant qui traite notamment des aspects santé, où il donne entre autres des clés pour détecter les signes de burn out.

• Une fois par an, une enquête facultative (taux de réponses de 90 %) mesure anonymement l'environnement psychosocial. Il est néanmoins possible d'identifier les réponses par département, et donc les managers qui ont des difficultés. Ces résultats servent de signal d'alerte et permettent d'intervenir en amont dans les services et départements où il y a des problèmes potentiels.
• La médecine du travail de TeliaSonera (Företagshälsovården-FÖ) procède à des bilans médicaux individuels qui comprennent, entre autres, données de modes de vie, pression artérielle, bilan sanguin, condition physique et environnement psychosocial au travail. Ces données sont communiquées individuellement au collaborateur par un « pédagogue de santé ». C'est quelqu'un de la médecine du travail, non médecin, mais formé à ce rôle, et qui peut être amené si nécessaire à établir un programme sur mesure. Le pédagogue de santé transmet un bilan général anonyme de l'équipe au manager et peut le cas échéant le conseiller sur les mesures à mettre en place. Le pédagogue de santé alerte l'équipe médicale s'il constate des signes de burn out.
• Le FÖ est un observateur de l'entreprise dans la détection des signes de burn out. Il fait partie des réunions quand un facteur humain est en jeu, par exemple dans les cas de restructuration ou de réorganisation. Dans ce cas, le pédagogue de santé et d'autres membres de la médecine du travail, ainsi que des collaborateurs des RH procèdent à une évaluation des risques de santé potentiels des personnes concernées. Par exemple, en cas de licenciement de plusieurs collaborateurs d'un même département, évaluer quelle sera l'incidence de la répartition de la charge de travail sur ceux qui restent en place, être en mesure de gérer leurs craintes d'un licenciement au cours d'une prochaine réorganisation.

• Il arrive qu'un directeur de département ou un responsable des ressources humaines me demande d'intervenir sur une question de santé. Quand je détecte une nouvelle cause du problème – qu'elle soit d'ordre managérial, organisationnel, leadership ou autre – je l'étudie avec la personne concernée.
• Un volet santé fait partie de l'entretien annuel.
• Chez TS, les collaborateurs doivent être volontaires et proactifs dans l'ensemble des programmes proposés. C'est du ressort de la responsabilité individuelle et non collective. La philosophie de l'entreprise est que l'individu est responsable de sa vie, du développement de ses compétences et de sa santé. Mais TS l'accompagne avec de nombreuses mesures :
— Sur l'intranet il existe un programme d'éducation de santé interactif où le collaborateur peut faire des tests, bénéficier de conseils sur des sujets comme la diététique, le sport, le tabac, l'alcool, l'ergonomie, etc.
— Si un collaborateur a un BMI (Body Mass Index, qui mesure d'obésité) supérieur à 25, TS finance alors l'intégralité d'une prise en charge si ce dernier atteint l'objectif fixé au départ. Il en va de même pour les fumeurs qui souhaitent se sevrer.
— Chacun a le droit à 2 000 couronnes par an pour s'abonner par exemple à une salle de sport.
— Chaque salarié bénéficie d'un crédit annuel massage de 1 000 couronnes.
— Une association interne complètement gérée par les salariés, qui s'appelle « Sports et temps libre », organise des activités comme le golf, l'équitation, le hockey, le tennis, le ping-pong, les échecs, le bridge, des clubs de femmes etc.
— Il existe un programme antistress nommé « Bon sens et équilibre » (*Sans och Balans*) et comprend trente séminaires d'information par an à travers le pays sur le stress, ses effets sur le corps, les systèmes physiologiques et biologiques affectés, un travail sur l'ici et maintenant, ainsi que des exercices de relaxation et de présence mentale. Les salariés reçoivent un livre sur la santé mentale. Un ouvrage sur le diagnostic du stress est donné aux managers.
— Partout dans le pays, des « groupes de bien-être » constitués de volontaires de l'entreprise aident les autres à améliorer leur santé et à prendre leur vie en mains. Ces ambassadeurs organisent des « déjeuners d'inspiration » autour d'un thème lié à la santé. Une à deux fois par an un séminaire d'une journée destiné à donner du contenu aux échanges a lieu avec des intervenants spécialisés. Ces ambassadeurs volontaires animent des groupes issus de départements différents des leurs pour réduire les éventuelles barrières internes, pour créer une culture d'entreprise. Aussi les managers leur demandent-ils parfois de venir participer à une réunion pour témoigner de leurs

activités. Dans toutes ces occasions ils bénéficient d'une présentation que je prépare afin qu'ils puissent diffuser un message cohérent.

— Un test d'évolution de carrière anonyme est proposé sur l'intranet. Les questions concernent la situation familiale du collaborateur, son mode de vie, le poste qu'il souhaite obtenir. Le programme lui donne une image globale de ses équilibres vie privée-vie professionnelle et il peut ainsi mesurer si le poste qu'il souhaite est en adéquation avec son équilibre de vie.

Quelle est la cartographie du burn out chez TS ?

Les chiffres sont de 20 % plus élevés chez les femmes que chez les hommes.

Les *call centers* sont plus touchés parce que les collaborateurs y ont moins de responsabilités, qu'ils sont physiquement immobiles en posture assise, et les clients qu'ils ont en ligne ne sont pas toujours faciles.

Avez-vous pu mesurer concrètement l'impact de votre politique de prévention ?

Nous avons constaté une baisse de 50 % des arrêts de travail ces deux dernières années.

Je préfère renverser la tendance courante et parler de taux de présentéisme positif, et non d'absentéisme. Parler d'un taux de 95 % de présentéisme est plus positif, encourageant et modélisant que d'évoquer les 5 % d'absents.

Travaillez-vous en collaboration avec vos homologues d'autres sociétés sur ce sujet ?

Nous échangeons avec Volvo et Skandia et avons des programmes relativement similaires en place.

En conclusion :

La santé n'est pas un projet. C'est un *ongoing process*, processus permanent, et c'est important pour tous les collaborateurs qu'il en soit ainsi.

Il faut que le burn out devienne une question encore plus stratégique et prioritaire pour le conseil d'administration. Il importe de voir la santé en entreprise non pas comme un coût mais comme un investissement qui favorise la rentabilité et la performance.

Pourquoi ?

« Parce que tu es mon environnement psychosocial ! » À savoir, si tu as bien dormi, que tu es en forme, que tu as bien mangé, cela va améliorer ton rapport avec moi, qui suis assis à côté de toi dans un bureau en *open space*, et donc celui de tout l'environnement social.

« L'autre » constitue mon environnement et réciproquement. C'est la notion d'exemplarité contagieuse[133].

Conclusion

> *Ne doutez jamais du fait qu'un petit nombre de gens réfléchis et engagés peuvent changer le monde. C'est ainsi que cela s'est toujours passé.*
>
> Margaret Mead

C'est à partir de cette conviction profonde que ce livre est né. Notre pratique professionnelle révèle jour après jour l'accroissement du nombre des victimes du burn out. Il y a aujourd'hui une urgence à y faire face et à lever les tabous qui l'entourent. Dans le tourbillon de ce monde en mutation permanente, il nous faut plus que jamais trouver ou retrouver nos valeurs, le sens de notre vie, pour nous ancrer, nous aligner dans toutes nos dimensions et richesses personnelles en lien et en harmonie avec nos vies et devenirs professionnels.

Sortir de la spirale du burn out implique une action à double niveau : passer de l'intelligence individuelle à l'intelligence collective.

C'est bien cette dimension, développée au sein des organisations, qui permettra, au-delà de la réparation de l'individu en souffrance, d'être le véritable levier rendant possible une action en profondeur sur le système. C'est ainsi que l'on réussira véritablement à prévenir le burn out.

L'entreprise et ses transformations

Aujourd'hui, les entreprises et les organisations, tous secteurs d'activité confondus, sont confrontées au défi permanent de devoir délivrer des marchandises et des services de très grande qualité afin de rester dans la course de la compétitivité.

La culture de l'excellence à laquelle l'entreprise est forcée d'adhérer trouve sa puissance dans la détermination et l'enthousiasme des employés à puiser dans leurs connaissances sans cesse renouvelées et à mettre leurs compétences intellectuelles, professionnelles et émotionnelles au service de la communauté[134].

Nous sommes aujourd'hui à l'ère des *brainworkers* (littéralement les travailleurs du cerveau), qui succède à celle des *brawnworkers* (les travailleurs « tout en force musculaire »)[135].

Ce potentiel de compétence des entreprises, des organisations et des administrations se révèlera d'autant plus efficace que l'encadrement de ces « cerveaux en travail » sera assuré par des cadres « émotionnellement intelligents » qui pratiqueront avec discernement et courage l'art de conduire les hommes et d'investir en eux.

Quel changement organisationnel pour prévenir l'épuisement ?

Le changement organisationnel sera d'autant plus solide que les parties concernées sont consultées et que l'on tient compte de leur avis durant toute la durée du processus. En revanche, les changements mis en place sans concertation laminent les hommes, tarissent les sources de la créativité et épuisent les systèmes. Dans ce sens, tout changement qui vise à prévenir l'épuisement requiert une maturation de la conscience collective qui touche les cœurs, travaille les croyances, construit du lien et fait des valeurs de solidarité et de respect une réalité qui se conjugue à tous les temps et dans toutes les strates de l'entreprise[136].

Investir au niveau des brainworkers

« Les entreprises peinent à faire la différence entre, d'une part, le coût que représente une (juste) rémunération de leurs employés et, d'autre part, la valeur qui consiste à (réellement) investir en eux[137]. »

Or il est indispensable d'investir dans ses employés pour permettre à ceux-ci de déployer leur capital d'intelligence collective au service de la compétitivité.

Respectés, les hommes et les femmes renforcent les liens de loyauté vis-à-vis de leur employeur. Ils deviennent ainsi les meilleurs ambassadeurs de leur entreprise (hôpital, administration, école, société privée, etc.) auprès du client et font « une affaire personnelle » des défis de l'employeur. *In fine*, le respect qui prévaut dans la relation employeur-employé se retrouve dans une relation de qualité avec le « client », que celui-ci soit interne (les collègues) ou externe à l'entreprise[138].

De plus, l'engagement dans le processus de maturation collective donne du sens et renforce l'efficacité des campagnes classiques de gestion du stress en général (activités sportives et de relaxation, séminaires sur la gestion du temps et des priorités, etc.).

Le succès de ce projet de société repose sur l'engagement et la prise de responsabilité de tous les acteurs, du sommet à la base de l'organisation. C'est ici aussi que la capacité du management à susciter les enthousiasmes et à donner envie aux collaborateurs de mettre leur « savoir-faire, savoir-être et savoir-devenir » à leur service est mise à l'épreuve.

En effet, aussi brillant soit-il, un management ne pourra jamais acheter la part magique et sacrée qui fait la particularité de chaque individu. Car, contrairement à la force musculaire, le génie créatif au quotidien se mérite et ne se marchande jamais[139].

En conclusion, tout part et finit avec les qualités des comités de direction et des cadres à exercer leur autorité (leadership). Leur capacité à attirer les meilleurs, à les rendre satisfaits et à les garder se concrétisera à travers leur comportement, leur courage, leur honnêteté, leur cohérence vis-à-vis des valeurs prônées et l'intelligence du regard qu'ils porteront sur l'avenir.

Bibliographie et ressources

Sources et références

1. Eglin, R., « Act now on stress or pay the price », *The Sunday Times*, 24 novembre 2004.
2. Iacovides, A., « The relationship between job stress, burnout and clinical depression », *Journal of Affective Disorders* 75, 2003, p. 209-221.
3. Freudenberger, H. J., « Staff burn out », *Journal of social issues*, vol. 30, n° 1, 1974, p. 159.
   - Maslach, C., « Burn out », *Human Behavior*, septembre 1976, p. 16.
   - Kovess-Masféty, V. et *al.*, Séminaire sur le travail enseignant V., université Paris-V.
4. D'après Kubler Ross, E., *Leçons de vie*, Paris, Pocket, 2004, p. 83.
5. Quéruel, N., « Les conduites addictives, un sujet tabou en entreprise », *Le Monde*, 10 mai 2005.
6. D'après une interview de Kristensen T. S., « National Institute of Occupational Health. Copenhague. Denmark », in *Business Digest*, n° 159, janvier 2006.
7. Chiffres du Bureau international du travail (BIT) cités par Florentin Collomp et Pascale Marie Deschamps (http://www.lexpansion.com/art/38.69.56999.0.html).
8. *Ibid.*
9. *L'Humanité*, 5 février 2002.
10. BIT, site cité.
11. Fingal, V., *Le Matin*, 5 juillet 2004.
12. Estimation d'après une enquête menée en 2003 par l'inspection médicale de Basse-Normandie.
13. Extrait d'une interview de Dejours, C., Indymedia, Paris, Île-de-France, mars 2006, http://paris.indymedia.org/article.php3 ?id—article=53780
14. K. Inoue, K., « Karo jisatsu (suicide from overwork) : a spreading occupational threat », *Occup. Environ. Med 2000, 57*, p. 284, cité par *The Japan Times*, 10 mai 2003.

15. Uehata T., « Karoshi : When the Corporate Warrior Dies », Tokyo, Mado-sha, 1990, cité dans *Encyclopédie* du BIT, http://www.ilocis.org/fr/samplilo.html.
16. Wikipedia, http://fr.wikipedia.org/wiki/Karoshi
17. Lawalis, G. F., « Alternative therapies in Japan : a prototype for conquering "karoshi" and stress », *Alternative Therapies in Health and Medicine, 1*, 1995, 28-29.
   • Nishiyama, K. *et al*, « Karoshi-death overwork : Occupational health consequences of the Japanese production management », *Job Stress network*, http://www.workhealth.org/whatsnew/lpkarosh.html
   • Palumbo, F. A., « Salaryman Sudden Death Syndrom », *Employee Relations*, vol. 16, n° 1, 1994. p. 54-61.
18. Orton, W. T., « Mobbing », *Public Health*, 96, 1983, p. 172-174.
19. *Harrap's Shorter*, 1987.
20. Hirigoyen, M. F., *Le Harcèlement moral*, Paris, LGF, 2000.
21. Girard, R., *Le Bouc émissaire*, Paris, Grasset, 1982.
22. Chatteryee, D., « Really leading : leadership that is authentic, conscious, and effective by », *Business. The Ultimate resource*, New York, Perseus Books Group, 2002, p. 222-223.
23. Nazaré-Aga, I., *Les Manipulateurs et l'amour*, Montréal, L'Homme. 2000.
   —, *Les manipulateurs sont parmi nous*, Montréal, L'Homme, 1997.
24. Kaplan & Sadock, « Psychology and Psychiatry : psychometric and neuropsychological testing », *Clinical Manual of Psychiatric Diagnosis and Treatment* : A Biopsychosocial approach, Arlington, American Psychiatric Publisher, 1994, p. 226-227.
25. Noirman, T. R., *et al.*, *Hanbdbook of Anxiety and Depression*, New York, Marcel Dekker, 2003, p. 657-679.
26. Miller, A., *Le Drame de l'enfant doué*, Paris, PUF, 1979, p. 8.
27. Zapf cité par Schaufeli, W. B., « Introduction to special issue on burnout and health », *Psychology and Health*, 2001, vol. 16, p. 501-510.
28. Peiro, J. M., *et al.*, « Does role stress predict burnout over time among healthcare professionals », *Psychology and Health*, vol. 16, 2001, p. 511-525.
29. Schaufeli, *idem*.
30. Schaufeli, *idem, ibidem.*
31. Schaufeli, *idem, ibidem.*
32. « L'empire caché de nos émotions », *Science et Vie*, septembre 2005 (hors-série).
33. Clerc, O., *La grenouille qui ne savait pas qu'elle était cuite et autres leçons de vie*, Paris, J.-C. Lattès, 2005.
   • Goleman, D., *L'Intelligence émotionnelle*, Paris, J'ai Lu, 2003.
   • Levinson, H., « Burn out ». *Harvard Business Review*, juillet-août 1996, p. 153-160.
34. Selye, H., *Stress without Distress*, New York, New York American Library, 1974.
   • Kiecolt-Glaser, J. K. *et al.*, *op. cit.*
35. Morel, C., *Les Décisions absurdes*, Paris, Gallimard, 2002.

36. Raquin, B., *Maîtrisez vos scénarios de croyances*, Archamps, Jouvence, 2004.
37. Karosek R. A., *Job Decision Lattitude, Job Designed and Coronary Heart Disease in Machin Pacing and Occupational Stress*, G. Salvendy & M. J. Smith Editions, Londres, 1981, p. 44-65.
38. Kiecolt-Glaser, J. K. *et al.*, « Hostile marital interactions, proinflammatory, cytokines production, and wound healing », *Arch Gen Psychiatry*, vol 62., dec. 2005, p. 1377-1384.
39. Morel, C., *op. cit.*
40. Dr Marie Christine Soula, unité Souffrance au travail, hôpital Raymond-Poincaré, Garches.
41. Cotter, D., « Stress on the brain : neuropathology and cortisol dysregulation in bipolar disorders », *Bipolar Disorders : the Upswing in Research and Treatment*, Abingdon, Taylor & Francis, 2005.
42. « The effect on ambulatory blood pressure of working under favourably and unfavourably perceived supervisors », *Occupational and Environmental Medicine*, vol. 60, 2003, p. 458-474.
43. Liu, Y., « Overtime work, insufficient sleep, and risk of non fatal acute myocardial infarction in Japanese men », *Occupational Environmental Medicine*, 59, 2002, p. 447-451.
44. Chrousos, G. P., « Stressors, stress, and neuroendocrine integration of the adaptative response. Stress of life. From molecules to man », *Annals of the New York Academy of Sciences*, vol. 853, p. 311-335.
   • Hyman, S. E. et Nestler, E. J., « Drug – Induced Neural Plasticity : How Psychotropic Drugs Work », *The Molecular Foundations of Psychiatry*, American Psychiatry Publisher, 1993, p. 123-171.
   • Sapolsky, R. M., « Glucocorticoids and hippocampal atrophy in neuropsychiatric disorders », *Archives of General Psychiatry, 57*, 2000, p. 925-935.
   • Duman, R. S. *et al.*, « Neuronal Plasticity and survival in mood disorders », *Biological Psychiatry*, vol. 48, issue 8, 2000, p. 732-739.
45. Ahola, K., « The relationship between job-related burnout and depressive disorders-results from the Finnish Health 2000 Study », *Journal of Affective Disorders* 88 (2005), p. 55-62.
   • Iacovides, A., « The relationship between job stress, burnout and clinical depression », *Journal of Affective Disorders 75*, 2002, p. 209-221.
46. Ahola, K., *op. cit.*
47. Hamilton, E., *La Mythologie*, Paris, Marabout, 1997.
48. Médecins inspecteur régional du Travail et de la Main-d'œuvre, médecins au service des pathologies professionnelles, unité Souffrance au travail, hôpital Raymond-Poincaré (Garches), 13 février 2006.
49. Schaufeli, W. B.
50. Iacovides, *op. cit.*
51. Schaufeli, *op. cit.*
52. Aubert, N., citée dans *L'Expansion*. 27 mai 1999.
53. *Idem, ibidem.*
54. Idem, *ibidem.*
55. Extrait d'une interview de Dejours, C., Indymedia, Paris Île-de-France, mars 2006, (http://paris.indymedia.org/article.php3 ?id—article=53780)

56. Faljaoui, A., « Les dirigeants pensent global, les salariés voient local », *Trends-Tendances*, 7 septembre 2006.
57. Landier, H., *Divorce à la française. Comment les Français jugent les entreprises*, Paris, Dunod, 2006.
58. *Idem, ibidem.*
59. *Le Soir*, 2-3 décembre 2006.
60. Philippe Crouzillacq, 15/06/2005 à 19 h 30. http://www.01net.com/editorial/281407/donnees-personnelles/la-cnil-dit-non-a-la-delation-en-entreprise/
61. A. Kakabadse, *L'Expansion*, 27 mai 1999.
62. Schwartz, J., « Worker feel the effects as job stress intensifies », *The New Ork Times*, 11 septembre 2004.
63. Marsan, J.-S., « Le syndrome du survivant dans les organisations », *Recto Verso* nº 270, janvier-février 1998, p. 22-33.
    • Vahtera, J., Kivimäki M. *et al.*, « Organizational downsizing, sickness absence and mortality : 10 town prospective cohort study) », *British Medical Journal (BMJ)*, 2004, 23 février 2004, p. 328 :55.
64. Quéruel, N., *Le Monde*, 13 décembre 2005.
65. Lash, R., « Emotional intelligence », in *Business : The Ultimate Resource*, *op. cit.*, p. 14-15.
66. Jayaratne S. *et al.*, « Burnout : its impact on child welfare workers and their spouses », *Social Work, 31*, 1986, p. 53-59.
67. Fahs, B., « Counselor Burnout in family services agency », *Social Casework : The Journal of Contemporary Social Work, 68*, 1987, p. 3-15.
    • Koeske *et al.*, « Workload and Burn out : Can social support and perceived accomplishment help ? », *Social Work*, mai 1989, p. 243-248.
    • Coady, C. *et al.*, « Burnout among social workers working with patients with cystic fibrosis », *Health and Social Work*, mai 1990, p. 116-124.
68. Dupuis, C., *Le Quotidien du médecin*, 19 mai 2005.
69. *The Lancet*, 26 août 2005.
70. Extraits de la session du 19 septembre 2003, Sénat de Belgique, « Proposition de loi organisant l'indemnisation des accidents médicaux sans faute médical », déposée par M. Alain Destexhe.
71. Mesters P., Czarka M., Schepers N., Renard D., « A survey to assess burn out of physicians working in the belgian pharmaceutical industry », 13th International Conference on Pharmaceutical Medicine, Genève, Suisse, 20-22 septembre 2004.
72. Iacovides A. *et al., op. cit.*
73. Crawford M. cité par J. Graske, « Improving the mental health of doctors », *BMJ Career Focus, 198, 327*, p. 188.
74. Rutter H. *et al.*, « Stress in doctors and dentists who teach », *Medical Education*, 2002, 36, p. 543-549.
75. Dr Éric Galam, coordonateur de l'AAPML (Association d'aide aux professions médicales libérales) : voir coordonnées en annexe V.
76. *Science et Vie*, *op. cit.*, p. 37.
77. Dispa, M-F., « Le stress de soignants », *Gaël*, mars 2005, p. 169.
78. Update 1998 et Nursing Standard, 6 janvier 1999.

79. Peiro, J. M. *et al.*, art. cit.
80. Daloz L. *et al.*, « Burnout and abuse in health care », *Annales medico-psychologiques*, n° 163 2, 2005/03, p. 156-160.
• Pillemer K. *et al.*, « Highlights from a study of abuse of patients in nursing homes », *Journal of Elder Abuse and Neglect*, vol. 2, n° 1/2, 1990, p. 5-29.
81. Winstanley, S. *et al.*, « Anxiety, burnout and coping styles in general hospital staff exposed to workplace aggression : a cyclical model of burnout and vulnerability to aggression », *Work & Stress*, vol. 16, n° 4, 2002, 302.
82. College of Nurses of Ontario, « Abuse of clients by RNS and RNAS : Report to Council on Results of Canada Health Monitor Survey of Registrants », *The College*, Toronto, Ontario, 1993, p. 1-11.
83. Peiro, J. M., *op. cit.*
• Schmitz, N. *et al.*, « Stress, burnout and locus of control in German nurses », *International Journal of Nursing Studies*, 37, 2000, p. 95-99.
84. Malingre, V., « Stressés, fatigués mais en bonne santé », *Le Monde*, 21 septembre 2005.
85. *Le Devoir*, 2 février 2000, Montréal, Québec.
86. Jaoul, G. *et al.*, « Le burn out dans la profession enseignante », *Annales médico-psychologiques*, 162, 2004, p. 26-35.
87. Rutter, H., *op. cit.*
88. Seidman S. A. *et al.*, « A study of coping behaviours and teacher burnout », *Work & Stress*, 1991, vol. 5, 3, p. 205-216.
• Doppia, F., *Maternelles à la dérive. Une institutrice témoigne*, Paris, Fayard, 2006.
89. Seidman, S.A., *op. cit.*
90. Mezza-Bellet, F., cité par Bourgeois, N., « Étude menée entre 1979-1995 dans la police nationale française : Le suicide dans la police nationale », université de Franche-Comté. http://www.police-nationale.-net
91. Durand, J., *Libération*, 9-10 septembre 2006.
92. Turvey, B., « Police officers : control, Hopelessness, & suicide », *Knowledge Solutions Library »*, http://www.corpus-delicti.com/suici-de.html, Avril 1995.
• Bourgois, N., *op. cit.*
93. Simard, J.-F., « Épuisement professionnel – un fléau des temps modernes », *Communications*, vol. 32, n° 2, été 2006.
94. Leiter, M. P., « Abusive interactions and burnout : examining occupation, gender, and the mediating role of community », *Psychology and Health*, vol. 16 (5), 2001, p. 547-563.
95. Shain M., en collaboration avec Santé Canada, AON Consulting Inc. et CHC Working Well. Conseils sur la gestion des risques associés au stress en milieu de travail.
96. Acker G. *et al.*, « The impact of client's mental illness on social workers' job satisfaction and Burnout », Health and social work, 24, 1999, p. 112-119.
• Gibson F. *et al.*, « Occupational Stress in social work », *British Journal in social work*, 19, 1989, 1-6.

• Martin U. *et al.*, « Organizational and individual factors influencing job satisfaction and burnout of mental health workers », *Social Work in Health Care*, 28, 1998, p. 51-62.

• Maslach, C. *et al.*, *Maslach Burnout Inventory Manual*, Palo Alto, Consulting Psychologists Press, 1996.

• Podniks, E., « Canadian RN looks at caregivers and elder abuse », *Provider*, vol. 13, nº 7, p. 45-46.

• Schaufeli, W. B. *et al.*, « Introduction to special issues on burnout and health », *Psychology and health*, vol. 16, 2001, p. 501-510.

• Um, M. Y. *et al.*, « Role stressors, burnout, mediators and job satisfaction : A stress-strain-outcome model and an empirical test », *Social Work Research*, 22, 1998, p. 100-115.

• Delbrouck, M., *Le Burn out du soignant*, Bruxelles, De Boeck, 2003.

• Kervasdoué, J. de, *L'Hôpital vu du lit*, Paris, Le Seuil, 2004.

• Hennezel, M. de, *Le Souci de l'autre*, Paris, Robert Laffont 2004.

97. Trontin, C., Actes du colloque « Le stress au travail : comprendre pour agir », Aract Nord-Pas-de-Calais, 7 novembre 2003.

98. Bejean, S., H. Sultan-Taieb, H., Trontin, C., « Conditions de travail et coût du stress : une évaluation économique », *Revue française des affaires sociales*, 2004.

99. Eglin, R., *op. cit.*

100. Ramaciotti D, « Les coûts du stress en Suisse », *Groupe de psychologie appliquée de l'université de Neuchâtel et ERGOrama*, 2000, Genève.

101. Ekstrand, M., *Stress and Burnout from an affect theory perspective*, (mémoire de thèse : Grundläggande psykoterapiutbildning, Arbetsgruppen för utbildning och handledning, Högbergsgatan), Stockholm, printemps 2002.

102. Lunde, J., & Levi, « A model for assessing the costs of stressors at National level : Socio-economic costs of work stress in two EU member States », *European Foundation for the Improvement of Living and Working Conditions*, 1996, Dublin.

• Organisation internationale du travail (OIT), *Travail*, nº 37, décembre 2000.

• Ekstrand, M., *op. cit.*

• Basic Psychotherapy Group 2000-2002, *Arbetsgruppen för utbildning och handledning*, Stockholm, Suède.

103. OIT, *op. cit.*

104. *Idem, ibidem.*

105. Simard, J. F., « Burnout, a modern day affliction », *Communications Magazine*, vol. 32, nº 2, été 2006. (http://www.pipsc.ca/english/newsletters/c-jun06/7.html).

106. OIT, *op. cit.*

• Kulkarni G. K., *Indian Journal of Occupational Environnemental Medicine, 10*, 2006, p. 3-4.

107. Hemp, P., « Presenteism : at work – but out of it », *Harvard Business Review*, octobre 2004.

108. Dalaï Lama et Cutler, H., *L'Art du bonheur*, Paris, J'ai Lu, 2000, p. 116.
109. Interview du 13 janvier 2006.
110. Ferreri, M., *Réponses à vos questions sur la fatigue*, Paris, Solar, 2006.
111. Furger, Ph., *Médecine interne*, Neuhausen am Rheinfall, D&F Editions, 2005.
• http://www.mayoclinic.com
112. Quelques sites et ouvrages pour en savoir plus sur les différentes techniques de psychothérapies
http://www.lasante.be/psycho/psychothérapies/cogni-dev.htm
http://www.esculape.com/psychiatrie/therapiccompcogni.html
http://fr.wikipedia.org/wiki/Psychoth %C3 %A9rapie-cognitivo-comportementale
http://www.psychotherapies.org/principe-psychotherapie-analytique.htm
http://www.ac-reims.fr/datice/sti/actualites/appr-syst.htm
http://perso.orange.fr/m.duplessy/themesystemique.htm
http://fr.wikipedia.org/wiki/Analyse-syst %C3 %A9mique
http://fr.wikipedia.org/wiki/Gestalt
http://nvc-europe.org/france/
http://fr.wikipedia.org/wiki/Sophrologie
• Angel, S. et P., *Comment bien choisir son psy*, Paris, Robert Laffont, 1999.
• Elkaim, M. (sous la dir. de), *À quel psy se vouer ?*, Paris, Le Seuil, 2003.
113. http://www.semisud.be/sepp/surveillance-medicale/sante-au-travail/role-medecin.html
114. En français : http://www.coachfederation.fr, rubrique : Le coaching, définition.
• En anglais : www.coachfederation.org/ICF/For+Current+Members/Ethical+Guidelines/Code+of+Ethics
115. FGTB syndicat socialiste, www.fgtb.be
116. http://www.travail.gouv.fr/informations-pratiques/fiches-pratiques/sante-conditions-travail/harcelement-moral-1050.html
http://www.sante.gouv.fr/htm/dossiers/harcelement/definitions.pdf#search=%22harcelement%20moral%22
http://www.inrs.fr/INRS-PUB/inrs01.nsf/IntranetObjectAccesParReference/Dossier+Harc%C3%A8lement+moral/$File/visu.html
117. Goudsmet, A., *L'Athlète d'entreprise*, Paris, Kluwer, 2002.
118. Association suisse pour l'alimentation, http://www.gastromed-suisse.ch/fr/ifo/diet/download.html
119. Lectures suggérées : d'Ansembourg, T., *Cessez d'être gentils, soyez vrais !*, Montréal, L'Homme, 2001.
• Raquin, B., *La Réconciliation*, Archamps, Jouvence. 2003.
120. Amiot, M., « Les salariés malades préoccupent leurs employeurs », *Les Échos*, 21 mars 2006.
121. Jasor, M., « Le stress, une nuisance trop souvent ignorée », *Les Échos*, 24 février 2006.

122. Salengro, B., *Le Stress des cadres*, Paris, L'Harmattan, 2005.
123. Emery, J.-L., « Stress, Les Entreprises auscultées », *Enjeux-Les Échos*, 1er janvier 2004.
124. Steinmann, L. et Lupieri, S., « Quand les salariés se droguent pour travailler », *Enjeux-Les Échos* nº 207, 1er novembre 2004.
125. *Idem, ibidem.*
126. Aizicovici, F., « L'absentéisme des salariés inquiète les entreprises », *Le Monde*, 16 mai 2006.
127. *Enjeux-Les Échos*, 1er Mai 2006.
128. *Le Monde*, 24 mai 2006 (propos recueillis par Cécile Prieur).
129. Steinmann, L. et Lupieri, S., *art. cit.*
130. Aizicovici, F., *art. cit.*
131. Steinmann, L. et Lupieri, S., *art. cit.*
132. « Travailler nuit gravement à la santé », *Enjeux-Les Échos*, 1er novembre 2004. Propos recueillis par Lionel Steinmann.
133. Interview réalisée par Måns Ekstrand, 28 septembre 2005.
134. Stewart, T., « Intellectual capital », *Business : The Ultimate Ressource*, Perseus Books Group, 2002, p.159.
135. Van Compernolle, T., « Les facteurs émotionnels et relationnels du leadership. Comment améliorer la résilience du top management, des équipes et organisations ? », *Conférence : Social Governance Day*, Braine l'Alleud (Belgique), 10 octobre 2006.
136. Desjours, C., *op. cit.*
137. Stewart, T., *op. cit.*
138. Heskett, J. L., *et al.*, *The Service Profit Chain*, New York, The Free Press, 1997.
139. Van Compernolle, T., *op. cit.*

Outres les références ci-dessus, quelques suggestions pour aller plus loin :

Coaching

• Angel, P. et Amar, P., *Le Coaching*, Paris, PUF, 2005.
• Delivre, F., *Le Métier de coach*, Paris, Organisation, 2002.
• Grosjean, D. et Sauzede J.-P., *Trouver la force d'oser*, Paris, InterEditions, 2006.
• Lenhardt, V., *Les Responsables porteurs de sens*, Paris, Insep Consulting, 2002.

Stress

• Albert, E., *Comment devenir un bon stressé*, Paris, Odile Jacob, 1994.
• Ettighofer, D. et Blanc, G., *Trop, c'est trop ! Le stress des managers*, Paris, Organisation, 2004.
• Legeron, P., *Le Stress au travail*, Paris, Odile Jacob, 2001.
• Ferreri, M. et Legeron, P., *Travail, stress et adaptation*, Paris, Elsevier, 2002.
• Le dossier « Prévenir le stress d'origine professionnelle » édité par l'Anact dans le numéro 298 (octobre-novembre 2004). Téléchargeable sur http://www.anact.fr/pls/portal/docs/1/8338.PDF#search=%22Observatoire%20stress%20en%20entreprises%22

Addictions

• Hautefeuille, M., *Drogues à la carte*, Paris, Payot, 2002.
• Lowenstein, W., *Ces dépendances qui nous gouvernent*, Paris, Calmann-Lévy, 2005.
• Deux enquêtes publiée le 4 mai 2006 par l'Institut national de prévention et d'éducation pour la santé (Inpes), l'une menée auprès de directeurs des ressources humaines et l'autre auprès de salariés, sur les « problèmes d'addictions en entreprises ». Voir http:www.lesechos.fr // Les actions de prévention sur l'alcool restent insuffisantes : 69 % des entreprises n'en ont jamais mené, selon l'étude.

Management

• Albert, E., *Le manager durable*, Paris, Organisation, 2004.
• Albert, E., et *al.*, *Pourquoi j'irais travailler*, Paris, Eyrolles, 2003.
• Duluc, A., *Leadership et confiance*, Paris, Dunod, 2000.
• Kets de Vries, M., *Les Mystères du leadership*, Paris, Village Mondial, 2002

Organisation du travail/Conditions de travail

• Ariès, P., *Harcèlement au travail ou nouveau management ?* Paris, Golias, 2002.
• Askénazy, P., *Les Désordres du travail*, Paris, Seuil, 2004.
• Aubert, N., *Le Culte de l'urgence, la société malade du temps*, Flammarion, 2003.
• Clot, Y., *La Fonction psychologique du travail*, Paris, PUF, 1999.
• Clot, Y., *Le Travail sans l'homme*, Paris, La Découverte, 1998.
• Desjours, C., *Le Facteur humain*, Paris, « Que sais-je ? », PUF, 1995.
• Desjours, C., *Souffrance en France, la banalisation de l'injustice sociale*, Paris, Seuil, 1998.
• Desjours, C., *Travail, usure mentale*, Paris, Bayard, 2000.
• Dujarier, M.-A., *L'Idéal au travail*, Paris, PUF/*Le Monde*, 2006.
• Ettighofer, D. et Blanc, G., *Du mal travailler au mal vivre,* Paris, Eyrolles, 2003.
• Le Goff, J.-P., *Les Illusions du management. Pour le retour du bon sens*, nouvelle édition poche, 2000.
• Le Goff, J.-P. *La Démocratie post-totalitaire*, Paris, La Découverte, 2002.
• Leymann, H., *La Persécution au travail*, Paris, Seuil, 2002.
• Lhuillier, D., *Placardisés, Des exclus dans l'entreprise*, Le Seuil, 2002.
• Maier C., *Bonjour paresse*, Paris, Michalon, 2004.
• Thévenet, M., *Le Plaisir de travailler*, Paris, Organisation, 2004.
• Tiberghien, F., *Au travail !*, Paris, J.-M. Laffont, 2003.

ROMANS

• Bizot, T., *Ambitions & Cie*, Paris, Seuil, 2002.
• Pilhes, R.-V., *L'Imprécateur*, Paris, Seuil, 1974.
• Salvaing, F., *La Boîte*, Paris, Fayard, 1998.
• Weisberger, L., *Le Diable s'habille en Prada*, Paris, Pocket, 2006.

FILMOGRAPHIE

• *Sauf le respect que je vous dois.*
Réalisateurs : Fabienne Godet et Franck Vassal avec Olivier Gourmet, Dominique Blanc, Julie Depardieu, 2006.

• *Ils ne mourraient pas tous mais tous étaient frappés.*
Documentaire. Réalisateurs : Sophie Bruneau et Marc-Antoine Roudil avec Marie-Christine Soula, Marie Pezé, Nicolas Sandret, Christophe Dejours, 2006.

Adresses et sites Internet utiles

I – HARCÈLEMENT/ SOUFFRANCE AU TRAVAIL

A – FRANCE

Législation
www.legifrance.gouv.fr
www.service-public.com
www.guide-du-travail.com
www.inrs.fr
Recours aux prud'hommes
www.prudhommes-information.com

Associations
Association contre le harcèlement professionnel – ACHP
17, rue Albert-Bayet, 75013 Paris
Tél : 01 45 83 07 20
www.ifrance.com/achp
E-mail : achp@ifrance.com

Association nationale des victimes de harcèlement psychologique au travail ANVHPT
Maison des Associations
3, boulevard des Lices, 13200 Arles
Tél : 04 90 93 42 75

Contre le harcèlement
BP 52
76302 Sotteville-les-Rouen
Tél : 02 35 72 15 15
E-mail : Contre-le-harcelement@wanadoo.fr

Harcèlement moral stop – HMS
11, rue des Laboureurs
94150 Rungis
Tél : 06 07 24 35 93
www.hmstop.com
E-mail : courrierhms@aol.com

Mots pour maux au travail
47, rue de la Course
67000 – Strasbourg
www.multimania.com/xaumtom
Tél : 03 88 22 22 06
E-mail : motspourmaux@wanadoo.fr

Solidarité, souffrances au travail
Association de victimes de harcèlement moral au travail
www.asso-sst.net/

Sites d'informations
http://www.harcelement.org/
www.harcelement.info/

Le site de **Marie-France Hirigoyen**, psychiatre et psychanalyste, spécialiste du harcèlement moral en France.
www.harcelement moral.com
www.chu-rouen.fr/ssf/psy/comportementsocial.html

B – BELGIQUE

Législation
La loi du 30 octobre 1998 en son article 442 *bis* du Code pénal prévoit les peines qui suivent en vue d'incriminer le harcèlement.
Article 1er. La présente loi règle une matière visée à l'article 78 de la Constitution.
Art. 2. Au titre VIII du livre II du Code pénal, il est inséré, sous un chapitre IV bis (nouveau), intitulé « Du harcèlement », un article 442 *bis*, libellé comme suit :
« Art. 442 bis. Quiconque aura harcelé une personne alors qu'il savait ou aurait dû savoir qu'il affecterait gravement par ce comportement la tranquillité de la personne visée, sera puni d'une peine d'emprisonnement de quinze jours à deux ans et d'une amende de cinquante francs à trois cents francs, ou de l'une de ces peines seulement.
Le délit prévu par le présent article ne pourra être poursuivi que sur la plainte de la personne qui se prétend harcelée. »

Site de la législation
www.droitbelge.be
www.just.fgov.be/doc/rech–f.htm
Portail fédéral.be
www.belgium.be/eportal/application?languageParameter=fr&pageid=contentPage&docId=2811

Médecine du travail : CESI Prévention / Protection
Secrétariat « Cellule harcèlement"
8, avenue Konrad-Adenauer

1200 Bruxelles
Tél. : 02/761 17 74
Fax. : 02/770 00 63
www.cesi.be
E-mail : harcelement@cesi.be

Service public fédéral emploi, travail et concertation sociale
Direction générale humanisation du travail
Rue Ernest-Blérot, 1
1070 Bruxelles
Tél. : 02 233 41 11
www.meta.fgov.be
E-Mail : hut@meta.fgov.be

FGTB syndicat socialiste
Centrale générale
Rue Haute, 26-28
1000 Bruxelles
Tél. : 02 549 05 49
www.fgtb.be
E-Mail : webmaster@accg.be

Métamorphoses
Bois du Foyau, 78
1440 Braîne-le-Château
Tél. : 0497 70 85 82
www.metamorphoses.be
E-Mail : contact@metamorphoses.be

Prevent
Rue Gachard, 88
1050 Bruxelles
Tél. : 02 643 44 44
www.prevent.be
E-mail : prevent@prevent.be

Progress
Lawyers Network
Chaussée d'Haecht, 55
1210 Bruxelles
Tél. : 02 215 26 26
www.progresslaw.net
E-Mail : prénom.nom@progresslaw.net

Vidyas
www.vidyas.be/news/tms-en-hausse--sauf-en-belgique-.html

C – CANADA
www.guide2000.iquebec.com
www.avocat.qc.ca/public/iiharcelement—psychologique.htm

La société canadienne du stress : (514) 527-3523
Tel-Aide : région de Montréal : (514) 935-1101
région de Québec : (418) 683-2153

Association canadienne pour la santé mentale
ACSM Québec : www.acsm.qc.ca

Le programme d'aide aux médecins du Québec (P.A.M.Q.)
http://www.pamq.org

D – CONFÉDÉRAION HELVÉTIQUE
Les dispositions de la loi :
www.admin.ch/ch/f/as/2007/137.pdf
www.sspta.isuisse.com/infos/mobbing.htm

Centrale suisse contre le mobbing :
www.mobbing.-zentrale.ch/mobdroit.htm

Association du personnel de la Confédération :
apc.epfl.ch/page56571.htm

Service pour la promotion de l'égalité
2, rue de la Tannerie
CH 1227 Carouge/Genève
Tél. : 0041 22 301 37 00 – Fax : 0041 22 201 7 92

Commune de Lausanne
Déléguée à l'égalité
Case postale 3280, 1002 Lausanne
Tél. : 021-315 23 61/63 – Fax : 021-315 20 06

AVTES
Chemin des Charmettes 4, 1003 Lausanne (C.H.)
E-mail : avtes@romandie.com

Responsable du bureau de la consultation sociale de l'État du Valais
Avenue Ritz 31, 1950 Sion
Tél. : 027/606.21.15 français
027/606.21.17 allemand
Fax : 027/606.21.17

E – INTERNATIONAL
Site d'informations
www.mobbing.nu/enlaces-fr.htm

F – DIVERS

Programme de lutte contre la violence

— Marie-France Chabot, 1961 René-Levesque-Ouest, Sillerey G1S 1X8 (Canada).

— Cécile Denis, Université de Paix, Bd du Nord 4, B-5000 Namur (Belgique).

Sites d'information

— www.nonviolence-actualite.org

— www.irenees.net/fiches/fiche-dph-5547.html

Culture de la médiation à l'école

— Projet des cantons de la Suisse romande et du Tessin pour aider les écoles à : f-d.org/mediation-ecole/liens.htm

Formation à la négociation des conflits

Convivial : users.swing.be/adelin.rousseau/convivial.htm

II – COACHING

Trouver un coach :
Associations professionnelles de coachs

International Coach Federation
www.coachfederation.org
Association internationale de coachs fondée en 1992, qui compte aujourd'hui plus de 10 000 membres dans 41 pays.
ICF Belgique : www.coachfederation.be
ICF Canada : Fédération internationale des coachs du Canada www.montrealcoach.com
ICF France : www.coachfederation.fr

SF Coach (Société française de coaching)
www.sfcoach.org

Association européenne de coaching
www.aecoaching.org

III – PSYCHOTHÉRAPIES

A – FRANCE

Les associations de thérapeutes fournissent la liste de leurs membres sur demande.

Institut français d'analyse transactionnelle – IFAT
1, rue de Metz
75010 Paris
Tél : 01 47 70 22 62
www.ifat.net

Société psychanalytique de Paris
187, rue Saint-Jacques
75005 Paris
Tél : 01 43 29 66 70
www.spp.asso.fr

Associations de psychanalyse et de psychologie analytique jungienne en France
www.jung.asso.fr

Association française de thérapie comportementale et cognitive AFTCC
100, rue de la Santé 75674 Paris Cedex 14
Tél : 01 45 88 35 28
www.aftcc.org

AFFORTHECC, Association francophone de formation et de recherche en thérapie cognitivo-comportementale :
10, avenue Gantin, 74150 Rumilly, France
Tél. : 04 50 64 51 75
E-mail : afforthecc@aol.com
www.members.aol.com/afforthecc/

Fédération française de psychothérapie FFdP
2 *bis*, rue Scheffer 75116 Paris
Tél : 01 44 05 95 50
www.ff2p.fr

Société de thérapie familiale psychanalytique d'Île-de-France (STFPIF)
7, rue Ernest-Cresson 75014 Paris
Tél : 01 74 71 71 66
Fax : 01 45 40 08 10

École parisienne de Gestalt
27, rue Froidevaux 75014 Paris
Tél : 01 43 22 40 41

Société française de sophrologie
39, bd Garibaldi 75015 Paris
Tél : 01 40 56 94 95
www.sophrologie.com/

B – BELGIQUE

Liste des organismes à contacter pour identifier le psychothérapeute ou psychiatre spécialisé dans la discipline que vous recherchez et pour localiser le centre de santé mentale qui propose les services d'une équipe multidisciplinaire de spécialistes et qui offre une aide psychique ambulatoire.

Info santé mentale – Fondation Julie-Renson
Rue de Lombardie 35 -1060 Bruxelles

Tél : 02/538 94 76
www.julierenson.be/files/accueilf.html
www.psychotherapies.org/
www.theseas.be/
Le site passe en revue les différents types de psychothérapies et leurs indications.

Liste des services de santé mentale
www.cocof.be/santé/

Ligue Francophone pour la santé mentale
Rue du Président, 53
1050 Bruxelles
Tél. : 02/511 55 43

Ligue wallonne pour la santé mentale
Boulevard du Nord
5000 Namur
Tél. : 081/22 81 35 et 081/ 22 21 26

Ligue belge de la dépression
www.ligue-depression.org/

Thérapie comportementale
Association pour l'étude, la modification et la thérapie du comportement – Asbl
ULG, Département des sciences cognitives
Thérapies Comportementales
Rue Saint-Laurent, 9
B-4000-Liège
Tél/Fax : ++ 32 4 221 06 29
E- mail : aemtc.rfccc@scarlet.be

Association pour l'étude, la modification et la thérapie du comportement – Asbl
ULG, département des sciences cognitives
B33 Bd du Rectorat
4000 Liège. Sart Tilman
Tél. : 04-366 23 83
E- mail : AM.Etienne@ulg.ac.be
Site web : http://www.bfp-fbp.be/BfpFR/aemtcFR.htm

Vlaamse Vereniging voor Gedragstherapie
40 Tiensevest, 3000 Leuven
Tél. : 016-20 42 66
E-mail : vvgt@skynet.be
Site Web : http://www.vvgt.be/

Thérapie familiale et systémique
Association belge des intervenants et psychothérapeutes familiaux et systémiques
Rue du Bailli, 9
1000 Bruxelles
Tél. : 02 478 95 08

Analyse transactionnelle
EPE (école des parents et des éducateurs)
antenne de Bruxelles : 02/733 95 50 – secretariat@ecoledesparents.be
antenne de Charleroi : 071/30 22 12 – coordination@ecoledesparents.be

CFIP (Centre pour la formation et l'intervention psychosociologique)
Tél. : 02/770 50 48
E-mail : secretariat@cfip.be

Psychanalyse
L'école belge de psychanalyse jungienne
www.jung-psychanalyse.be/

Société belge de psychanalyse (SBP)
www.societe.psychanalyse.be/fr/accueil.htm

Gestalt thérapie
Institut belge de Gestalt-thérapie
Chaussée de Watermael, 24-26 1160 Bruxelles
Tél : 02/640 91 03
www.gestalt.be

Sophrologie
Association européenne de sophrologie
70 rue A. Bréart
1060 Bruxelles
Tél : 0032(0)2 537 61 68
E-mail : formation.sophrologie@skynet.be

Académie de sophrologie caycédienne de Bruxelles
Michel Debelle
Rue de la Cambre, 289 1150 Bruxelles
Téléphone : + 32 (0)2 / 772 01 58
GSM : + 32 (0)477/ 290 726
E-mail : info@sophrobelgique.org

C – CONFÉDÉRATION HELVÉTIQUE
www.psychotherapie.ch/francais/index.asp

Association genevoise de psychologues
www.psy-ge.ch/

IV – ADDICTIONS

A – FRANCE

Alcool
www.alcooliques-anonymes.fr/intro.htm

Narcotiques
www.narcotiquesanonymes.org/

Divers
www.debiteursanonymes.org/
oainfos.org/ (outremangeurs)

B – BELGIQUE

81, Bd Clovis 1000 Bruxelles
Tél : 02/511.40.30
Site Web :
www.alcooliquesanonymes.be
www.alcooliquesanonymes.be/main.php
E-Mail : bsg@alcooliquesanonymes.be

APPEL – Alcoolisme, parole, partage et liberté
35, rue du Lingenthal – 6700 Arlon
GSM : 0495/22.33.24

Groupes familiaux AL-ANON et ALATEEN
(Groupes de soutien pour les familles confrontées à un problème d'alcool)
109-111, rue de la Poste – 1030 Bruxelles
Tél : 02/216 09 08

Le Pélican
Service actif en matière de dépendances : toxicomanies (drogues, alcool), jeux, médicaments
230, boulevard E. Bockstael, 1020 Bruxelles
Tél : 02/502 08 61
Site : www.lepelican.org/
E-mail : courrier@lepelican.org
Boîte postale 152 – 1060 Bruxelles
Tél : 0476 /64.30.54 FR
GSM : 0476/93.21.33 NL

C – SUISSE

Alco-line 0848 800 808
www.alcoline.ch/

Croix-bleue suisse
www.croix-bleue.ch/f/default.asp

Groupes de discussion, de loisir, service de conseil (bilan alcoologique), espace convivial, séjours...
Centres de consultation spécialisés : www.croix-bleue.ch/f/conseiller/centre-s.asp

SOS Alcool 084-48 805 805
AL-ANON et ALATEEN (familles et entourage)
Groupes d'entraide pour personnes étant ou ayant été affectées par la consommation d'alcool d'une autre personne.
Permanence téléphonique : 0848 848 833
www.al-anon.ch/

Site officiel des Alcooliques Anonymes de la Suisse francophone
www.aasri.org/
Permanence téléphonique : 0848 848 846
Services généraux AASRL, CP 5, 1211 Genève 13
Tél. : 022/344 33 22 – Fax : 022/344 33 22
Local Av. Wendt 21, 1203 Genève

V – CONSULTER

Sommeil
Information sur le sommeil et les centres d'analyse du sommeil :
www.sommeilsante.asso.fr/trouv.html
www.doctissimo.fr/html/psychologie/bien-dormir/index-bien-dormir.htm
//ura1195-6.univ-lyon1.fr/articles/cfes/sante/insomn.html
www.institut-sommeil-vigilance.org/

En Belgique, la plupart des centres universitaires et para-universitaires sont équipés d'un laboratoire du sommeil.
Il faut distinguer les laboratoires à orientation neurologique, pneumologique et ceux capables de détecter également les problèmes liées à l'anxiété et à la dépression, ce que les deux premiers ne font pas nécessairement.

Pour la Suisse, consulter le site de la Société suisse du sommeil : www.suisse-sleepoch

APHP/Consultations de pathologie professionnelle
www.aphp.fr/index.php?module=offredesoins&action=recherche&vue
=ods-hsc-
resultat&hopital=&service=PATHOLOGIE+PROFESSIONNELLE

Au sein de certaines consultations de pathologies professionnelles, il existe des unités Souffrance au travail :

En Île-de-France :
Hôpital Cochin (professeur Choudat)
27, rue du Faubourg-Saint-Jacques, 75014 Paris
Tél : 01 58 41 22 61

Hôpital Fernand-Vidal (professeur Dally)
200, rue du Faubourg-Saint-Denis, 75010 Paris
Tél : 01 40 05 43 28
Hôpital Raymond-Poincaré (professeur Ameille)
104, boulevard Raymond-Poincaré, 92380 Garches
Tél : 01 47 10 77 54
Centre hospitalier intercommunal de Créteil (Professeur Pairon)
30-40, avenue de Verdun, 94010 Créteil
Tél : 01 47 17 50 31
Hôtel-Dieu (docteurs Leger, Metlaine, Prévot)
1, place du Parvis-de-Notre-Dame, 75004 Paris
Tél : 01 42 34 82 43 ou 01 42 34 89 89
Hôpital Avicenne (professeur Guillon)
125, rue de Stalingrad, 93009 Bobigny Cedex
Tél : 01 48 95 51 36
Hôpital Corentin-Celton (professeur Domont)
4, parvis Corentin-Celton, 92133 Issy-Les-Moulineaux
Tél : 01 58 00 40 88

Ligue française pour la santé mentale
Consultations d'aide psychologique
11, rue Tronchet
75008 Paris
Tél : 01 42 66 20 70
E-mail : lfsm@worldonline.fr
www.lfsm.org

FNATH
Consultations Souffrance et travail

UMIF
22 *bis*, rue de Terre-Neuve
75020

Mutuelles de France
Mutuelle Souffrance et travail, réseau régional d'accueil et de prévention. Tout salarié peut y être reçu par un psychologue, un juriste ou un médecin du travail et obtenir une prise en charge adaptée, moyennant une contribution forfaitaire annuelle de 20 euros.
31, rue Mazenod
69003 Lyon
Tél. : 04 72 84 72 40

Association d'aide professionnelle aux médecins libéraux (AAPML)
Accompagnement et de soutien psychologique téléphonique spécialement dédié aux médecins libéraux d'Île-de-France.
E-mail : aapml@wanadoo.fr
www.aapml.fr
7 jours/7 – 24 heures/24

Remerciements

Mon premier remerciement à mon soutien de la première heure, à son opiniâtreté modélisante, à sa grande bienveillance, à son professionnalisme et à son humour, le Dr Sylvie Angel.

Mon second à mon complice et corédacteur, Patrick Mesters, ainsi qu'à toutes les personnes qui ont bien voulu me consacrer de leur temps au travers des interviews qui figurent dans cet ouvrage : Dr Jacques Bensimon, Dr Françoise Coudurier, Dr Marie-Christine Soula, Dr Éric Galam, Ulla Rosquist-Jonsson responsable des ressources humaines de TeliaSonera et Måns Ekstrand, coach en Suède et spécialiste du burn out qui a réalisé l'interview, et tous ceux qui ont contribué à la richesse de ce livre à travers leurs témoignages et qui souhaitent rester anonymes.

Mon troisième à ces femmes et à ces hommes que j'accompagne et dont la confiance est un moteur, car ils donnent sens à ma vie et à ce livre.

Mon quatrième à Sylvie, mon amie de toujours et à jamais, qui se sera reconnue.

Mon cinquième et non le dernier, à tous ceux qui dans mon entourage proche m'ont aidée à surmonter mon propre burn out, à croire en ma réorientation professionnelle, à ceux qui m'ont encouragée dans ce projet éditorial, et plus particulièrement mes associés Sabine Henrichfreise et Pierre Chabut, François Désveaux, et ma meilleure supportrice, ma fille Mathilde, pour leur inconditionnel soutien et sans lesquels ce livre n'aurait pas vu le jour.

Mon tout se résume en un mot : MERCI.

Suzanne Peters

Ce livre est le fruit de longs échanges avec Annie Martinez durant ces trois dernières années. Je la remercie pour son amitié.

Il est aussi le résultat d'une collaboration avec Suzanne Peters dont le témoignage, tel un « cri dans la nuit » s'est mué, je l'espère, en un espoir pour tous ceux qui se brûlent ou se sont brûlés aux flammes de l'enthousiasme.

Enfin, d'autres femmes et hommes d'horizons philosophiques et professionnels différents ont également participé à leur insu à la trame de cet ouvrage, grâce aux échanges et débats d'idées que j'ai eu la chance d'entretenir en leur compagnie.

Ces personnes de conviction partagent le souci de comprendre le monde et de s'y engager pour le rendre plus humain. Certains en ont d'ailleurs fait un métier.

Je leur rends hommage et les remercie du fond du cœur pour leur amitié, leur soutien, leur foi et leur enthousiasme.

Par ordre alphabétique :

Fatima Azdhimed, Chantal Bastin, Maggy Baum, Françoise Briel, Dr Claude Burton, Florence Caillaud, Dr Guy Capelle, Dr Marc Czarka, Stefan Crisan, Danièle et Michèle Darmouni, Dominique Demolle, Jean-Pierre Denoze, Marc Dewilde, Philippe Delecloz et Béatrice Roland, Dr Jean-Paul Dewolf et Denise Pohl, Florence Fléron, Françoise Forton, Robert Franken, Hélène Glain, Dr Luc André Granier et Claire Tytgat, Dr Philippe Hubain, Jacqueline Hubert, Marie-Odile Humblet, François Klein, Dr Hjalmart Lagast, Marie Latteur, Dr Freddy Leclercq, Eddy Lievrouw, Marie Catherine, Nathalie Mathurin, Brigitte Mesters, Béatrice Mesters et André Soupart, Dr Pierre Meuris et Paule Collard, Fatima Moret, Isabelle Nazaré-Aga, Andrée Pieck et Alexandru Emanoil, Dr Jean-Pierre Pignez et Marie-Agnès Mercier, Yvan Poplemon, Roland Somville et Nathalie Nyssen, François Villers, Yves Villers, Sylvie Volery.

Mes parents, mes neveux et nièce.

Une nuée d'instituteurs et de professeurs.

Les hommes et les femmes qui m'ont fait confiance en me consultant et qui m'apprennent ce qu'« humanité et humanisme » signifient.

Docteur Patrick Mesters

Table

souvent
- Vous entendez de + en + des reproches de votre famille % à votre lien au travail
- Vous vous éloignez de votre entourage, ↓ amphys.
- Votre entourage ne vous reconnaît +
- Vous avez des troubles du sommeil
- Vous "sortez de + en + souvent de vos gonds".
- Vous commencez à avoir des doutes sur le sens de votre vie
-
- Pour atteindre vos obj., vs partez de + en + tôt au travail et/ou revenez de + en + tard
- Vous avez des inquiétudes pour votre prochain entretien d'éval. malgré l'énergie que vs y mettez
- Vous ne partez jamais + de 10 ou 15 J en vacances et/ou restez dispo (on ne sait jamais)
- Les liens avec vos collègues se détériorent, souvent pour des quest°. de valeurs (efficacité, fiabilité, éthique...)

Cet ouvrage a été composé et mis en pages
par ÉTIANNE COMPOSITION
à Montrouge

Achevé d'imprimer en France
par Dupli-Print à Domont (95)
en juillet 2013
www.dupli-print.fr

N° d'édition : 53483/03 N° d'impression : 237705
Dépôt légal : mars 2007.

Imprimé en France